民航服务专业新形态系列教材

航空安全员
体能训练理论与实践

杨文立 韩光强 主 编
周 斐 耿龙龙 副主编

清華大學出版社
北京

内 容 简 介

本书共分为七章，主要涵盖航空安全员概述、体能训练基本理论、航空安全员体能训练实践、航空安全员体能训练的科学准备、航空安全员体能训练常见运动现象及损伤的处理、航空安全员体能训练中的心理训练与心理恢复、航空安全员体能训练与当代民航精神的融合等内容。本书通过对航空安全员职业进行分析，在已有教材和科研成果的基础上，结合党的二十大精神，联系航空安全员实际工作环境和工作任务，总结出具有较强行业性、实用性、可操作性的研究成果。

本书可作为空中乘务及航空安保专业教学的基础教材，也可作为航空公司、机场等空防安保相关岗位和人员的各类培训教育用书。

图书在版编目(CIP)数据

航空安全员体能训练理论与实践/杨文立，韩光强主编. —北京：清华大学出版社，2024.2
民航服务专业新形态系列教材
ISBN 978-7-302-65568-8

Ⅰ.①航…　Ⅱ.①杨…　②韩…　Ⅲ.①民用航空－航空安全－保安人员－体能－身体训练－教材
Ⅳ.①F560.69　②G808.14

中国国家版本馆 CIP 数据核字(2024)第 044839 号

责任编辑： 聂军来
封面设计： 刘　键
责任校对： 袁　芳
责任印制： 杨　艳

出版发行： 清华大学出版社
　网　　址： https://www.tup.com.cn，https://www.wqxuetang.com
　地　　址： 北京清华大学学研大厦 A 座　　**邮　　编：** 100084
　社 总 机： 010-83470000　　**邮　　购：** 010-62786544
　投稿与读者服务： 010-62776969，c-service@tup.tsinghua.edu.cn
　质量反馈： 010-62772015，zhiliang@tup.tsinghua.edu.cn
　课件下载： https://www.tup.com.cn，010-83470410
印 装 者： 三河市君旺印务有限公司
经　　销： 全国新华书店
开　　本： 185mm×260mm　　**印　　张：** 12.25　　**字　　数：** 295 千字
版　　次： 2024 年 4 月第 1 版　　**印　　次：** 2024 年 4 月第 1 次印刷
定　　价： 45.00 元

产品编号：102983-01

前　言

体能是人体机能在体育活动中表现出来的能力，体能训练是提高运动成绩和增强运动能力的重要方式，也是发展力量、速度、耐力、灵敏性和柔韧性等身体素质的过程。航空安全员是飞机客舱运行中的一道安全屏障，对空防安全起到举足轻重的作用。对于肩负保障民航空防安全重任的航空安全员，良好的体能是提高客舱处突技能技术的基础，是完成连续性执勤任务的重要保障。2019年，中国民用航空局颁布了新版《航空安全员训练大纲》，提出了"坚持实战导向、科学计划、安全有效、因地制宜、从难从严的训练原则，并要求各类训练应当先理论后实践、先基础后应用，按照讲解示范、组织练习、小结讲评的步骤实施开展"。体能训练是航空安全员训练大纲中的重要内容，因涉及体能类考核科目多，考核标准较高，也成了航空安全员各类资质训练中难度最大的考核内容。

全面贯彻落实党的二十大精神，必须深入贯彻总体国家安全观，把"两个绝对安全"落到实处。深刻认识民航安全工作的极端重要性，不断提高安全工作政治站位，以习近平总书记关于安全生产重要论述和对民航安全工作的重要指示批示精神为根本遵循，坚持"人民至上、生命至上"，确保航空运行绝对安全、确保人民生命绝对安全。近年来，危害航空器安全的事件备受关注，对客舱中突发事件处理的要求也越来越高，这就要求航空安全员必须具备更强的身体素质。因此，良好的身体素质是航空安全员保证客舱安全执勤的基础，较强的身体素质能力是航空安全员空中执勤和执法过程中重要的信心储备。加强航空安全员和民航安保专业学生的体能训练指导，使之掌握职业体能训练的相关知识和技术，提高体能训练的有效性，养成良好的训练习惯，是当前民航安全发展赋予新时代民航教育工作者的重要任务之一。

本书是关于航空安全员体能训练基本理论与实践方法的教材。全书共分七章，内容主要包括航空安全员概述、体能训练基本理论、航空安全员体能训练实践、航空安全员体能训练的科学准备、航空安全员体能训练常见运动现象及损伤的处理、航空安全员体能训练中的心理训练与心理恢复、航空安全员体能训练与当代民航精神的融合等。本书理论与实践相结合，详细介绍了航空安全员这一特殊行业发展职业体能的具体方法，具有较强的针对性、实用性和科学性，有明显的行业特色。本书内容丰富、图文并茂、通俗易懂，具有较强的参考价值。本书可作为空中乘务及航空安保专业教学的基础教材，主要适用于我国民航空中警察、空中安全保卫人员及相关院校航空安保专业学生，也可作为各民航机场及航空公司安保工作参考用书，还可广泛应用于以上岗位及相关人员的各类培训教育使用。

本书是集思广益的结晶，凝聚着许多人的心血，编写团队成员包括了民航院校航空安保专业专任教师、航空公司一线飞行的民航安保教员、民航安全员资质训练培训机构的管理人员，它是校企合作集体劳动的成果。本书由杨文立、韩光强担任主编，周斐和耿龙龙担任副主编。杨文立负责全书的策划、提纲编写及统稿，其中第二章、第四章、第五章、第六章和第七章由杨文立、耿龙龙编写，周斐编写第一章及第二章部分内容，韩光强编写第三章。

本书得到了2022年中国民用航空局民航教育人才类项目“高水平民航空中安全保卫特色一流专业建设”的支持，本书也是该项目研究的主要成果。在本书的编写过程中，编者多次听取了上海体育大学、上海师范大学体育学院等专家的意见和建议，拓宽了思路，完善了内容和框架。同时，本书内容的编写也得到了中国民航华东地区管理局公安局和中国东方航空股份有限公司的鼎力支持，一线专家们从业务管理与政策标准方面给予了全面的指导。此外，上海航空有限公司的教员宋景路、春秋航空股份有限公司的李澄澄、上海吉祥航空股份有限公司的林嘉屹和周忠义参与了相关图片的拍摄工作，在此对以上单位和个人一并表示衷心的感谢！

为了尽可能展现民航航空安全员职业所涉及的最全、最新的体能训练知识、理论和实践技术，本书的编写还参考了很多专家、学者的研究成果，在参考文献中列出以表尊重，但可能未尽其然。在此，向编写过程中所有我们参考和引用过研究成果所属的专家、学者表示最真诚的谢意！限于编者水平所限，书中难免有疏漏和不足之处，诚望同行和广大读者批评与指正！

编　者

2023年10月

目录

第一章 航空安全员概述

学习重点

本章通过对民用航空器基本原理、中国民航发展历程、空防安全工作特点、航空安全员产生的背景及职业特点的讲解，深入分析了航空安全员执勤环境、工作状态以及航空安全员职业对体能训练的需求。本章学习重点是职业与体能训练之间的内在联系，要求学生掌握因执勤环境、工作时间不固定、时差、心理变化、运动损伤等因素对航空安全员身体机能可能造成的影响。

学习目标

(1) 了解中国民航的起源、发展历程及民用航空器的基本特征。

(2) 了解我国航空安全员产生的历史背景、工作职责、执勤环境。

(3) 理解和掌握体能训练与航空安全员工作的内在联系及影响因素。

第一节　民用航空器与中国民航发展

一、民用航空器介绍

民用航空器又叫民用飞机，是指一切非军事用途的飞机。

飞机是指具有一台或多台发动机的动力装置产生前进的推力或拉力，由机身的固定机翼产生升力，在大气层内飞行的重于空气的航空器。

根据伯努利原理，当等质量的空气同时通过机翼上表面和下表面时，会在机翼上下方形成不同流速，空气通过机翼上表面时流速大，压强较小，通过下表面时流速小，压强大，因而此时飞机会有一个向上的合力，即向上的升力，升力的存在，使得飞机可以离开地面，在空中飞行。

世界上第一架飞机是由美国发明家莱特兄弟发明的。1903 年 12 月 17 日，莱特兄弟首次试飞了完全受控、依靠自身动力、机身比空气重、持续滞空不落地的飞机，也就是世界上第一架飞机“飞行者一号”。

世界上第一架真正实用化的喷气式飞机，普遍认为是1939年8月27日德国首度试飞成功的He-178。

目前民航飞机飞行高度大约10 000米(30 000英尺)，飞行速度为每小时800～1 100千米(相当于0.7～0.9马赫)，它们所使用的动力推进系统，依照工作原理通常分为以下四种：燃气涡轮发动机、涡轮风扇发动机、涡轮螺旋桨发动机、冲压喷气发动机。

按各自的用途，民用飞机又分为执行商业航班飞行的航线飞机和用于通用航空的通用航空飞机两大类。

为保证机载人员的安全，普遍采取客舱增压技术。客舱通常维持在相当于海拔2 400米(8 000英尺)左右的气压水平，此时略低于人体产生不良反应的海拔气压下限。

当飞机处于1万米高度时，以标准气压为标准，此时航空器客舱壁每平方米需承受约4吨的向外压力，而当飞机着陆时，舱外压转而高于舱内压，此时每平方米客舱壁反向向内承受约3吨压力。由于机舱壁内外存在巨大的压力差，飞机在高空中一旦出现客舱壁破损，机体极易产生爆炸性破裂，甚至导致空中解体。由此可见在飞行中，爆炸物可能对航空器产生巨大破坏。同时由于飞机每次起飞降落需要经历增压和释压过程，再加上飞机运营起降频繁，容易造成结构金属疲劳，若检修不到位，就可能导致机体结构损坏，情况严重的可导致空难事件发生。

科学实验显示，飞机飞行在1.2万米的高空，如果突然处于缺氧环境，人能保持清醒并能有效工作的时间只有26秒，在1.4万米的高空缺氧只能清醒24秒，如果此时能及时吸上纯氧，在当时压力环境下则可坚持5分钟左右。

现代航空安全要求，在客舱失压时，机载氧气系统应能至少在一定时间内满足所有在客舱内人员的呼吸用氧；确保一旦发生客舱失压，飞行机组应能立即使飞机下降到不需供氧高度(3 000米以下)，在此过程中，向客舱人员提供不少于15分钟(机场海拔超过2 438米的高原航线供氧约55分钟)的应急供氧量，确保客舱人员安全。

航空安全员长期在客舱环境工作，航空器起飞下降产生的客舱压力、空气含氧量变化均会对航空安全员身体产生影响，后文将进行详细介绍。

二、中国民航的发展历程

(一) 新中国民航的诞生

新中国的民航业诞生于1949年。1949年11月2日，中共中央政治局会议决定，在人民革命军事委员会下设民用航空局，受空军司令部领导，新中国民用航空局宣告成立。

然而在诞生初期，由于刚成立的新中国国力较弱，并且受到了西方国家的限制，国际环境的严重制约，航空器、机场、旅客运输量数量有限，民航运输规模发展极为缓慢。

1949年，新中国民航诞生初期，仅有30多架小型飞机，年旅客运输量仅1万人，运输总周转量也仅有157万吨公里。

1958年2月27日，中国民航局由原来归属空军指导改为归属(原)交通部，成为(原)交通部的一个部属局，称为“交通部民用航空总局”。

1962年，国务院决定将民用航空总局改为国务院直属局，由于当时历史环境的改变，管理权又重新归属中国空军管理。

（二）萌芽发展期

20 世纪 70 年代以来，我国民航面貌发生了天翻地覆的变化，同时中国民航发展也取得了举世瞩目的成就。

国际民用航空组织（ICAO）是联合国的一个专门机构，总部位于加拿大蒙特利尔，是国际民航领域中开展合作的媒介。我国是国际民航组织的创始国之一，于 1944 年签署了《国际民用航空公约》，并于 1946 年正式成为会员国。1971 年 11 月 19 日，国际民航组织第七十四届理事会第十六次会议通过决议，承认中华人民共和国政府的代表为中国驻国际民航组织的唯一合法代表。

改革开放以来，中国民航发展进入了稳步上升期，1975 年，我国民航运输总周转量位居世界第 40 位，1978 年我国民航运输总周转量上升至 37 位。1980 年 3 月 5 日，国务院政府部门改革，把中国民航局从隶属于空军改为国务院直属机构，实行企业化管理。中国民航局既是主管民航事务的政府部门，又是直接经营航空运输、通用航空业务的全国性企业。同时下设北京、上海、广州、成都、兰州（后迁至西安）、沈阳 6 个地区管理局。但是由于基础薄弱，当时的中国民航多数都是 20 世纪 50 年代生产的老飞机，全民航周转量依然处于比较低的水平。

随着改革开放的逐步深入，我国民航也取得了长足进步，1990 年我国民航运输总周转量上升至第 16 位，2005 年上升至世界第二位并一直保持至今。

（三）快速发展期

1987 年，中国政府决定进行体制改革，组建了 6 个国家骨干航空公司，实行自主经营、自负盈亏、平等竞争。这 6 个国家骨干航空公司是中国国际航空公司、中国南方航空公司、中国东方航空公司、中国西南航空公司、中国西北航空公司以及中国北方航空公司，同年还成立了中国通用航空公司。

除此之外，组建了民航华北、华东、中南、西南、西北和东北 6 个地区管理局以及北京首都国际机场、上海虹桥国际机场、广州白云国际机场、成都双流国际机场、西安西关机场（现已迁至咸阳，改为西安咸阳国际机场）和沈阳桃仙国际机场，向世界民航运输大国迈出了坚实的步伐。

1993 年 4 月 19 日，改为中华人民共和国民用航空总局（简称“民航总局”），属国务院直属机构，由副部级调整为正部级。

2002 年民航业重组，正式挂牌六大集团公司，分别是中国航空集团公司、东方航空集团公司、南方航空集团公司、中国民航信息集团公司、中国航空油料集团公司、中国航空器材进出口集团公司。

民航政府监管机构改革，民航总局下设 7 个地区管理局（华北地区管理局、东北地区管理局、华东地区管理局、中南地区管理局、西南地区管理局、西北地区管理局、新疆管理局）对民航事务实施监督。

机场属地化管理改革，按照政企分开、属地管理的原则将机场下放所在省（区、市）管理（首都机场和西藏自治区内民用机场继续由民航总局管理）。

2008 年 3 月 19 日，中央决定民用航空局由新组建的交通运输部管理。

2009 年，省级安全监督管理办公室更名为“民航安全监督管理局”。

第二节　民航航空安全与航空安全员

一、民用航空安全

安全是民用航空发展的生命线。依据民用航空安全管理理论，航空安全（aviation safety）是为保证不发生与航空器运行有关的人员伤亡和航空器损坏等事故。航空器安全主要包含飞行安全、航空地面安全、空防安全 3 个方面。

（一）飞行安全

飞行安全是指在航空器运行期间避免发生由于飞行技术性原因或其他原因造成的人员伤亡、航空器损坏等事故。

（二）航空地面安全

航空地面安全是指围绕航空器运行而在停机坪和飞行区范围内开展生产活动的安全。防止发生航空器损坏、旅客和地面人员伤亡及各种地面设施损坏事件。同时还包括飞机维护、装卸货物及服务用品、航空器加油等活动的安全等。

（三）安防安全

安防安全是指防止发生影响航空器正常运行和直接危及飞行安全的非法干扰活动等。例如，2015 年 7 月 26 日凌晨 1 时左右，深圳航空公司一架由台州飞往广州的 ZH9648 航班在降落过程中，发生一起乘客非法纵火事件。一名旅客企图通过机上纵火的方式破坏机舱设施，危害航空器及机上人员生命安全，机上 9 名机组成员和 2 名乘客临危不惧，协同配合、勇敢斗争，并最终制服犯罪嫌疑人，成功落地，挽救了上百人的生命。①

二、航空安全员的诞生

航空安全员是航空运输企业为确保航空安全而专门配备的工作人员。最初仅承担检查航空器安全设施设备，演示指导安全设备使用方法，以及在紧急情况下指导旅客撤离航空器的工作。起初，航空安全员是一个相对陌生的职业，但随着航空业的发展，空中保卫需求日益增加，航空安全员职能也逐渐专业化、单一化，逐步演变为：在机长的带领下，在民用航空器内承担具体的安全保卫工作。

目前在我国负责民用航空安保工作的有航空安全员和空中警察，空中警察同样需要获得航空安全员执照后方可登机执勤，其工作职责与航空安全员相同，故本书仅对航空安全员和空中警察进行简单介绍，后文将不再区分航空安全员和空中警察。

（一）航空安全员

20 世纪 60 年代以来，随着民航劫机事件的逐渐增多，航空安全员（图 1-1）开始承担更多的安全责任。在这个时期，随着航空安全员数量的逐渐增加，其职能方向也逐渐专业化，

---

① 深圳航空."请相信我们"成最美声音 深航重奖成功处置"7・26"机上纵火事件机组[EB/OL].(2015-08-15)[2023-10-09].https://www.shenzhenair.com/szair_B2C/getMsglnfo.action?msgld=889f1efd92624b31bb777ad01f94ec03.

除了负责检查飞机设备是否齐全，更多的是对旅客异常行为及时识别，实时监控，对航空器实施安保检查、安保搜查、查验旅客登机证，制止机上旅客扰序行为，防范和处置危害到民用航空安全的非法干扰行为。

图 1-1　航空安全员

1973 年，国务院、中央军委决定在国际航班上派遣安全员，组建了专门的航空安全员队伍，执行安全保卫任务。

1982 年，国务院批准在国际和国内主要干线航班增配安全员。

1983 年，中央根据当时国内治安形势的发展变化和保证空防安全的需要，决定将机上安全员工作改由武警承担。

1987 年，国务院再次批准民航组建航空安全员队伍。

2003 年 4 月，空中警察在(原)民航总局、公安部等多部委联合下组建成立，依法行使防范和制止劫机、炸机、非法干扰安全飞行的行为，保护乘客生命财产安全。

(二) 空中警察

美国“9・11”事件以后，针对恐怖势力越来越多地把攻击目标指向民用航空领域的背景下，党中央、国务院作出重大决策，赋予空中安保人员执法权力，决定组建民航空中警察队伍。

空中警察队伍属于人民警察序列，隶属于公安部第十五局(即中国民航局公安局)下属的空警总队，并派驻各航空公司，依据《蒙特利尔公约》《海牙公约》《东京公约》《中华人民共和国民用航空法》《中华人民共和国治安管理处罚法》《中华人民共和国民用航空安全保卫条例》《公共航空旅客运输飞行中安全保卫工作规则》等法律法规，防范和制止劫机、炸机以及其他对民用航空器的一般扰乱行为和非法干扰行为，保护民用航空器及其所载人员和财产安全。

民航空中警察队伍的组建，为依法执行反劫机、反炸机等反恐任务提供了有力的组织保障。它的诞生将把民航空中安全保卫工作进一步纳入法制化轨道，对维护国家安全具有重大意义。

图 1-2　空中警察

三、航空安全员职业要求

20 世纪 60 年代以来，空防安全保卫工作显得尤为重要，航空安全员作为一个全新的职业也随之诞生。航空安全员是专门负责民用航空器空防安全工作的专业人员。《航空安全员合格审定规则》规定航空安全员，是指为了保证航空器及其所载人员安全，在民用航空器上执行安全保卫任务，持有有效的航空安全员执照的人员。

根据《航空安全员合格审定规则》规定，航空安全员应当具备以下 8 项条件：年满 18 周岁的中国公民；身体健康；男性身高 1.70～1.85 米，女性身高 1.60～1.75 米；具有高中以上文化程度；具有良好的政治、业务素质和品行；自愿从事航空安全员工作；完成相应的训练并通过考试考核；民航行业信用信息记录中没有严重失信行为记录。

《公共航空旅客运输飞行中安全保卫工作规则》规定，航空安全员是指为了保证航空器及其所载人员安全，在民用航空器上执行安全保卫任务，具有航空安全员资质（航空安全员执照）的人员。机长统一负责飞行中的安全保卫工作。航空安全员在机长的领导下，承担飞行中安全保卫的具体工作。航空安全员属于各航空公司的职工，由航空公司依据《航空安全员合格审定规则》所规定的条件进行招聘和送培，培训合格后经一定时间的上岗前培训以及带飞后，正式成为一名基本合格的航空安全员。

四、航空安全员工作职责

根据《东京公约》，航空安全员的权力来自机长的授权，在机长的带领下，在民用航空器内承担安全保卫工作，依法配备执勤器械，采取一切合法必要的措施，预防、处置机上突发的案事件（一般扰乱行为和非法干扰行为），以确保人机安全和维护航空运输秩序。

《公共航空旅客运输飞行中安全保卫工作规则》规定：机长统一负责飞行中的安全保卫工作。

(一) 机长权利

机长在履行飞行中安全保卫职责时，行使下列权利。

(1) 在航空器起飞前，发现未依法对航空器采取安全保卫措施的，有权拒绝起飞。

(2) 对扰乱航空器内秩序，妨碍机组成员履行职责，不听劝阻的，可以要求机组成员对行为人采取必要的管束措施，或在起飞前、降落后要求其离机。

(3) 对航空器上的非法干扰行为等严重危害飞行安全的行为，可以要求机组成员启动相应处置程序，采取必要的制止、制服措施。

(4) 处置航空器上的扰乱行为或者非法干扰行为，必要时请求旅客协助。

(5) 在航空器上出现扰乱行为或者非法干扰行为等严重危害飞行安全行为时，根据需要改变原定飞行计划或对航空器做出适当处置。

航空安全员在机长领导下，承担飞行中安全保卫的具体工作。机组其他成员应当协助机长、航空安全员共同做好飞行中安全保卫工作。

(二) 航空安全员职责

(1) 按照分工对航空器驾驶舱和客舱实施安保检查(图 1-3)。

图 1-3　安保检查

(2) 根据安全保卫工作需要查验旅客及机组成员以外的工作人员的登机凭证。

(3) 制止未经授权的人员或物品进入驾驶舱或客舱。

(4) 对扰乱航空器内秩序或妨碍机组成员履行职责，且不听劝阻的，采取必要的管束措施，或在起飞前、降落后要求其离机。

(5) 对严重危害飞行安全的行为，采取必要的措施。

(6) 实施运输携带武器人员、押解犯罪嫌疑人、遣返人员等任务的飞行中安保措施。

(7) 法律、行政法规和规章规定的其他职责。

第三节　航空安全员的职业体能要求

习近平总书记说："民航安全关乎国家安全。"航空安全员的主要职责是维护客舱秩序，确保空防安全。但随着当前国际矛盾加剧，民用航空器和机场一直是恐怖袭击的重要目标，作为空防安全最后一道防线，航空安全员工作职责对体能有较为严格的要求。

一、生理需求

(1) 航空安全员的工作环境较为特殊，主要在狭小的航空器客舱，客舱空间狭小压抑，内部干燥缺氧，长时间工作疲劳度远远超出地面环境，特殊环境对航空安全员的身体机能提出严峻的要求。航空安全员工作职责是维护客舱秩序确保空防安全，狭小的空间不利于战术优势的发挥，因此对处置突发事件的身体能力需要更高的要求。

(2) 航空安全员的工作时间较为特殊。工作时间由航班起飞时间所决定，每天航线不同因此工作时间也不固定。同时，不同航线也存在时差，更容易导致生活作息不规律。长期作息不规律容易造成生物钟的紊乱，容易产生疲劳感，久而久之导致疲劳积累。航空安全员日常任务主要是对机舱实施隐蔽性监控，需要持续保持注意力高度集中，且在工作时间不允许睡觉、看报纸、使用电子设备等容易分散行为注意力的行为，因此对体能耐力有较高的要求。

(3) 航空安全员对形象气质有较高要求。由于航空运输企业对航空安全员身体形态、形象气质都有严格要求，良好的体能素质不仅可以保持健硕匀称的体型，还可以具有较好的精神气质。因此空勤人员每年体检对体重都有一定要求，航空安全员初任、定期训练对体质指数(body mass index，BMI)也有严格要求。

二、生物力学需求

航空安全员的主要职责是维护客舱秩序，保障空防安全。在航空器飞行过程中，避免有扰乱客舱秩序和干扰飞行安全的"两扰"事件的发生，并在紧急的情况下做出必要的处置，确保空防安全和飞行正常。

航空安全员岗前须经过480小时以上专业的初任训练以及严格的考核，完成所有的培训并且通过考核才能上岗执勤，完成岗前训练考核需要具有良好的身体素质。进入岗位后，航空安全员一般是1～2人执勤，在机上发生一般扰乱和非法干扰行为时，航空安全保卫人员须亮明身份进行处置，并且无法短时间内获得地面力量支援，所以在这样未知、复杂、严峻的工作挑战中必须有过硬的身体素质、稳定的心理状态和过强的技能水平。

由于民用航空器一直是恐怖主义袭击的重要目标，航空安全员应对处置非法干扰事件时，甚至肩负一定的反恐职能(图1-4)，因此需要不断提升客舱制敌术、狭小空间格斗技术、突发紧急现场控制及特种装备使用等方面的训练。

三、负重需求

(一) 物质负重

航空安全员肩负维护客舱秩序和空防安全的工作职责。客舱环境狭小，在很难进行战

图 1-4　客舱制敌

术配合的情况下，处置客舱突发事件需要绝对的力量，在快速制服时采取绝对力量压制才能取得快速制胜的效果，绝对压制的前提是对抗双方力量的悬殊，需要绝对力量，因此航空安全员需要通过负重训练来提高自身力量素质(图 1-5)。

图 1-5　力量训练

《公共航空旅客运输飞行中安全保卫工作规则》规定，航空安全员也是机组成员的一员。因此在航空器遇险机上紧急救助时，在维护客舱秩序的同时，也应当协助客舱乘务组开展机上救助、紧急撤离等工作，需要具有负重能力。

(二) 精神负重

航空安全员安保工作强度较大，工作环境空间小(图 1-6)，工作时间要求注意力高度集中，容易产生生理上或心理上的疲劳。同时由于国际局势并不稳定，安全形势依然非常严峻，航空器、民用机场一直是恐怖袭击的重要目标，所以对安全保卫工作提出了很高的要求。在预先准备阶段、直接准备阶段、飞行实施以及航后阶段的整个流程中，飞机上的航空安全员都肩负着重要的责任与使命。在飞行的过程中，由于工作环境的密闭性、接触人群的复杂性以及工作流程要求、旅客投诉等压力导致航空安全员的精神压力非常大，非常容易产生疲劳、烦躁的心理状态，久而久之对身心健康都有影响。所以，可以通过一些抗疲劳训练、心理辅导来缓解航空安全员的精神负重。

图 1-6　航空安全员工作环境

四、职业激励

《公共航空旅客运输飞行中安全保卫工作规则》规定，公共航空运输企业应当建立航空安全员技术等级制度，对航空安全员实行技术等级管理，技术等级和小时费收入挂钩。目前航司对安全员实施技术等级管理时一般会从业务技能、日常管理、职业素养、运行勤务等维度进行考评，其中体能作为业务技能考核的重要组成部分，直接影响技术等级和工资收入。

良好的身体素质有利于岗位晋升。以国内某航司为例，空保人员个人绩效管理规程内容包含“航班勤务管理规程”“日常管理规程”“业务能力规程”“培训质量管理规程”“职业素养规程”5 项内容。其中，第三项业务能力规程是指对各技术岗位等级空保人员每年度年终日常训练考核(业务技术考核)的考核评估、第四项培训质量管理规程是指对各技术岗位等级空保人员业务训练、线上培训表现进行评估。以上两个维度均涉及体能和训练质量。

根据某航司《空保专业技术岗位管理规定》，每年度绩效考核结果将进行排名，人力资源部根据各等级空保人员中排名末位 10%者，降技术岗位等级一级(如为一级空保人员的，推迟晋升一年)，不同的专业技术等级收入会有 5%～10%的差距。

因此良好的体能素质不仅是航空安全员工作职责的需求，也将有利于航空安全员的岗位晋升和未来职业发展。

第四节　航空安全员工作环境与身心状态

航空器客舱环境下，高空、缺氧、低压、狭小空间都将给航空安全员生理、心理带来一定的影响。时差影响、极地辐射、作息不规律、训练不科学等工作状态也将给安全员身体机能带来负面作用，从而影响制约航空安全员的职业发展。

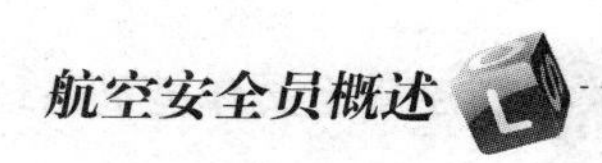

一、高空

随着航空业的不断发展，现代大型民用客机一般在平流层巡航，高度约 10 000 米（30 000 英尺）。在此高度空气稀薄，氧气含量非常低，宇宙辐射、地球辐射量远远大于地面高度。

根据气象学大气垂直递减率的常数，海拔每上升 100 米，气温则下降 0.6℃，因此在巡航高度客舱外部气温一般在－60～－30℃，人类在这样的高度环境根本无法生存。同时由于高空空气稀薄含氧量极低，必须对航空器的驾驶舱和客舱进行增压，才能使客舱人员正常呼吸。那么增压之后的机舱空气密度所对应的外界空气等同密度的高度，就是座舱高度，绝大多数航空器一般将座舱高度控制在 3 000 米左右。

由于航空器内部包含大量电子元件，电子元件工作时将产生射线会造成舱内辐射。同时客舱的湿度需要维持在较低水平，在这种环境下，人体内的水分会通过快速蒸发，引起体内缺水，继而会表现为眼部干涩、口干舌燥和皮肤干燥。

长时间在客舱环境工作，会引发生理上的不适，如心慌、气短、呼吸急促、心跳加快、无力头晕、四肢软弱无力。主要表现为以下几个方面。

（一）身体缺氧

氧气是人体生命不可缺少的物质。人体吸入的氧气量与空气中氧气分压的大小有关。随着客舱工作时间增加，在大气中的氧分压和肺泡空气中的氧分压也会相应减小，身体血氧含量逐渐减少，血液中的氧饱和度也就随之降低，在此情况下会导致人缺氧，大脑反应迟钝并容易产生嗜睡感，缺氧可能会损害肺功能、消化系统、心脑血管系统等。

1. 损害肺功能

短暂的缺氧一般不会对身体内脏器官造成较大伤害，但如果环境氧含量低、贫血等原因经常出现缺氧的情况，可能会损害肺功能。因为在缺氧时有可能会导致肺部的血液血氧量减少，从而影响肺功能状态，长此以往会对肺功能产生较大的损伤。

2. 损害消化系统

长期缺氧还有可能会导致胃肠黏膜出现缺血、缺氧性坏死，容易引起消化道出血、消化性溃疡等疾病。

3. 损害心脑血管系统

缺氧的状态下容易引起多种代偿反应，比如心率可能会出现代偿性加快，冠状动脉血管也会因为处于缺氧的状态而扩张。另外，缺氧还有可能会导致脑细胞缺血缺氧，从而有可能会引发脑出血、缺血缺氧性脑病等严重的脑血管疾病。

（二）高空减压症

当飞机达到最大巡航高度时，座舱内压力一般不超过海拔 3 000 米高度对应的大气压力，虽为安全高度，但长时间低气压对人体也有着一定的危害。同时如果航空器增压系统产生故障，在 8 000～10 000 米的高空将可能发生高空减压症，一般表现为高空胃肠胀气、高空栓塞和皮肤组织气肿。

飞机在高空中运行，高空中的气压比地平面的气压低，因此肠道内的管腔会由于内外的气压差，引起管腔的膨胀，容易导致产生气体。肠道本身产生的绝大部分气体会被肠黏膜所吸收，少部分气体随肠道排出体外。此外在乘坐飞机的过程当中，因为客舱的空间相对密闭窄小，不能经常自由活动，活动量减少以后，肠道的蠕动能力会减慢，而肠道黏膜的吸收功能也会明显减弱，导致气体增多，所以也容易产生腹腔撑胀的感觉。

（三）高空栓塞

安全员工作环境在客舱，工作时一般长时间坐在座位上（图 1-7），执行航班任务较多时可能单日超过 10 小时。在座位上久坐不动会导致下肢血液循环能力减弱。起飞后，随着客舱环境压力的降低，溶于血液内的氮气游离形成气泡，在血管内造成栓塞，阻碍血液流通并压迫神经，导致高空栓塞的发生。高空栓塞的主要症状是关节疼痛、视物模糊、肢体麻痹瘫痪、头痛和昏迷等，因个体差异还可能导致下肢静脉曲张等病症。

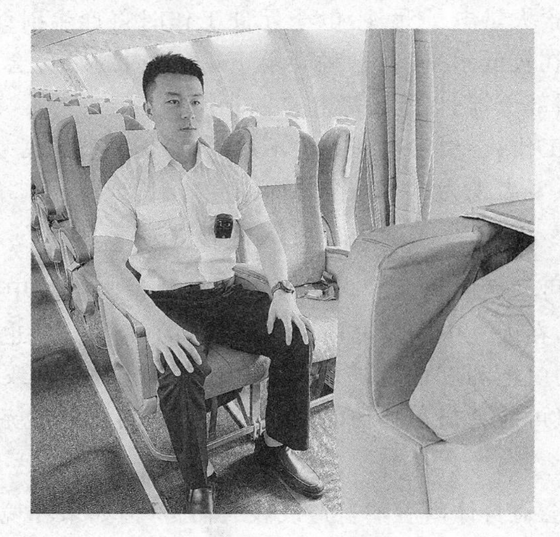

图 1-7　航空安全员工作环境

（四）皮肤组织气肿

通常情况下，标准大气压下水的沸点为 100℃，随着高度增大，大气压力随之降低。在极限情况下，水的沸点可降低到 37℃左右，基本等同于人体体温。人体水分含量占体重的 60%～70%，此时如果人体突然暴露在该环境下，体内液体将会发生沸腾汽化，从而产生大量气泡，引起皮肤组织气肿，情况严重的可能导致皮下气肿。

少量皮下气肿，多数无明显症状，但如果皮下气肿明显，则会导致气体在皮下组织内移动，造成扭转或血肿，并导致胸壁皮下疼痛。如果皮下气肿的体积很大，可能会并发纵隔气肿，影响血流，导致心动过速、胸闷、哮喘、呼吸困难，甚至心力衰竭危及生命情况。

（五）高空辐射病

对于国际航线，特别是需要飞越地球南北极航线的远航程航班（如上海—纽约航线），辐射量是很大的。因为在极地上空，臭氧层稀薄（臭氧层空洞就在极地上空），过滤能力较弱，太空辐射直达极地上空，航空安全员在执行此类航班任务时受到的辐射将远远大于一般航班。高空辐射可能对人体造成以下伤害。

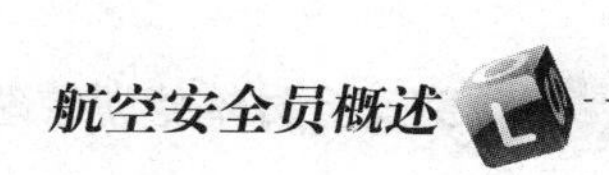

1. 骨骼系统伤害

当辐射长时间照射人体骨骼系统时，会对构成人体骨骼的骨质造成伤害，可能破坏骨细胞增殖，影响骨骼的正常生长发育，严重时还可以引起骨骼畸形。

2. 生殖系统伤害

长期接受辐射照射，会对人体的生殖系统造成损伤，可能损伤精子或卵子中的染色体，从而导致胎儿发育畸形、流产等，也会导致精子发育异常，甚至弱精症、少精症等。

3. 血液系统伤害

人体的造血干细胞主要位于骨髓，如果患者的骨骼受到长期辐射，可能对造血干细胞造成影响，抑制造血干细胞分化，可能引起贫血、血小板减少等，甚至增加发生白血病的概率。

4. 其他伤害

人眼睛长时间接触辐射时，可能直接伤害视网膜，而视网膜一旦受到损伤，便可能出现视力下降，也可能出现黄斑变性，严重时可能造成失明。辐射也可以对人体的脏器造成伤害，如心脏、肺等器官，可能被辐射伤害，引起心脏功能下降、肺功能异常等。

空勤人员职业照射有效剂量一年一般不得超过 20mSv，女性空勤人员从发现妊娠之日起，在孕期余下的时间内应采取补充的控制措施，使其腹部表面(下躯干)累积接受的剂量不超过 1mSv。

除上述情况外，客舱噪声、航空器颠簸等也都会对身体产生影响，从而影响身体机能。

二、狭窄空间

航空器安全员工作环境是航空器客舱，客舱空间狭窄密闭，航空安全员执勤时一般坐在座位上，久坐不动容易导致双下肢血液流通减慢，血流淤滞，从而引起下肢静脉栓塞，或者形成血栓可能导致肺栓塞，由于此类病例大部分出现在座位比较狭窄的经济舱，因此也被称为“经济舱综合征”。人长时间坐在狭窄的座椅上会引起血液淤滞和不同程度的水肿，下肢水肿会压迫静脉加重血液淤滞，甚至诱发血管内壁损伤。

(一) 客舱空间对人体机能的影响

座舱内的环境条件如颠簸、噪声、辐射、温度、湿度、压力等对空保人员的生理机能、心理状态、工作能力都有显著的影响。如久坐不动可使手脚麻木、反应迟缓，影响工作的准确性；噪声影响可使空勤人员心里烦躁，血液循环加快，甚至出现烦躁不安、头昏脑涨和思维困难，严重时导致神经衰弱、身体疲倦、精神萎靡等状况。

狭窄空间的工作环境下，航空安全员应对群体性事件或突发性暴力攻击时，由于空间环境等因素的制约和影响，战术配合、客舱制敌术的发挥都将受到影响，给处置工作带来一定的难度。

(二) 客舱空间对人体心理的影响

由于密闭狭小的客舱环境，有些人会出现烦躁、恐惧、焦虑、呼吸急促、心跳加快、脸红流汗等现象，对于严重的“密闭恐惧症”患者甚至会出现窒息，甚至有濒死感等。

长时间在狭小空间内工作，会使人心理压力比较大，虽然在机上没有太大的运动量，但是心里的焦虑、烦躁的心理状态会让航空安全员的身体机能快速下降，对航空安全员的判断能力、处突能力、飞行耐力都有显著的影响，如心情烦躁、思维困难影响工作的准确性、逻辑性，身体疲倦、精神状态不佳不利于开展机上突发事件处置。

三、生活规律紊乱

（一）造成紊乱的原因

生物钟是指人们生理和行为功能24小时的周期内系统的变化，它是生物体内的一种无形的“时钟”，实际上是生物体生命活动的内在节律性，由生物体内的时间结构顺序所决定。昼夜节律的变化由大脑中的生物钟所支配。

工作时间不固定的航空安全员经常因为大脑生物钟错乱而饱受折磨，常常感到烦躁不安、疲劳乏力、消化不良、昏昏欲睡、精神恍惚、思维迟钝、工作能力低下。在执行国际航班的航空安全员中也经常产生类似的症状，即时差综合征。

如前所述，由于生物钟不能立刻适应新的环境，导致作息时间紊乱。生物钟适应新环境所需要的时间取决于航空安全员的个体差别、飞行的方向、跨越的时区数。时差综合征对个人精神上的影响可能是隐藏的、被忽视的，而其他症状可能在适应新时区阶段更加明显。时区的变化方向已被证明对适应的时间有重大影响。

（二）节奏紊乱的影响

航空安全员工作时间由航班运行时间所决定，每年夏季航班、冬季航班都会有调整，跨时区国际飞行也会导致生物钟的错乱，导致身体机能紊乱，会对身体其他机能产生消极影响。

1. 皮肤受损

正常的睡眠休息可以让皮肤在晚上10点到凌晨2点进入晚间自我修复状态。如果生活作息不规律，长时间熬夜，就会破坏人体内分泌和神经系统的正常循环和自我修复功能，导致皮肤粗糙、松弛缺乏弹性。

精神压力和缺乏睡眠将导致神经系统失调，导致皮肤出现干燥、弹性差、缺乏光泽等问题；而内分泌失调会使皮肤出现暗疮、粉刺、黄褐斑、黑斑等问题。

2. 抵抗力下降

生物钟紊乱，作息不规律可能会降低身体免疫力，通常表现为身体乏力、精神不振、食欲不佳，而对于自身抵抗力较弱的人，感冒发热，以及高血压、高血脂等慢性疾病也都会找上门来。这主要是因为无法规律作息导致人的正常生理周期被破坏，人体的正常免疫修复系统遭到破坏，抵抗力也就会随之下降。通常还会造成以下症状。

（1）睡眠障碍：由于生物钟紊乱，夜间不能入睡，常导致失眠，失眠会引起身体机能改变，出现工作效率下降以及免疫力下降，容易导致过敏、感染，心脑血管疾病的风险也可能增加。

（2）免疫力下降：睡眠周期错乱，机体代谢能力下降，从而使食欲降低，防御能力被破坏，导致免疫力下降，从而容易引起感冒、肺炎等问题。

（3）消化系统疾病：生物钟紊乱可能会导致肠易激综合征，可能会出现腹痛、腹泻以及消化不良等症状。

（4）器质性病变：高血压、糖尿病患者，生物钟紊乱会造成血压、血糖不稳，还可能使肝肾功能以及心脑血管出现问题(图 1-8)。

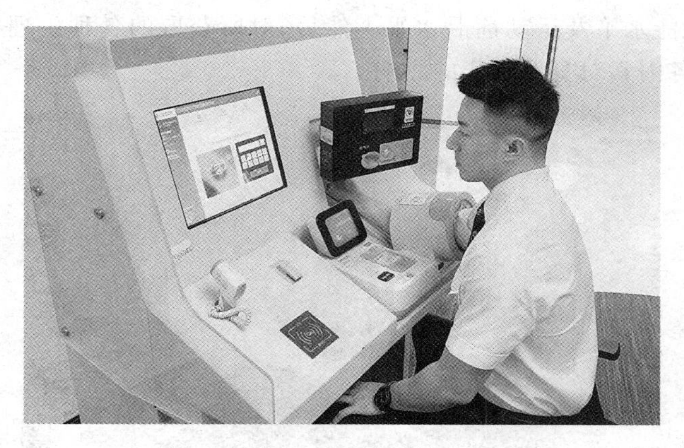

图 1-8　血压测量

3. 记忆力下降

通常情况下,人一天的工作由交感神经控制,应该是夜间休息,白天兴奋。而熬夜者的交感神经却产生颠倒,夜晚兴奋,此时交感神经得不到休息,因此熬夜后的第二天交感神经就难以充分兴奋了。此时人表现为:在白天会头昏脑涨,无精打采,注意力无法集中,记忆力减退,反应迟钝,严重的可能产生头晕、头痛等问题。

4. 视力下降

航空安全员工作时间导致经常熬夜,熬夜工作对眼睛伤害极大,再加上客舱干燥会使眼睛出现干涩、疼痛等问题,甚至使人患上干眼病、玻璃体浑浊("飞蚊症")。此外,眼睛的疲劳还会导致暂时性视力下降,过度劳累还可能诱发中心性视网膜炎,使人出现视力模糊、视物扭曲、变形、缩小、视物颜色改变、眼底病变等问题,导致视力骤降,情况严重的可能导致航空安全员无法通过年度体检。

5. 疲劳感增加

研究表明航空安全员的工作能力具有规律性,在一天中工作能力有两个峰值:上午 9 时至 12 时,下午 5 时至 9 时,这时执勤人员的体能充沛、反应敏捷、处置能力最强。工作能力的低谷在凌晨 4 时至 6 时和下午 3 时至 5 时,此时执勤人员的反应能力、体能和综合判断力处于低谷状态。在低谷时间段飞行会使疲劳感增加,对外界信息的敏感度降低,反应时间延长,注意力不集中,不容易发现潜在的危险,从而危及飞行安全。非定时飞行和频繁没有规律的作息也会给执勤人员带来节律紊乱。

时差效应也是引起身体机能变化的重要因素。现代喷气客机以高速向东或向西做跨时区飞行时,会使执勤人员及乘客的昼夜节律与抵达地的环境昼夜之间出现不同步的现象,造成航空安全员对时差的不适应及生理、心理与行为能力的节律失调,即为时差效应。时差效应的结果是精神萎靡和疲劳感增加,长期下来将导致航空安全员身体机能下降。

四、伤病影响

(一) 身体机能

身体机能是指人的整体及其组成的各系统、器官所表现的生命活动。机能规律、特点及其影响因素可通过测量方式来实现(图 1-9)。身体机能的测量指标,应简便易行并能客观地反映人体的正常机能水平及运动前后水平。然后,对所获取的各种生理机能信息给予客观的评价,从而判断各因素对身体机能的影响。

图 1-9　身体机能测试

1. 人体机能评定的常用指标

(1) 身体形态指标:身体形态指标主要有身高、体重、BMI 等身体指标数据。通过测定身体的形态学指标可以了解航空安全员身体的一般情况。例如,BMI 作为衡量航空安全员体型的考核指标,是用体重(kg)除以身高(m)的平方从而得出 BMI 数值,以此来评价航空安全员体型状态,这个项目是航空安全员日常、初任、定期训练的必考项目。

(2) 生理学评定指标:人体运动机能评定所采用的生理指标分别在运动、循环、呼吸和中枢神经等系统。体温、心跳、脉搏、血压和血氧含量等指标都是测量生理机能最简易的指标。

(3) 运动生理学指标:运动系统的生理学指标主要有肌肉力量、肌电图和关节伸展度等,也可采用血液指标、尿液指标等。运动平板检查是运动负荷试验,是心电图负荷试验中的一种。检查过程中,测试者在转移平台上移动,医生会根据患者的年龄、身高、体重等指标选择不同的运动方案。在检查过程中,医生将依次提高平板驱动的速度和坡度,测试者将逐渐从步行过渡到跑步,直到达到预期的心率。

(4) 循环系统指标:循环系统指标主要包括心脏形态、结构和心血管功能方面的指标。生理指标包括体温、呼吸频率、收缩压、舒张压、白细胞、血红蛋白、心率、胆固醇等指标。

(5) 呼吸系统和能量代谢指标:呼吸系统机能指标主要有肺活量、时间肺活量、肺通气量、最大肺通氧量、摄氧量、最大摄氧量和呼吸肌耐力等。这些指标可通过肺活量计和气体分析仪等测得。在测定上述指标过程中,通过气体分析仪还可测得反映机体能量代谢情况的指标,如呼吸熵(respiratory quotient,RQ)、无氧阈(anaerobic threshold,AT)等。

2. 影响身体机能的因素

身体机能是影响体质和体能的重要因素。影响身体机能的因素包含很多方面,但主要受到以下因素影响。

（1）遗传因素。先天因素主要是指个体的生物因素，与后天因素相对，包括遗传、生长、发育与成熟等。其中最重要的是遗传，即亲代性状传给后代的现象。先天遗传的因素是导致人的机能发展变化的先天条件，对人的体质强弱有非常重要的影响。研究发现，人体的绝大多数形态特征均受先天遗传的制约，如男性身高的遗传度为70%～80%，女性为90%左右。最大心率遗传度为85.9%，后天改变只有14.1%。除此以外，人体的体态胖瘦、肤色深浅、性格特点、心理素质等均受先天遗传的影响；另外某些先天性生理缺陷和遗传性特异体质也是遗传原因所致。从身体素质的主要指标来分析，航空安全员的肌肉负重能力、神经反应能力、身体耐力、运动协调能力、柔韧度等方面的遗传度为64%～85%。但是，研究发现在后天环境的持续科学训练的作用下，遗传对机能的影响作用会变得越来越小。

（2）社会因素。社会的进步也会促进人体机能的不断提升，人类体质特征与社会发展始终都保持着密不可分的关系。社会因素可以通过影响个体的生活方式来影响健康。生活方式是指航空安全员的日常行为方式、生活习惯和社会交往活动等方面的表现。社会因素如教育、收入、职业等可以通过影响个体生活习惯的转变从而影响健康。研究发现，受过高等教育的人更容易采取健康科学的生活方式，如科学饮食、合理运动等，而受教育程度较低的人可能会选择不健康的饮食习惯和生活习惯，从而增加患病的风险。全国成年人体质监测报告显示，专业技术人员和管理人员的体质状况相对较好，受教育程度低，收入较低的农民及务工人员的体质相对较差。经分析，该现象与人的受教育程度有关，受教育程度的差异，使人们的健康观、价值观不同，从而造成人们的生活方式、自我保健能力和求医行为方面产生差异。

（3）自然环境。自然环境是人类和生物赖以生存和发展的各种因素的总和。自然环境与人既相互对立又相互制约，既相互依存又相互转化。自然环境给人类的生存和发展提供了一切必要的条件，而人类通过调节自身以适应不断变化的外界环境；人类对自然环境的改造能力越强，自然环境对人类的作用就越强。人类在改造自然环境的同时，也将大量的废弃物带给了环境，造成了自然环境污染，对人体健康产生了不良影响甚至危及生命。

自然界不同的气候环境对人类的生长发育也有着非常重要的影响，而机体通过自身的不断调整逐渐适应自然界，最终促使在不同的气候条件下生存的人们表现出各自机能水平的差异性。2000年我国进行了第一次国民体质监测，结果显示，我国人口体质水平与经度、海拔高度、平均气温具有较高的相关关系。

（4）身体活动。身体活动是能量消耗的一个主要决定因素，因而对于维持能量平衡和控制体重有着重要的作用。根据近些年国民体质监测结果发现，经常健身的人肺功能和心血管系统功能明显好于不健身的人群，具体表现在肺活量、心脏供血量、血氧饱和度、血压等指标上。而经常健身的人和偶尔健身的人身体充实程度要好于不健身的人，具体表现在克托莱指数和BMI上。有学者对在校大学生进行了体质测试及相关的调查研究，结果显示，经常参加体育锻炼的学生在形态、素质、机能指标上均优于不锻炼的学生，突出表现在身体形态上的差异。这一研究明确揭示了体育锻炼对于维持身体形态、优化体脂分布、改善身体机能具有积极的作用。

（5）营养因素。生命活动的维持、人体的生长发育以及体力活动的进行都有赖于体内的物质代谢过程。只有充足的营养才可以保证机体新陈代谢的正常进行，才可以为航空安全员维持生存和保持体能。合理的营养提供适宜的能源物质，有助于航空安全员在繁重的工作和剧烈运动后的恢复，可减轻运动性疲劳的程度或延缓其发生。营养是维持和促进人类健康的重要因素，营养和运动两者相辅相成，互相促进。营养与健康的关系十分密切，合理的营养不仅能够增进健康，还可作为预防疾病的重要手段。通过平衡膳食形成科学的饮食习惯，摄入合理的营养物质，能够达到增强体质的目的。

(6) 心理因素。良好的心理状态是航空安全员从事工作、保证执勤质量的基础。心理健康也是人体健康的重要组成部分，20 世纪世界卫生组织给“健康”下了这样的定义：“身体无疾病不虚弱，心理无障碍，良好的人际关系和适应社会生活能力，只有当这三方面的状态都达到良好时，才是完全意义上的健康。”科学研究已证实，许多身体疾病是由心理因素引起的，而且随着社会的不断发展，心理因素显得愈发重要。现代医学研究表明，人的思想意识、个性特征、意志品格和情感情绪，都可以不同程度地给人的机能造成影响。

3. 改善身体机能的方法

(1) 规律健康饮食。航空安全员工作时间不固定，经常错过正常吃饭时间。并且航空机组餐是冷冻后经机上烤箱加热后食用的食品，口味不佳，大多数航空安全员长期以来对机组餐比较排斥，久而久之容易造成营养摄入不均衡。因此可以适当增加膳食纤维和水果蔬菜的摄入，减少油腻、高糖或高脂的食物，同时可以通过随餐维生素来补充。

(2) 保持良好心态。保持良好心态可以提高航空安全员的生活幸福感，保持积极、乐观的心态可以缓解航空安全员的工作压力和焦虑感。良好心态可以提高航空安全员的工作效率，让航空安全员更专注、更有动力去完成自己的工作任务。良好心态可以提高自信心，使航空安全员更加自信、胆大，面对各种挑战和压力时更有勇气。良好心态可以提高航空安全员健康状况，更容易得到良好的休息和睡眠，从而提高身体的免疫力和自愈能力，预防各种疾病，积极面对生活中的挑战和压力。

(3) 开展体能训练。航空安全员除了每天保持良好心态，满足饮食营养、能量需求外，还要通过体能训练提高身体机能(图 1-10)。航空安全员职业本身对体能要求就比较高，通过力量、速度、耐力、柔韧训练不仅可以提高身体机能，还有利于熟练掌握各项格斗技术和客舱制敌技能，同时合理的体能训练能够减少运动损伤。

图 1-10　航空安全员体能训练

在科学方法的指导下，通过刻苦锻炼，不断提高身体素质，增强体能，才能全面提升航空安全员的身体机能和专业素质。

（二）运动损伤

在航空安全员各类训练中，经常会发生学员在训练中出现运动损伤的情况，有些可能是偶然和意外，但也有部分是训练方法不当、对运动损伤认识不足造成的。根据《航空安全员训练大纲》要求，航空安全员每三年进行一次定期训练，因此体能素质主要应当在日常训练和自行训练中保持。据此，航空安全员可能需要大量时间开展自我训练，若航空安全员具有相关的科学训练方法和运动损伤的预防和处置等知识，则可以将这些知识运用到其训练过程中，在防止伤病的同时提升训练效果，提升整体训练水平。

1. 造成运动损伤的主要原因

训练水平不够、身体状态差、动作不正确、缺乏自我保护能力（图 1-11）、运动前不做准备活动或准备活动不充分，缺乏适应环境的训练，以及教学、工作组织不当等原因都可能造成运动损伤。

图 1-11　缺乏保护的运动

在运动的过程中，轻微的运动损伤是在所难免的，但有些运动损伤对身体的影响比较大，可能会引起肌肉局部或者软组织发生损伤，甚至肌腱也会出现拉伤或者关节受损，这种情况发生后会直接影响航空安全员日常执勤，甚至影响到日常生活。运动损伤会导致患者出现关节僵硬、疼痛、肿胀、力量下降等症状，严重的还会导致肌肉出现萎缩。运动损伤短期内不会恢复，尚未恢复期间对生活的影响比较大，比如不能参加其他训练甚至导致日常行动不便等。

2. 运动损伤的潜在因素

运动损伤因运动类型不同而不同，有其自身的发病规律，即各项运动有其不同的损伤易发部位及其专项多发病。例如，体操运动发生的跟腱断裂、举重运动发生的腰肌劳损等，其他类型项目也是如此，尤其是慢性损伤。究其规律多由运动类型与人体两方面所存在的潜在因素共同决定的。

（1）运动类型及其动作标准对人体的特殊要求。例如：立定跳远时，为了跳得更远，起跳时身体要向前上方腾空，腾空时要充分展体；落地时，收腹举腿，小腿前伸，两臂往后摆动，屈膝落地缓冲，对腰腹核心力量和腿部韧带、膝盖、脚踝的抗冲击能力都有较高的要求。

(2) 人体自身某些部位在运动中所表现出的解剖生理弱点。例如，膝关节上下两端骨杠杆较长，周围少有肌肉保护，半屈膝时侧副韧带及关节内十字韧带全处于松弛状态，膝关节周围失去了支撑保护。在对抗撞击情况下，膝关节很容易失去平衡而出现过度的内外翻转，一旦翻转超出了人体解剖学和生物力学所能承受的程度时，就会发生膝关节韧带或半月板的急性损伤。错误的动作发力导致人体的某些局部运动负荷长期过重，超出该组织所能承受的最大程度，而逐渐发生退行性病理改变，导致慢性损伤。

认识了运动损伤的发病规律，自觉地在教学和训练中有意识地引导潜在因素向有利的方面转化，以期实现预防运动损伤发生的目的。

五、心理素质

(一) 心理素质的定义

心理素质是指个体在心理过程、个性心理等方面所具有的基本特征和品质。它是人类在长期社会生活中形成的心理活动在个体身上的积淀，是一个人在思想和行为上表现出来的比较稳定的心理倾向、特征和能动性。

在每年的日常训练考核中，都会有部分航空安全员由于心理素质差，心理上没有做好自我调节，最终造成考试成绩不理想。譬如在短跑过程中肌肉僵硬，动作不协调；在 3 000 米考核中由于肩部、小腿或者其他部位始终处于紧张状态，导致体力过早衰竭，心肺系统也不堪重负，意志力不坚强的甚至会出现边走边跑，最终导致考试不合格的情况。

随着时代的不断进步，社会对航空安全的要求越来越高，为了更好地服务社会、维护新形势下的机上秩序，严厉打击复杂多变的机上违法犯罪活动，必须切实提高航空安全员队伍的整体战斗力，而心理素质是战斗力的重要组成部分。良好的心理素质可以帮助航空安全员更好地调整自身的心理状态适应各种工作环境，做到观察细致，判断准确，反应迅速，采取措施适当(图 1-12)。因此，充分运用心理学理论的方法，加强航空安全员心理素质的训练具有极其重要的意义。

图 1-12　航空安全员巡视客舱

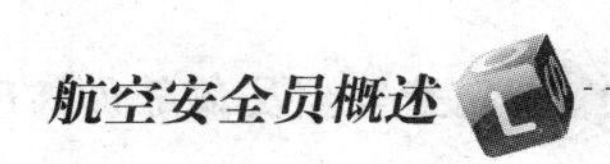

（二）航空安全员心理素质训练

航空安全员心理素质训练是指将航空安全员个体或群体置于预先设计好的一系列的心理训练情境中，使其在为适应特定情境不断地进行心理调适和行为调整的同时，逐渐地提高相应的心理素质的过程。换言之，就是运用心理学原理设计出可控制的机上执行环境的情景模拟，模拟出机上执勤活动中的各种典型刺激因素，让接受训练的航空安全员受到各种“仿真”心理刺激并作出心理和行为反应，以此来扩大其心理容量，提高身心应激反应水平，培养良好情绪反应习惯，增强心理适应能力，进而培训航空安全员良好的职业心理素质。

许多国家都已把心理素质训练应用到民航安保人员的培养和训练上，把心理素质训练、体质训练和业务知识技能训练并列为民航安保人员训练的三大项目，并取得了一定成效。心理素质训练的内容是多方面的，最主要是职业意识的养成、情绪情感的调控、职业心理压力的承受、意志心理品质的强化、认知能力的提高以及在应激状态下的快速反应。

1. 航空安全员职业意识训练

航空安全员的职业意识训练最主要是针对新入职人员而言的，从一个普通人转变为一名合格的航空安全员存在一个心理角色转变的问题。树立起正确的航空安全员职业意识是新入职人员必须经历的一个转变过程。充分的职业意识训练能使他们在投身于实际执勤工作之初就能知道行使职权的方法、程序和意义。航空安全员职业心理训练还应该包括职业自我认同的培养，自我认同心理是人耐受挫折的心理基础，职业自我认同来自对职业的高度理解，具有职业自我认同的航空安全员往往会以建设性的态度去对待工作中的挫折。航空安全员树立正确的职业意识和训练的形式多样，如军事化管理、队列训练等。

2. 航空安全员应激反应训练

航空安全员在执行任务时经常会遇到各种各样的意外，这决定了安全员个体必须具有很强的应激心理能力。应激心理适应训练的最有效的方法是应急情境训练，即设计一系列具有强烈紧张意外的刺激信息的情境，使航空安全员个体在其中经常面临某种应激状态，当个体心理和身体适应了这种应急状态后，就会减轻应激刺激信息对航空安全员个体的不利影响，进而保证航空安全员个体在工作中一旦遇到类似应急情境，能及时调整心态，采取措施控制局面。

航空安全员心理反应能力是其心理素质的重要方面，也是心理训练的主要内容之一，航空安全员工作的紧迫性要求其具有快速反应能力，包括动作快速反应能力和心理快速反应能力。实践证明，通过在散打、擒拿、格斗、跑步、游泳等教学中有意识地培养航空安全员的快速反应能力的方法是确实有效的。

3. 航空安全员认知能力训练

认知是指人对客观事物的现象和本质的反映过程。航空安全员认知心理训练目的在于提高其观察事物、记忆材料、分析判断事物之间联系的能力，其核心是培养职业思维的创造性、独立性和灵活性特征。航空安全员的认知训练的内容包括感觉能力训练和知觉能力训练。培养自己对执勤活动相关的记忆材料的兴趣，才可能把注意力充分集中到识记对象上，识记才能深刻，才可能经常在脑海里重现识记内容，并保持长久。

提高想象能力的主要途径：一是要有意识地提高识记的清晰度，保证作为想象基础的表象材料的质量。想象并不是凭空产生的，它是在已有表象的基础上加工创造出来的新的形象。清晰的表象材料有利于提高想象的流畅性和相关性。这就要求航空安全员在日常工作中识记事物时要特别注意细心观察事物，准确无误地把握事物的特征，并能尽量多地了解被识记事物与相关事物的联系。二是注意培养换位想象的心理倾向，即面对分析条件不充分的问题进行联想时，不仅能从观察的角度对案件相关事物进行关联想象，而且能从普通群众的角度，甚至从犯罪嫌疑人的角度来进行想象，从而尽可能克服想象的片面性倾向。思维能力训练的最终目的在于使受训者在执行勤务活动时能做到观察事物细致全面，分析判断问题准确周全，创造性地提出解决所面临的问题的措施和方法，认识自己思考问题的弊端，找出正确对待问题的态度和思考问题的方式。

4. 航空安全员情绪调控训练

从某种意义上讲，一种刺激对人是产生积极还是消极的影响，更多地取决个体对刺激的感受和反应。比如，在执行任务过程中有人对你进行语言侮辱，如果你对此感到痛苦，甚至难以忍受，那么身心就会受到严重伤害。但是如果你能将这种语言侮辱看成是旅客一时的发泄而已，那么你的这种反应可使你的心灵免受伤害。由此看来，身心是否受到伤害，主要不取决于刺激本身或其强度，而主要取决于个体对刺激的情绪反应。情绪控制是提高整个心理素质的核心和支柱。情绪稳定能保证其他心理因素功能正常，是完成工作任务的有力保证。因此，在航空安全员心理素质各项的训练中，都应特别注意情绪素质的训练。

5. 航空安全员心理压力训练

航空安全员是一种高应激、高强度，并且与群众联系密切的职业，航空安全员工作是一种压力密集型的工作，所承受的职业压力比一般社会成员所承受的职业压力更大，并且压力来源更广泛。从某种意义上讲，其相对于其他职业的从业人员更容易因难以承受过大的心理压力而出现心理障碍等各种心理问题。长期的过度的心理压力反应，会严重地影响航空安全员能力的提高。所以应当建立完善的心理训练和心理帮助体系，提高航空安全员运用心理规律进行自我调节的能力，在日常工作中要激发航空安全员的成就动机，树立坚强的信念和意志。此外，航空安全员的心理训练还应该包括心理品质训练、挫折心理训练、临战心理训练等。

通过心理压力训练，航空安全员在面对特殊情况时，能够有效降低心理紧张感和忧虑感，这对缓解由于焦虑心理引发的抑郁、偏激以及幻想等心理健康问题具有积极作用。

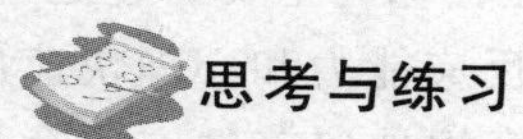

思考与练习

(1) 从航空安全员工作环境分析影响航空安全员执勤能力的因素有哪些？

(2) 简述航空安全员的主要工作职责。

(3) 如果你是一名航空安全员，你将通过哪些方法克服环境因素对航空安全员造成的影响？

第二章
体能训练基本理论

学习重点

本章学习重点主要包括体能训练的内涵、航空安全员体能训练的主要内容、体能训练的基本原则、体能训练的基本方法以及体能训练对人体的主要影响。学习难点是运用理论知识指导航空安全员体能训练实践。

学习目标

(1) 理解体能训练在民航空中安保工作中的重要意义。

(2) 掌握体能训练的主要内容和基本方法。

(3) 了解体能训练对人体各方面的影响。

第一节　体能训练概述

体能水平的高低与人体的形态学特征以及人体的机能特征有着密切的关联。本节主要从体能训练的概念、意义、内容、原则和方法等多方面介绍,为体能训练实践提供理论基础。

一、体能概念

1984 年出版的《体育词典》和 1992 年出版的《现代汉语词典》中,对体能做出了相同的解释:体能是指人体各器官系统的机能在体育活动中表现出来的能力,包括力量、速度、耐力、灵敏和柔韧等基本的身体素质与人体的基本活动能力(如走、跑、跳、投掷、攀登、爬越和支撑等)两部分。我国现行的《运动训练学》教材中,将运动员体能定义为:运动员机体的基本运动能力,是运动员竞技能力的重要组成部分。在广义上,体能包括形态、机能和素质三个方面的状况;而狭义上,运动者的体能水平主要通过运动素质表现出来。

体能发展水平是由身体形态、身体机能及运动素质的发展状况所决定的。身体形态是指机体内外部的形状。身体机能指机体各器官系统的功能。运动素质是指机体在活动时所表现出来的各种基本运动能力，通常包括力量、耐力、速度、柔韧和灵敏等。发展和提高体能的最主要手段是通过运动训练。

航空安全员的体能是指航空安全员的个体机能在履行空中保卫工作时表现出的能力。航空安全员的体能训练属于特殊职业背景要求下安保培训的一部分，包括具有职业专门化特点的力量、速度、灵敏、耐力、柔韧和前庭器官稳定性等素质方面的训练，以及在履行职务过程中身体的基本活动能力(包括跑、跳、投、负重等)的训练。

二、体能训练的概念及分类

体能训练是运动训练的重要组成部分，是结合专项需要并通过合理负荷的动作练习，改善机体身体形态，提高机体各器官系统的机能，充分发展运动素质，促进运动成绩提高的过程。体能训练包括一般体能训练和专项体能训练。

一般体能训练是运用多种非专项的体能练习手段，旨在增进人体的身体健康，提高各器官系统机能，全面发展运动素质，改善身体形态，掌握非专项的运动技术、技能和知识，为专项成绩提高打好基础的训练。

专项体能训练指采用直接提高专项素质的练习，以及与专项有着紧密联系的专门性体能练习，最大限度地发展专项运动素质，以保证掌握专项技术和专业战术，确保能在专项比赛中创造优异成绩及其在专业领域能够顺利、有效地运用的训练。

一般体能训练和专项体能训练的区别如表 2-1 所示。

表 2-1　一般体能训练和专项体能训练的区别

项目	一般体能训练	专项体能训练
任务	(1) 提高各器官系统机能，增进身体健康 (2) 全面发展运动素质 (3) 改善身体形态 (4) 掌握非专项的运动技术、技能和知识 (5) 为提高运动技术水平创造一定条件	(1) 提高与专项有关的器官系统技能 (2) 最大限度地发展专项运动素质 (3) 塑造专项所需的体型 (4) 精确掌握与专项技术、战术有关的知识和技能 (5) 促进专项运动成绩和技术水平提高
内容	多种多样的对全面发展运动素质、身体机能有益的身体练习手段	直接发展专项运动素质的练习，以及在动作特点上与专项动作结构相似的练习，或有紧密联系的专门性练习
作用	为专项运动素质的全面发展和专项成绩的提高打好基础	直接提高专项运动素质，促进运动员创造优异的专项运动成绩

(引自《体能训练学》，杨世勇，2012)

航空安全员体能训练是根据民航空中安全保卫工作的性质和任务、航空安全员的职业特点及对其体能的要求，结合我国民航空防安全系统对于安全保卫工作的特殊需要，而专门采用的身体活动形式。体能训练是一种有目的、有意识的以增强人体素质与活动能力、发展安保实战技能、提高航空安全员自卫与战斗能力为目的的身体训练手段。

三、体能训练的意义

航空安全员体能训练的有效教学和实施，对高水平行业人才的培养与行业健康快速发展具有重要现实意义。良好的体能训练对以下几方面有益处。

(1) 提升航空安全员自身身体素质水平，提高体能测试水平。

(2) 航空安全员掌握各项体能训练的基本技术、练习方法及评价手段。

(3) 航空安全员在训练和工作中保持稳定、良好的心理状态，提高其实战能力。

(4) 航空安全员机体适应大负荷训练和工作的需要。

(5) 有效提高航空安全员机体对外界环境的适应能力和对疾病的抵抗能力，有效促进身体健康。

四、体能训练的内容

(一) 体能训练的因素

构成体能的身体形态、机能、素质三个因素都有相对独立的作用，密切联系、彼此制约、相互影响，每一个因素的水平都会影响到人体体能的整体水平。运动者的体能训练涉及身体形态、身体机能、运动素质等因素。

身体形态是指人体外部与内部的形态特征。反映外部形态特征的指标有高度(身高、坐高、足弓高等)、长度(腿长、臂长、手长、足长等)、围度(胸围、臂围、腿围、腰围、臀围等)、宽度(头宽、肩宽、髋宽等)和充实度(体重、皮脂厚度等)等。反映内部形态的指标有心脏纵横径、肌肉的形状与横断面等。

身体机能是指有机体各器官系统的功能，包括中枢神经系统、心血管系统、呼吸系统、消化系统、生殖系统、内分泌系统、物质和能量代谢、感官、体温等。运动训练中经常涉及的身体机能指标主要有心率、血压、血红蛋白、心电图、肺活量、最大摄氧量、肌纤维数量、视觉、听觉、平衡机能以及血睾酮等。

运动素质是指机体在活动时所表现出来的各种基本运动能力，通常包括力量、耐力、速度、柔韧和灵敏等。运动素质是体能的外在表现。

(二) 体能训练的内容

航空安全员体能训练内容由理论和实践两部分构成。

理论部分主要包括体能的概念及构成、体能训练的目的与任务、体能训练的原则与训练方法、航空安全员专项体能的训练方法、常见运动损伤的预防与处理等。

实践部分主要包括力量素质训练、速度素质训练、灵敏素质训练、耐力素质训练、柔韧素质训练、平衡能力训练、恢复性训练等。

在航空安全员体能训练实践的过程中，主要以体能考核项目为依托，全面发展航空安全员的力量、耐力、速度、柔韧、灵敏等身体素质。表 2-2 和表 2-3 为航空安全员训练大纲中航空安全员体能考核项目表。

表 2-2　航空安全员体能考核项目表(男子)

初训及复训 35 岁以下			复训 36 岁以上		
项　　目	科目	占比	项　　目	科目	占比
BMI	科目一 (必测)	5%	BMI	科目一 (必测)	5%

续表

初训及复训 35 岁以下			复训 36 岁以上		
项　目	科目	占比	项　目	科目	占比
引体向上	科目二（3 选 1）	20%	引体向上	科目二（2 选 1）	20%
双杠臂屈伸			卧推（50 千克）		
卧推（50 千克）					
60 秒仰卧收腹举腿	科目三（必测）	20%	60 秒仰卧收腹举腿	科目三（必测）	20%
30 秒杠铃硬拉（90 千克）	科目四（3 选 1）	20%	原地双手掷实心球（2 千克）	科目四（2 选 1）	20%
20 米负重折返跑（60 千克）			30 秒杠铃快挺（25 千克）		
30 秒杠铃快挺（25 千克）					
3 000 米跑	科目五（必测）	20%	3 000 米跑	科目五（必测）	30%
30 秒平衡垫测试	科目六（必测）	5%	30 秒平衡垫测试	科目六（必测）	5%
立定三级蛙跳	科目七（4 选 1）	10%			
100 米跑					
T 形跑					
25 米折返跑					

表 2-3　航空安全员体能考核项目表（女子）

初训及复训 35 岁以下			复训 36 岁以上		
项　目	科目	占比	项　目	科目	占比
BMI	科目一（必测）	5%	BMI	科目一（必测）	5%
60 秒跪姿俯卧撑	科目二（2 选 1）	20%	60 秒跪姿俯卧撑	科目二（2 选 1）	20%
卧推（25 千克）			卧推（25 千克）		
60 秒仰卧收腹举腿	科目三（必测）	20%	60 秒仰卧收腹举腿	科目三（必测）	20%
30 秒杠铃硬拉（40 千克）	科目四（2 选 1）	20%	原地双手掷实心球（2 千克）	科目四（2 选 1）	20%
30 秒杠铃快挺（15 千克）			30 秒杠铃快挺（15 千克）		
1 500 米跑	科目五（必测）	20%	1 500 米跑	科目五（必测）	30%
30 秒平衡垫测试	科目六（必测）	5%	30 秒平衡垫测试	科目六（必测）	5%
立定跳远	科目七（4 选 1）	10%			
100 米跑					
T 形跑					
25 米折返跑					

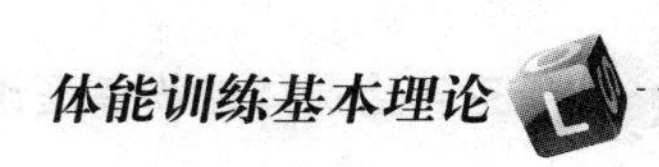

五、体能训练的原则

（一）动机激励原则

动机激励原则是指通过多种方法和途径，激发运动者主动从事艰苦训练的动机和行为的训练原则。遵循这一原则可启发运动者更高的训练积极性和主动性，培养他们的独立思考能力、创造能力和自我调控的能力，促使其以最大的动力，高质量、高效率地完成训练任务。

体能训练的长期性和艰苦性要求不断地激励运动者的参训动机，贯彻动机激励原则，应注意以下几点。

1. 加强训练的目的性和正确价值观教育

航空安全员肩负着维护航空器内的乘坐秩序，制止威胁或危害民用航空飞机安全的行为，保护所载人员和财产安全的重大职责。提高航空安全员的全面身体素质、客舱制敌技术水平和实战应用能力，具有重大的社会意义。

2. 满足运动者衣食住行等方面合理的需求

正确运用精神、物质和信息等资源价值，在运动者的物质方面得到充分满足的情况下，更易引导其形成“自我实现”的更高层次需求。航空安全员是民航客舱安全的守护者，通过有效的体能训练，更好地打造航空安全员身材挺拔、高大威猛的外表，也有利于树立航空卫士的良好形象。

3. 变被动式训练为主动式训练

发挥运动者在训练工作中的主体作用，使其在一定程度上参与训练计划的制订和运动训练的组织，了解训练的目的、任务、要求与安排，调动其参与体能训练的主动性。

（二）系统性原则

系统性原则是指持续地、循序渐进地组织运动训练过程的训练原则。这一原则的确立与运动训练过程的连续性和阶段性的基本特性密切相关。一方面，必须循序渐进地增加训练负荷，才能取得理想的训练效果；另一方面，只有长时间、持续地进行训练，才有可能攀登运动高峰。

1. 保持训练的系统性

系统的持续训练是取得理想训练效果的必要条件，人体对训练负荷的生物适应需通过各个系统、器官、肌肉以及细胞的变化，逐步实现。当训练的系统性和连续性遭到破坏时，已得到的训练效应也会消退以至完全丧失。为了避免体能的消退，需在训练效应产生并保持一定时间的基础上重复给予负荷。科学制订训练计划，是保证训练的连续性、取得理想训练效果不可缺少的重要因素。

2. 按阶段性特点组织训练

人体在训练负荷下的生物适应过程，具有阶段性和长期性的特点。机体对一次适应训练负荷的反应，可分为工作、疲劳、恢复、超量恢复和训练效应消失等几个阶段（图 2-1）。体能训练过程的组织实施，必须遵循阶段性的特点，有步骤、有秩序地进行，这一步骤是按固有的程序排列的。一次训练课依次分为准备部分、基本部分和结束部分；一个持续 4～12 个月的训练大周期，依次分为准备时期、比赛考核时期及恢复时期等。

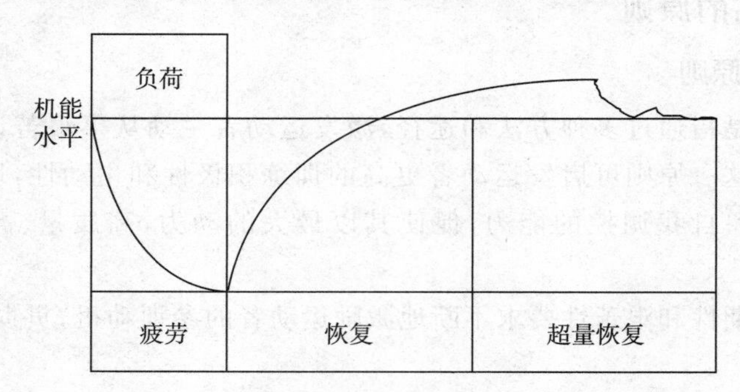

图 2-1　机体负荷的应急反应

（雅可夫列夫，1957 年）

（三）区别对待原则

区别对待原则是指对于不同运动者、不同训练状态、不同训练任务及不同训练条件等，都应有区别地组织安排相应的训练过程，确定训练任务，选择训练内容、方法和手段，安排相应的训练负荷的训练原则。贯彻区别对待原则需考虑多方面的因素，包括运动专项、训练对象以及训练条件等(图 2-2)。训练中要全面了解、掌握和分析训练对象的具体情况，制订出符合个人特点的训练计划。

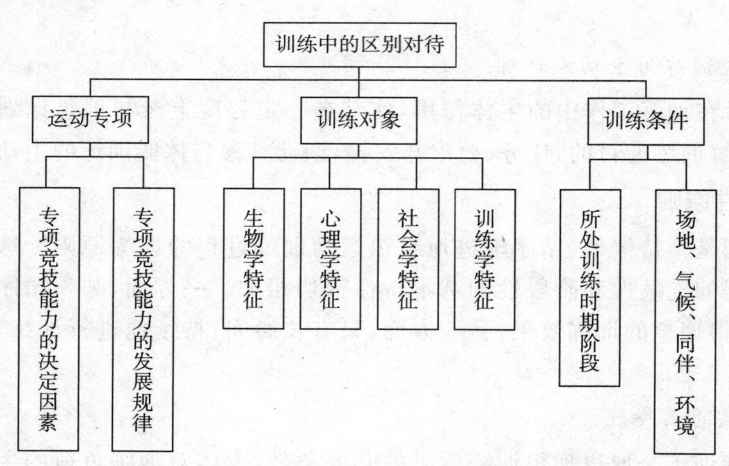

图 2-2　训练中区别对待所要考虑的因素

（引自《符合原则与训练过程》，田麦久，1986）

1. 运动专项

运动专项方面包括专项成绩的决定因素（如短跑取决于快速力量和频率）和专项成绩的发展规律（如耐力性项目通常在较大的年龄才进入最佳竞技时期）。

2. 训练对象

每个运动对象都有不同的生物学、心理学、社会学及训练学方面的特征，这些个体差异性对训练的安排提出了不同的要求。其中生物学特征包括年龄、性别、形态、发育状况及个人生物节律等；心理学特征有气质、个性及参加训练的动机等；社会学特征包含家庭状况、生活习惯以及文化水平等；训练学特征有训练年龄、接受负荷能力等。

3. 训练条件

贯彻区别对待原则必须考虑训练所处的时期和阶段，以及场地、气候、同伴和环境等因素。

(四) 适宜负荷原则

适宜负荷原则是指根据运动者的现实可能和人体技能的训练适应规律，以及提高运动者竞技能力的需要，在训练中给予相应量度的负荷，以取得理想训练效果的训练原则。机体对适宜的负荷产生适应，但如若负荷过小，不能引起机体必要的应激反应；而在过度负荷作用下则会出现劣变反应(图 2-3)。在体能训练中必须根据训练任务和对象水平，科学地规划训练负荷。

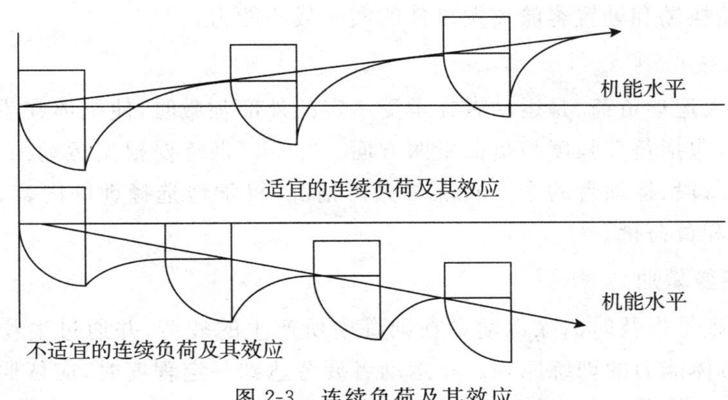

图 2-3 连续负荷及其效应
(雅可夫列夫，1957 年)

1. 渐进式地增加负荷的量度

在训练过程中，随着参训人员竞技能力与运动成绩的提高，通常需要相应地加大负荷的量度，这一变化需循序渐进地实施。循序渐进地增加负荷，有 4 种基本形式：直线式、阶梯式、波浪式和跳跃式。

2. 科学地探求负荷量度的临界值

负荷量度的增加会带来更好的训练效果，越接近运动者承受能力的极限，效果越明显。运动者负荷量度临界值的大小既随其运动水平等较为稳定的状态的变化而变化，又受运动者健康状况、日常休息、心理状态等因素影响。负荷刺激的生理临界点很难把握，训练时通常注意留有余地，避免过度训练。

3. 训练过程的监测与调控

训练过程中负荷安排不当是造成运动损伤、过度疲劳的主要原因之一。在运动过程中，应运用综合方法和手段建立科学的诊断系统，选择可靠的指标，分析训练过程和效果，并及时进行调控。

(五) “三从一大”原则

“三从一大”训练原则指从难、从严、从实战出发，科学地进行大负荷训练的原则。

1. 从难

从难是指教练员根据项目特点、训练的不同时期及运动者个体特征等，设置训练难度和各种困难，让运动者在更为艰难、复杂的条件下勤学苦练，争取更优的成绩，练就更强的身体。

2. 从严

一方面是指管理，须制定训练规章制度，严格把关。常说"三分训练七分管理"，要根据运动者身心发展的规律，针对运动者训练的不同阶段，结合具体情况进行科学管理。另一方面是指训练过程，包括训练计划的制订与实施、训练技术和负荷指标的质量保证以及训练作风的培养等。

3. 从实战出发

从实战出发是"三从一大"训练原则的核心，训练要从实战需要出发，提高运动者的实际应用能力。航空安全员在进行体能训练时，应从工作实际需求出发，提高其身体综合素质水平，进而提高客舱执勤和处置客舱突发事件的实际战斗能力。

4. 大负荷训练

"一大"是指大运动负荷，是运动者在承受一定的外部刺激时，使机体在生理和心理方面所承受的总刺激，包括负荷强度与负荷量两方面。"一大"训练要根据运动项目的规律、运动训练过程的不同阶段、运动者的个人特点等具体情况，科学地选择训练内容、方法和手段以及安排负荷强度和负荷量。

（六）适时恢复原则

适时恢复原则是指及时消除运动者在训练中所产生的疲劳，并通过生物适应过程产生超量恢复，提高机体能力的训练原则。在运动者疲劳达到一定程度时，应依照训练的统一计划，适时安排必要的恢复性训练，采取有效的恢复措施，使运动者的机体迅速得到充分的恢复和提高。贯彻适时恢复原则，需注意以下两方面。

1. 准确判别疲劳程度

准确判别疲劳程度是适时恢复的重要前提。通常根据自我感觉和外部观察来进行，也常采用一些比较客观的生理和心理测试方法，如膝跳反射阈测定、肌张力测定、心电测定以及 RPE 自我疲劳/恢复感觉表等。

2. 机体恢复的措施

加速机体恢复的措施包括训练学恢复手段（如变换训练内容、训练环境、交替安排负荷、调整训练间歇时间与方式等）、医学及生物学恢复手段（如水浴、蒸气浴、盐浴、按摩、紫外线照射等）、营养学恢复手段（如糖、维生素、多种微量元素等）以及心理学恢复手段（如自我暗示、放松训练、生物反馈）等。

六、体能训练的基本方法

体能训练方法是在进行体能训练的活动过程中，为提高运动者各项体能水平、完成训练任务，为实现竞技或者考核目标而采用的有效合理的途径和方法。正确认识和掌握不同训练方法的功能和特点，有助于顺利地完成体能训练乃至整个运动训练过程不同时期的训练任务；有助于有效地控制各种专项运动能力的发展进程；有助于科学地提高运动者的整体运动能力。

体能训练方法是多种多样的，在体能训练中最为常用的一般性训练方法有重复、间歇、持续、变换、循环等训练方法。

（一）重复训练法

重复训练法是指多次重复同一练习，两次（组）练习之间安排相对充分休息的练习方法。

重复训练法通过同一动作或同组动作的多次重复，有利于运动者掌握和巩固技术动作；通过相对稳定的负荷强度的多次刺激，可使机体产生较高的适应性，从而发展和提高身体素质。按照单次练习时间的长短，可将重复训练法分为：短时间重复训练方法、中时间重复训练方法和长时间重复训练方法（表 2-4）。

表 2-4　重复训练法基本类型及其特点

要　素	基本类型		
	短时间重复训练	中时间重复训练	长时间重复训练
负荷时间	＜30 秒	30 秒～2 分钟	2～5 分钟
负荷强度	最大	次大	较大
间歇时间	相对充分	相对充分	相对充分
间歇方式	走步、按摩	走、坐、按摩	走、坐、卧、按摩
供能形式	磷酸盐代谢系统为主供能	糖酵解为主的混合代谢供能	无氧、有氧比例均衡的混合代谢供能

（胡亦海，1998）

（二）间歇训练法

间歇训练法是指对多次练习时的间歇时间做出严格规定，使机体处于不完全恢复状态下，反复进行练习的训练方法。

间歇训练法是在运动者机体未恢复时，就进行下一次练习，以增大运动负荷，对提高呼吸和心血管系统的功能，发展速度和速度耐力等有显著作用。间歇训练法的基本类型主要分为高强性间歇训练、强化性间歇训练和发展性间歇训练，如表 2-5 所示。

表 2-5　间歇训练法基本类型及其特点

要　素	基本类型			
	高强性间歇训练	强化性间歇训练		发展性间歇训练
		A 型	B 型	
负荷时间	＜40 秒	40～90 秒	90～180 秒	＞5 分钟
负荷强度	大	大	较大	中
心率指标	190 次/分	180 次/分	170 次/分	160 次/分
间歇时间	很不充分	不充分		不充分
间歇方式	走、轻跑	走、轻跑		走、轻跑
每次心率	120～140 次/分	120～140 次/分		120 次/分
供能形式	糖酵解供能为主的混合代谢供能	糖酵解供能为主的混合代谢供能		有氧代谢为主的混合代谢供能

（胡亦海，1998）

（三）持续训练法

持续训练法是指负荷强度较低、负荷时间较长、无间断地连续进行练习的训练方法。

持续训练主要用于发展一般耐力素质，有助于完善负荷强度不高但过程细腻的技术动作，使机体运动机能在较长时间的负荷刺激下产生稳定的适应，内脏器官产生良性适应变化;有效提高有氧代谢系统供能能力以及在该供能状态下有氧运动的强度;为进一步提高无氧代谢能力及无氧工作强度奠定坚实的基础。根据训练时持续时间的长短,持续训练法可分为短时间持续训练、中时间持续训练和长时间持续训练(表 2-6)。

表 2-6 持续训练法基本类型及其特点

要 素	基本类型		
	短时间持续训练	中时间持续训练	长时间持续训练
负荷时间	5~10 分钟	10~30 分钟	>30 分钟
心率强度	170 次/分	160 次/分	150 次/分
间歇时间	没有	没有	没有
动作结构	基本稳定	基本稳定	基本稳定
有氧强度	最大	最大	次大
供能形式	无氧、有氧代谢系统混合供能	有氧代谢供能为主	有氧代谢供能

(胡亦海,1998)

(四)变换训练法

变换训练法是指变换运动负荷、练习内容、练习形式以及条件,以提高运动者积极性、趣味性、适应性及应变能力的训练方法。

变换训练法通过变换练习内容,可使运动者运动素质、技术和战术均得到系统训练,使其具有更接近比赛需要的运动能力以及实际应用的应变能力。依变换的内容可分为负荷变换训练、内容变换训练和形式变换训练(表 2-7)。

表 2-7 变换训练法基本类型及其特点

要 素	基本类型		
	负荷变换训练	内容变换训练	形式变换训练
负荷强度	变化最大	可变或不变	可变可不变
动作结构	相对固定	变换	固定或变换
供能形式	可在多种代谢形式之间变换	以某种代谢形式供能为主	以某种代谢形式供能为主

(胡亦海,1998)

(五)循环训练法

循环训练法是指根据训练的具体任务,将练习手段设置为若干个练习站,运动者按照既定顺序和路线,依次完成每站练习任务的训练方法。

实践中,循环训练法所指的“站”是练习点,如果一个循环内的站数中,有若干个练习点是以一种无间歇方式衔接,那么这几个练习点的集合可称之为练习“段”。因此,考虑循环练习的顺序时,有时以练习“站”为单位,有时则以练习“段”为单位。按照各组练习之间间歇的负荷特征,循环训练法可分为循环重复训练、循环间歇训练和循环持续训练(表 2-8)。

表 2-8 循环训练法基本类型及其特点

要 素	基本类型		
	循环重复训练	循环间歇训练	循环持续训练
循环过程	间歇且充分	间歇不充分	基本无间歇
负荷强度	最大	次大	较小

续表

要素	基本类型		
	循环重复训练	循环间歇训练	循环持续训练
负荷性质	速度、爆发力	速度耐力、力量耐力	耐力
供能形式	以磷酸原代谢系统供能为主	以糖酵解代谢系统供能为主	以有氧代谢系统供能为主

（胡亦海，1998）

第二节　体能训练对人体的影响

体能训练是人体器官和机能系统在结构和机能能力上的适应性再塑造，长期系统地进行体能训练会对人体产生一系列的影响，包括运动系统、循环系统、消化系统、呼吸系统、泌尿系统、神经系统以及内分泌系统等。

一、体能训练对运动系统的影响

（一）运动系统概述

运动系统由骨、关节和骨骼肌组成。骨是人体运动的杠杆，关节是运动的支点（枢纽），骨骼肌收缩是运动的动力，三者的密切配合，才能完成一个完整的动作。

1．骨

骨是由骨膜、骨质和骨髓三部分构成，骨质是骨的主要组成部分。人体共有 206 块骨，根据其存在的部位，可分为中轴骨和附肢骨两部分。中轴骨包括颅骨和躯干骨，共有 80 块；附肢骨包括上肢骨和下肢骨，共有 126 块。按骨的形态大体可分为长骨、短骨、扁骨和不规则骨 4 类。

运动医学证明，能真实反映人体发育程度的是生物年龄。生物年龄常用的鉴定方法有骨龄、齿龄及第二性征。其中，骨龄是目前医学上鉴定发育程度最准确的方法。骨龄即骨骼年龄，其作为评估个体的生长发育水平和成熟程度的依据，对预测身高、运动选材等具有较强应用性。

2．关节

骨与骨之间借结缔组织（主要是韧带）形成的连接，称为骨连接。

按连接处组织和活动情况，骨连接可以分为无腔隙连接和有腔隙连接。无腔隙骨连接活动情况较差，运动幅度很小，无法自由活动，如头部的颅骨之间的连接；有腔隙的骨连接又称为关节，在骨连接中占大部分，活动情况较好，可以自由活动，是人体运动的枢纽，如我们膝关节、肘关节等。

人体最重要的八大关节是肩、肘、腕、髋、膝、踝关节及脊椎上的颈椎和腰椎。关节的存在，增加肢体的灵活性。肢体的运动均是以关节为枢纽，常见的运动形式包括屈伸、外展内收、旋内旋外、环转（关节转圈）等，都是骨以关节为支点绕关节轴所产生的。

3．骨骼肌

骨骼肌因其绝大多数附着于骨骼上而得名。每块肌肉皆是一个器官，由肌腹、肌腱、血管和神经构成。

骨骼肌具有伸展性与弹性和黏滞性等物理特性。影响骨骼肌力量大小的解剖学因素主要有肌肉的生理横断面、肌肉的初长度、肌肉起止点位置、肌拉力角、年龄和性别等。

(二) 体能训练对骨的影响

1. 使骨的形态结构、骨量发生良好变化

人体长期坚持适宜的体育锻炼,可使骨密质增厚,骨径变粗,骨小梁增粗,骨小梁排列更加有规律;还可使骨的血液循环加强,加强骨的新陈代谢,骨中矿物质含量和骨密度也随之增加。适宜的体育运动能使骨的形态结构、骨量发生良好变化;使骨变得更加粗壮坚固,在抗压、抗弯曲和抗扭转等力学性能等方面得到改善。

2. 不同的运动项目对人体各部分骨的影响不同

经常从事以下肢活动为主的项目,如跑、跳等,对下肢骨的影响较大;而经常从事以上肢活动为主的项目,如举重、投掷等,则对上肢骨的影响较大。

(三) 体能训练对关节的影响

适宜的体育锻炼对关节具有良好的影响,主要表现在以下两方面。

1. 关节面的骨密质和关节面软骨增厚

长期、适宜的运动可使关节面的骨密质和关节面软骨增厚,有助于缓冲震荡,使关节承受更大的负荷。

2. 提高关节稳固性

适宜的运动可使关节囊增厚、韧带增粗、胶原含量增加,进而提高关节的稳固性。

(四) 体能训练对骨骼肌的影响

1. 肌肉体积增大

通过体育锻炼和体能训练,运动者肌肉体积明显增大。肌肉体积增大是由于肌纤维增粗的结果,而肌纤维增粗的主要原因是肌纤维内部结构发生了变化。不同运动项目对收缩物质的影响不同,力量性训练效果较明显,这也是力量性训练能显著增大肌肉体积的主要原因之一。

2. 肌肉中脂肪减少

通过体能训练,尤其是耐力训练,可减少肌肉中的脂肪成分。在骨骼肌表面和肌纤维之间都有脂肪存在,脂肪多会对肌纤维的收缩形成阻力,降低肌肉的工作效率。

3. 提高肌肉工作能力

通过耐力性项目训练,可使运动者肌纤维中线粒体数量增多,体积增大。线粒体是肌纤维的供能中心,是形成 ATP(腺嘌呤核苷三磷酸)的器官。力量性训练可使肌肉结缔组织明显增加,肌内膜和肌束膜均增厚,肌腱和韧带也明显增粗,有利于提高肌肉的抗拉力性能。系统的训练可以使肌肉中毛细血管的数量明显增多,管径有所扩张,进一步增加肌肉的血液供应,改善营养状态,提高肌肉的工作能力。

二、体能训练对循环系统的影响

(一) 循环系统概述

血液循环系统是人体内执行运输功能的封闭管道系统。血液循环系统是由血液(淋巴

液)、血管(淋巴管)和心脏组成,其中血液起运输物质的作用,血管起管道的作用,心脏则起动力的作用。在心脏的推动下,溶在血液中的物质如氧气、营养物质等经过血管到达指定的位置,完成物质的运输与交换。

1. 血液

血液对于人体的作用是非常大的,它一直在滋养着我们的细胞,保护着我们的身体运行。成人体内血液含量约占体重的8%,人体的血液有两种成分,分别是血浆(55%)和血细胞(45%,包括红细胞、白细胞和血小板),血浆的主要成分是水、电解质、血浆蛋白、血脂和其他有机物质(主要包括尿素、尿酸、肌酐等,另外还包括葡萄糖)。

血液的成分发生缺失或严重不平衡,会造成内环境发生紊乱,给机体带来诸多问题,甚至危及生命。例如,正常成年人空腹血糖浓度3.9～6.1毫摩尔/升,临床上将空腹血糖高于6.1毫摩尔/升称为高血糖;低于2.8毫摩尔/升称为低血糖。如果长期血液中的葡萄糖浓度过高,则容易形成糖尿病,危及健康;而如果过低,则会容易产生低血糖症状。

2. 血管

血管是指血液流过的一系列管道,在血液运输、血液分配和物质交换等方面有重要的作用。人体除角膜、毛发、指(趾)甲、牙质及上皮等处外,血管遍布全身。按血管的构造功能不同,分为动脉、静脉和毛细血管3种。

动脉起自心脏,不断分支,口径渐细,管壁渐薄,最后分成大量的毛细血管,分布到全身各组织和细胞间。毛细血管再汇合,逐级形成静脉,最后返回心脏。动脉和静脉是输送血液的管道,毛细血管是血液与组织进行物质交换的场所,动脉与静脉通过心脏连通,全身血管构成封闭式管道。人体内血管分布常具有对称性,并与机能相适应,大的血管走向多与身体长轴平行,并与神经一起被结缔组织膜包裹成血管神经束。

3. 心脏

心脏主要由心肌构成,包含左心房、左心室、右心房、右心室四个腔。左右心房之间和左右心室之间均由间隔隔开,故互不相通。心房与心室之间有瓣膜(房室瓣),这些瓣膜使血液只能由心房流入心室而不能倒流。心脏的四个腔分别连接不同血管,左心室连接主动脉,左心房连接肺静脉,右心室连接肺动脉,右心房连接上、下腔静脉。

心脏的主要功能是为血液流动提供必要的动力,即泵血功能。在同样的环境下,心率越慢,心脏功能越好。通常,中青年最大心率采用220减去年龄推测得到。在进行心脏功能评价时,可以采用心率储备,所谓心率储备是指依靠心率增加而使心输出量增加的能力,计算公式为:心率储备=最大心率-安静心率。

(二) 体能训练对血液的影响

1. 血液的重新分配

运动时,心输出量增加,增加的心输出量将在各器官内重新分配。内脏器官的血流量减少,骨骼肌和心脏的血流量显著增加,保证有较多的血液流向骨骼肌。

2. 促进肌肉血供的增加

进行体能训练时,骨骼肌血管舒张,同时内脏器官的血管收缩,使总的外周阻力不至于下降太多,保证了平均动脉压没有明显降低,促进肌肉血供的增加。

(三)体能训练对血管的影响

1. 有利于血液流动

一般运动负荷导致血管内皮细胞呈流畅梭形变化,其排列方向与血流方向一致,血管内皮的排布更符合流体力学原理。适宜强度的运动可导致动脉管壁中膜增厚、弹性纤维和平滑肌增厚,血管壁的弹性增强,血管搏动有力,有利于血液流动。

2. 改善心脏微循环

体育运动可使冠状血管扩张,刺激小动脉和侧支血管增生,改变冠状血管平滑肌细胞的钙调控,提高冠脉转运能力。经常参加体育运动可使心脏微循环得到改善,心肌窦样管扩张,心肌细胞氧气与营养物质供应丰富,有助于提高心脏的代偿功能。

(四)体能训练对心脏的影响

1. 运动性心脏肥大

运动心脏的主要形态特征是心脏肥大,表现为心室和心房均肥大,以左心室肥大为主。在运动心脏外部形态肥大的同时心脏微细结构也发生了重塑,使运动者的能量代谢及神经调控能力随之增强,心肌泵血功能显著提高,对提高最大吸氧量和有氧耐力具有重要作用。

2. 心动徐缓有力

在安静状态下,长期参加运动的人,心肌收缩力增强,搏出量增多。心脏搏出量的增加会反射性引起心交感神经活动减弱,使心率减慢。一般人安静时平均心率为 75 次/分钟,有训练者只有 50 次/分钟(图 2-4)。

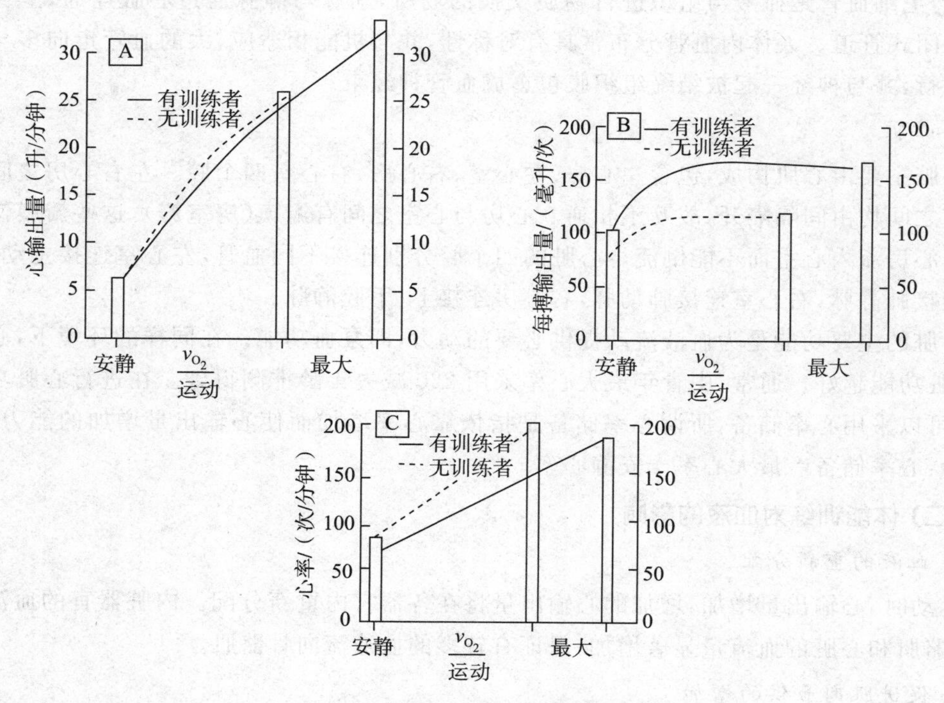

图 2-4 运动训练对心脏功能的影响

(引自《运动生理学》,邓树勋,2010)

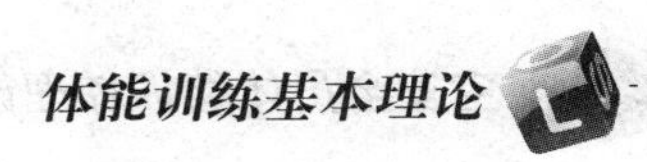

三、体能训练对消化系统的影响

(一)消化系统概述

消化系统由消化道(管)和消化腺组成。消化道和消化腺功能的主要区别在于消化腺进行的是化学性消化,而消化道主要进行的是物理性消化。

1. 消化道

消化道包括口腔(牙、舌)、咽、食管、胃、小肠(由十二指肠、空肠和回肠构成)、大肠(由盲肠、升结肠、横结肠、降结肠、乙状结肠及直肠构成)和肛门,其中口腔到小肠中的十二指肠也称为上消化道,主要进行消化。十二指肠以下的结构又称为下消化道,其中空肠和回肠主要进行营养素的吸收,大肠主要是吸收大部分的水。

2. 消化腺

消化腺主要包括大消化腺和小消化腺,两者的区别在于大消化腺是独立器官,通过专用管道将分泌的腺体注入消化道。无论大消化腺还是小消化腺,都分泌腺体,这个腺体可以分解特定的成分,比如唾液腺可以对食物中的淀粉进行初步分解。再比如胃液里面含有高浓度的盐酸、胃蛋白酶等,可以将体积较大的食物分解成乳糜,利于流向十二指肠,且胃蛋白酶对蛋白进行初步分解等。

(二)体能训练对消化系统的影响

科学合理的体能训练,对人体消化系统的功能产生良好的效应。

(1) 整体提高心肺功能,相应地促进消化器官的血液循环,保证氧气和营养物质的供给。

(2) 膈肌和腹肌的活动对腹腔内的消化器官起节律性的按摩作用,可增强胃肠的蠕动。

(3) 中枢神经系统兴奋和抑制的协调状态有利于对消化系统调节机能的改善,而良好愉悦的心情又能提高食欲,有助于刺激消化液分泌,提高消化酶的活性。

(4) 低强度的体育锻炼对预防消化系统疾病具有潜在的益处,如体育锻炼可加速肠道运送,减少肠黏膜与致癌物的接触,从而降低大肠癌的发病率。体育锻炼使结肠动力增加,胃肠道机械撞击增多,腹肌收缩使结肠压力增加,这些可减少便秘的发生。

四、体能训练对呼吸系统的影响

(一)呼吸系统概述

呼吸系统是由呼吸道和肺组成。

1. 呼吸道

呼吸道包括鼻、咽、喉、气管和支气管,通常把鼻、咽、喉称为上呼吸道,把气管和支气管及其在肺内各级支气管称为下呼吸道。呼吸道是中空器官,是气体进出肺的通道。

2. 肺

肺位于胸腔内,由胸膜腔包裹,膈肌的上方,分左、右肺。其中,右肺较左肺短而宽,有上、中、下三叶;左肺扁窄而略长,有上、下两叶。肺的位置可随呼吸上下移动。肺是气体交换的场所,基本结构和功能单位是肺小叶。

呼吸是气体交换的过程,气体交换指肺泡和血液之间,以及血液和组织之间的气体交换，是物理性的扩散过程，气体从分压高的一侧向分压低的一侧扩散。通常，有两种呼吸类型，分别是胸式呼吸（主动呼吸）和腹式呼吸（被动呼吸），两者主要的区别在于：胸式呼吸主要由肋间肌带动呼吸；而腹式呼吸以膈肌运动为主，吸气时胸廓的上、下径增大；正常的腹式呼吸比胸式呼吸吸进更多空气，肺脏充满气体的部分较多，是较理想的呼吸姿势；和胸式呼吸法比起来，腹式呼吸法的呼气和吸气都较深，可以给肺部充足的氧气。

3. 运动中合理利用呼吸方法

在运动中合理利用呼吸方法，可以有效减缓疲劳，提高运动能力。

(1) 节制呼吸频率，加大呼吸深度：从气体交换的角度考虑，在一定范围内深而慢的呼吸比浅而快的呼吸肺泡通气量大、呼吸效率高。从肌肉工作的角度考虑，适当的呼吸深度能节省呼吸肌工作的能量和氧的消耗。所以，在运动中，慢而深的呼吸优于快而浅的呼吸。

(2) 减少呼吸道阻力：剧烈运动时，为减少呼吸道阻力和呼吸肌的负担，延缓疲劳的出现及增加散热，可以用口呼吸代替鼻呼吸或口鼻共用呼吸，但是，启口不易过大。

(3) 呼吸动作与技术动作相吻合：通常，周期性的运动要特别注意呼吸的节奏，富有节奏的呼吸，将会使运动更加轻松协调，更有利于创造好的运动成绩。如跑步运动，长跑适宜采用2～4步一吸气、2～4步一呼气的方法；游泳运动的呼吸节奏以蛙泳为例，蛙泳为一次划手、一次蹬腿、一次头抬出水面的组合，完成一次呼吸。

(4) 合理利用憋气：憋气用于关键决胜时刻，憋气前不能吸气太深，当胸腔压力过大时，微启声门有节制地挤出气体，发出“嗨”声呼气。

（二）体能训练对呼吸系统的影响

科学合理的体能训练，使呼吸器官的构造和机能都会发生良好的变化。

1. 胸围增大

骨性胸廓发达，胸围增大，既加大了从肺内向外排气的量，又为肺内充满较多的气体提供了空间条件。

2. 肺活量增加

呼吸肌随着体能训练的作用逐渐发展得强壮有力，由于膈肌的收缩和放松能力提高，肺活量也增加。经调查显示，一般男子肺活量为3 500毫升，女子为2 500毫升左右，而进行一段时间的体能训练后男子可达5 000毫升，女子可达4 000毫升左右。

3. 促进肺的良好发育

随着训练水平的提高，运动者肺通气量相应增大，促进肺的良好发育，使肺泡的弹性和通透性加大，有利于进行气体交换，提高人体组织对氧气的利用率。

4. 促进呼吸与运动的配合

呼吸与运动的协调配合，能够使机体适应和满足不同强度的运动对呼吸系统的要求。在定量工作时，呼吸功能表现出节省化现象，并具有很大的功能储备能力。

五、体能训练对泌尿系统的影响

（一）泌尿系统概述

泌尿系统由肾、输尿管、膀胱和尿道组成。肾脏是产尿器官，由肾脏产生的尿液经输尿管流入膀胱暂时贮存，当尿液达到一定数量后，经尿道排出体外。主要的功能是生成和排出尿液，排泄体内代谢废物；参与调节机体的水盐平衡、酸碱平衡和电解质平衡，分泌多种活性物质。

1. 肾

肾位于腹后壁的腹膜外脊柱两旁，在第 11 胸椎至第 3 腰椎间，左高右低，低半个椎体左右。

通过显微镜观察肾实质，发现其由泌尿部（生成尿液）和排尿部（运输尿液到肾窦）组成。泌尿部由肾小体和肾小管组成，其中肾小体也是肾的基本结构和功能单位，由肾小球和肾小囊构成，主要生成的是原尿。肾小管是原尿的运输器官，在运输过程中，缠绕于肾小管的毛细血管将肾小管中的原尿进行重吸收，形成尿液。排尿部是分支的小管，包括集合管和乳头管，功能主要是输送尿液。

2. 输尿管道

输尿管、膀胱和尿道统称为输尿管道。

输尿管是一对长约 30 厘米（儿童稍短）的输送尿液的细长肌性管道，呈扁圆柱状，位于腹后壁，沿腰部脊柱两侧下行进入骨盆，最后通入膀胱。膀胱是贮存尿液的肌性囊状器官，位于骨盆盆腔内，是中空性器官。其形状、大小、位置和壁的厚度随尿液充盈程度而异。尿道是从膀胱通向体外的管道。

（二）体能训练对泌尿系统的影响

体育运动对泌尿系统的影响主要表现在对肾的影响上。

(1) 短时间激烈运动后，尿量会增加：这时流经肾脏的血液增加，肾小球内血压升高，肾脏的过滤功能提高，有助于机体代谢产生的有害物质（尿酸、肌酐、乳酸等）排出，保持机体内环境的稳定。

(2) 长时间大强度运动，尿量减少：尤其是在气温较高时段，人体大量排汗，水分通过皮肤排泄出去。如果疲劳运动，可能会出现运动性尿蛋白，这个常作为判断是否疲劳的一个依据，但疲劳恢复后就会消失。

(3) 其他：科学合理的运动可加强肾的过滤和尿生成机能，提高输尿管、膀胱和尿道等器官肌肉的弹性和排泄机能。

六、体能训练对神经系统的影响

（一）神经系统概述

神经系统是机体内对生理功能活动的调节起主导作用的系统，分为中枢神经系统和周围神经系统两大部分。神经组织由神经细胞和神经胶质细胞组成，遍布全身各器官，所以能够调节机体各器官的活动，适应机体内、外环境的变化。

1. 中枢神经系统

中枢神经系统又包括脑和脊髓，分别位于颅腔和椎管内。

脑位于颅腔内，可分为延髓、脑桥、中脑、小脑、间脑和大脑（端脑）6 部分。通常把延髓、脑桥和中脑合称为脑干，脑干具有传导、反射功能以及维持大脑觉醒状态、引起睡眠、调节骨骼肌张力等功能。小脑的主要功能是协调躯体运动、调节骨骼肌张力和维持身体平衡。大脑又称为端脑，是脑的最大部分和最高级部位。

脊髓位于椎管内，上端平枕骨大孔处与延髓相连，下端在成人平第一腰椎体下缘。脊髓具有明显的阶段性，每一对脊神经所连的一段脊髓称为一个脊髓节段。脊髓具有传导和反射功能。

2. 周围神经系统

周围神经系统是脑和脊髓借以与身体其他器官、系统相联系的神经成分。

根据连接的情况，周围神经系统可由 12 对脑神经和 31 对脊神经构成。脑神经与脑相连，脊神经与脊髓相连。根据分布情况，周围神经系统可以分为躯体神经和内脏神经（也称自主神经），躯体神经分布于体表皮肤和运动系统，内脏神经分布于内脏、心血管和腺体；根据功能情况，周围神经系统又可分为运动神经和感觉神经，运动神经管理各类肌肉的运动和腺体的分泌，感觉神经管理躯体和内脏的各种感觉。

（二）体能训练对神经系统的影响

科学合理的体育运动对神经系统具有积极的意义。

1. 有利于促进大脑的发育

运动可以增加脑的血流量，从而供给脑细胞更多的氧气和养料，促进大脑皮质细胞建立广泛的突触联系，对儿童、少年的脑发育起积极的促进作用。

2. 有利于提高神经系统的协调能力

通过体能训练，完成连续较复杂的动作、稳定平衡等动作，可以提高大脑皮质相关区域建立联系的协调性，从而使动作的协调性得到提高。

3. 有利于提高神经系统反应的灵活性

体育运动可使神经系统反应迅速灵活，使人体对外界的各种刺激的反应速度提高，灵活性提高。利用声、光测试人的反射时间，一般人经过大脑皮质而实现反射活动，反应的潜伏期往往需要 0.3～0.5 秒。经过训练的运动者，需要 0.12～0.15 秒；个别优秀运动者只需 0.07～0.09 秒，比一般人快了 3～5 倍。

4. 有利于提高大脑的持久工作能力

当经过较长时间的脑力劳动，感到疲劳时，参加短时间体育运动，可以转移大脑皮质的兴奋中心，使原来高度兴奋的神经细胞得到良好的休息，同时又补充了氧气和营养物质。而脑组织所需氧气和营养物质的供给又完全依赖于血液循环、呼吸和消化系统，体育锻炼在很大程度上可改善这些系统的功能，提高工作效率，从而促进脑血液循环，改善脑组织的氧气和营养物质供应，显著提高脑组织的工作效率。

5. 有利于提高机体对外界的适应能力

经常进行体育运动，神经系统调节机能提高，体温中枢反应迅速，身体对冷、热的耐受能力提高。进行持续性体能训练的人，对天气冷、热变化适应能力强，不容易患感冒等常见性病症，更易保持身体健康。

七、体能训练对内分泌系统的影响

（一）内分泌系统概述

内分泌系统由人体不同部位、不同结构的内分泌腺和内分泌组织构成，是神经系统以外的另一个重要的调节系统。

内分泌腺是指分布于人体一定部位，结构独立，肉眼可见，能分泌激素的腺体，因无导管，故又称为无管腺，如垂体、松果体、甲状腺、甲状旁腺、肾上腺、胸腺、性腺等。内分泌组织是指依附于某些器官内的内分泌细胞团或散在的分泌细胞，如胰腺内的胰岛、胸腺内的网状上皮细胞、睾丸内的间质细胞和卵巢内的卵泡及黄体等。

内分泌系统的主要功能是与神经系统一起共同调节人体的新陈代谢、生长发育和生殖等生理功能活动，维持各器官活动的完整和统一，从而适应内外环境的变化。机体内某种激素含量过多或过少，都会导致机体的功能紊乱，影响机体的行为、情绪和睡眠等。

（二）体能训练对内分泌系统的影响

一定范围内，身体运动程度越高，肾上腺皮质的体积越大，功能越强，对冷热的适应能力和抵御病毒能力均强于一般人。

在紧张状态或危急关头时，常进行体能训练的运动者肾上腺分泌速度较快，应激水平高。此外，科学合理的体能训练还能促进人体胰岛素的分泌，维持人体正常血糖平衡。

第三节　体能训练对航空安全员各项身体素质的作用

一、对力量素质的作用

在生理学中，力量的定义如下：肌肉活动的过程中克服相关阻力的基本能力。作为一名合格的航空安全员，其基本的力量应该包括上肢核心力量、下肢核心力量、腰腹核心力量。合格的航空安全员必须具备这些力量素质，才可以更好地完成各种环境中的训练与应急反应，才可以很好地担负起处置突发事件、确保空防安全的责任。

力量包括最大力量、相对力量、速度力量和力量耐力等，搏击中各种手法和腿的快速动作就是速度性力量的具体表现。近年来，应聘航空安全员岗位人员的体质水平现状不容乐观，特别是力量素质普遍偏弱。比较明显的表现是航空安全员测试的双杠臂屈伸和引体向上两个体能科目，测试成绩普遍较差。在工作环境非常特殊的飞机上，由于空间狭窄封闭，不利于技术的发挥，一旦发生突发事件，势必需要绝对力量压制、控制行为对象。因此，力量素质在航空安全员的体能方面就显得尤为重要。

力量素质作为航空安全员身体素质的基础以及其职业技能的核心素质，在航空安全员的体能训练中要予以高度重视，航空安全员只有具备了良好的力量素质，才具备在工作中应对紧急情况的基本条件。

通过力量素质的提高，航空安全员机上控制、处突能力也将得以提升，无疑乘客安全保障也势必会增加（图 2-5）。在当前的训练工作中，航空安全员自身、培训机构和训练管理部门都应充分认识到力量素质的重要性，以思想为先导，在体能训练中将力量训练作为一个至关重要的内容，才能提高航空安全员的力量素质，为飞行安全提供足够的支撑和保障。

二、对耐力素质的作用

耐力素质是指肌体坚持长时间运动的能力，反映了航空安全员对抗疲劳的能力。耐力

图 2-5　航空安全员力量训练

的分类方法很多，按照运动能量代谢的特点可以分为无氧耐力和有氧耐力。

(一) 无氧耐力训练的作用

无氧耐力也被称为无氧能力。无氧耐力的提高主要依靠肌肉糖酵解能力、肌肉缓冲乳酸的能力和脑细胞耐受血液 pH 值变化的能力。提高无氧耐力主要是进行最大乳酸训练和乳酸耐受力训练。机体产生乳酸的能力直接与无氧耐力的水平有关。乳酸是糖酵解的最终产物，运动中产生的乳酸越多，说明糖酵解的供能比例越大，无氧耐力素质越好。

(二) 有氧耐力训练的作用

3 000 米跑训练作为一项训练周期长的项目，也是《航空安全员训练大纲》设定的必考科目之一，该科目对人体呼吸系统和心血管系统具有积极的影响。长期坚持中长跑运动有助于提高心肌活动能力，从而改善心肌功能，预防心血管疾病。作为奋战在一线的航空安全员，良好的身体素质是保证工作效率的必要条件，而有氧耐力训练有利于提高初任航空安全员的身体素质(图 2-6)。

图 2-6　航空安全员有氧训练

耐力素质的提高，可促使细胞发生积极的变化，防止细胞衰老，提升身体机能，同时还可以增强航空安全员骨骼肌有氧供能以及利用脂肪的能力，从而提升全员持续执勤能力，无疑为长航线的空防安全增加了一道保障。

三、对速度素质的作用

速度素质和专项动作速度是航空安全员必须具备的重要因素之一，是衡量安全员身体训练水平和技战术能力的客观依据。各种技战术水平的发挥主要是以反应速度快、动作速度快、移动速度快以及各技术阶段衔接快来表现。航空安全员的工作时间特殊及工作地点变换，导致航空安全员没有过多时间练习，再加上没有专业的指导教师等综合因素，速度训练时间偏少，容易导致速度素质偏弱，因此需要引起足够的重视。

速度素质的提高，可以提升航空安全员徒手格斗拳腿法的打击能力和躲闪能力，从而提升航空安全员客舱制敌对抗能力，实现在客舱狭小空间一招制敌、快速制敌的打击效果。

四、对平衡素质的作用

航空安全员所处的工作环境是在飞行中的航空器内，随时都可能遭遇空中颠簸，因此保证一定的平衡能力，对于航空安全员的空中执勤工作起到至关重要的作用。

平衡素质是人体维持日常活动的保证，平衡能力练习能培养良好身体姿态，发展前庭器官的功能，提高自信心和生存能力。平衡能力缺失或水平较低，会给生活带来巨大的障碍。同时，平衡能力也是体育运动的基本能力之一。不同的运动项目，所需的平衡能力不尽相同。对于航空安全员而言，在航空器客舱内实施格斗、一招制敌，对行为人实施控制，需要平衡能力的提高和保持（客舱颠簸影响），而对于航空安全员考核训练的其他项目，平衡能力是提高和保持考核成绩的基础和保障（30 秒平衡垫测试）。

平衡素质可分为静态平衡素质和动态平衡素质。静态平衡素质是指人体在无外力的作用下，保持某一姿势，自身能控制身体平衡的能力，主要依赖于肌肉的等长收缩及关节两侧肌肉协同收缩来完成。动态平衡素质是在外力作用于人体或身体的原有平衡被破坏后，人体需要不断地调整自己的姿势来维持新的平衡的一种能力，主要依赖于肌肉等张收缩来完成。在日常训练中，航空安全员格斗和客舱制敌术训练需要动态平衡力的支撑。

目前 30 秒平衡垫测试是《航空安全员训练大纲》的必测项目，主要是提高大脑前庭器官的稳定性、平衡性以及全身的协调性，对于航空安全员在高空执勤有较大的帮助，有利于其稳定情绪，冷静处理突发事件，对于考查航空安全员在空中处理突发事件的平稳性起到至关重要作用。

五、对其他身体素质的作用

除上述内容之外，航空安全员体能训练对柔韧素质也有极大的提升作用（图 2-7）。柔韧素质是指关节的肌肉、肌腱、韧带等软组织的伸展能力及弹性，即关节活动幅度和范围的大小。

航空安全员的柔韧素质分为一般柔韧素质和专门柔韧素质。

（一）一般柔韧素质

一般柔韧素质是指适应于一般身体技术战术等训练所需的柔韧素质。由于体育运动各

图 2-7　航空安全员柔韧训练

项目或各动作都对人体主要关节部位活动范围有不同程度的要求，所以常常将人体最主要关节的活动能力视为一般柔韧素质。

（二）专门柔韧素质

专门柔韧素质是指专项运动所需的特殊柔韧素质。专门柔韧素质是掌握和提高专项运动技术不可或缺的重要条件之一。根据柔韧素质的表现和身体状况可分为动柔韧素质和静柔韧素质，根据完成柔韧练习时的动作方式又可分为主动柔韧素质和被动柔韧素质。

影响人体柔韧素质的因素包括关节类型和结构、关节周围的肌肉厚度和强度、年龄、性别、体温和肌肉温度、肌肉力量、健康状况，以及疲劳情绪和心理唤醒水平等因素。系统地提高或保持柔韧素质，对于改进技术质量、提高运动成绩和预防运动伤害具有重要作用，是航空安全员训练过程中必不可少的组成部分。体育运动爱好者和运动员的柔韧训练正是根据专项需要，采用适宜的训练手段和方法，提高人体多方面柔韧素质水平和适应过程。

目前《航空安全员训练大纲》中仰卧收腹举腿等科目都需要良好的柔韧素质，在实施过程中可能因为柔韧不足导致膝盖弯曲，从而被考官判定动作无效，影响考核成绩。

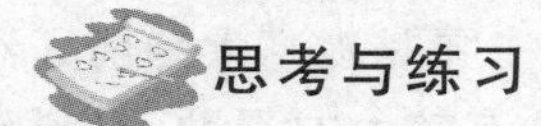

思考与练习

（1）简述体能和体能训练的概念。

（2）体能训练的基本原则是什么？

（3）体能训练的基本方法主要有哪些？

（4）结合岗位实际或者专业学习情况，简述体能训练对人体主要有哪些影响，举例说明。

第三章 航空安全员体能训练实践

学习重点

本章学习重点包括力量、速度、耐力、柔韧、灵敏等身体素质训练的相关基本理论与方法；难点是掌握身体素质的训练方法及技术动作，并能灵活将理论运用于实践。

学习目标

(1) 初步掌握体能训练的相关理论知识。

(2) 基本掌握体能训练中的基本技术动作。

(3) 能将本章所学内容运用于体能训练的实践。

体能训练是运动训练的重要组成部分，是结合专项需要并通过合理负荷的动作练习，改善训练者身体形态，提高训练者机体各器官系统的机能，充分发展运动素质，促进运动成绩提高的过程。航空安全员体能训练的基本内容以局方训练大纲为指导，充分发展其力量、速度、耐力、灵敏、柔韧等身体素质，从而深刻影响和促进其身体形态和机能的改善，提高业务水平。

航空安全员是指在民用航空器中执行空中安全保卫任务的空勤人员。航空安全员因其工作的特殊性，需要具备良好的体能素质，因为在执行任务的过程中，他们往往需要在快速移动的同时保持身体灵活，在对外界施加强大力量的同时产生高效的爆发力，并且有足够的耐力维持长时间的技战术执行效果。因此，航空安全员进行体能训练时必须从功能动作筛查、力量、速度、耐力、灵敏、柔韧、爆发等多方面素质入手，且应覆盖人体的基本动作模式，而在训练的中后期，还需通过引入各种复杂训练环境，进一步检验和强化身体素质，发展专项化运动能力以及完成各种任务的技战术能力。

第一节　功能动作筛查

在传统的航空安全员体能训练中，跑步和基础力量训练是主要内容。虽然这些训练对一个刚开始训练的航空安全员或者民航空中安全保卫专业的学生而言十分重要，但随着身体和技战术能力的发展，在训练的中后期就应该将复杂的工作环境等因素考虑进来，通过功能性动作筛查，来设计一些更有针对性的功能性力量训练，以更符合任务执行所需要的移动速度，甚至是一些模拟客舱技战术的训练。

一、功能动作筛查产生的背景

20 世纪 90 年代，物理治疗开始关注神经系统和骨骼肌肉在动作障碍中的作用，而运动前医务诊断的微观化和运动测试的宏观化，容易忽视动作质量，未能有效预防损伤。功能动作筛查正是在物理治疗关注动作、医务诊断与运动能力测试间存在脱节的背景下产生与发展的。格雷・库克和李・伯顿等物理治疗专家在临床实践的基础上，结合生理学、神经学和解剖学等学科不断完善功能动作筛查，使其成为诊断人体基本动作模式障碍的测试方法。2001 年格雷・库克在 *Athletic Body Balance* 一书中首次提出功能动作筛查（functional movement screen，FMS）。FMS 由 7 项动作模式（深蹲动作模式、跨栏步动作模式、直线弓步蹲动作模式、肩部灵活性动作模式、主动直腿上抬动作模式、躯干稳定俯卧撑动作模式、旋转稳定性动作模式）和 3 个伤病排查性动作（肩部疼痛排查性动作、脊柱伸展排除性测试和脊柱排除测试）构成，对人体基础动作模式进行筛查，暴露个体功能障碍或疼痛问题。动作模式是基于生物力学需要对动作分类的一种方式，基础动作模式包括垂直的推与拉动作、水平的推与拉动作、旋转和对角动作模式等，与日常生活动作及专项体育动作息息相关。对这些基础动作模式进行筛查可以有效诊断个体功能动作质量、预防可能出现的运动损伤。目前，功能动作筛查已经成为运动员在赛季前或者进行功能性训练前的基础筛查方法。FMS 关注人体动作中的灵活性、稳定性与非对称性。人体环节灵活性与稳定性侧重点交替分布，如肩和髋关节以灵活性为主，而肩关节灵活性对上肢的快速鞭打有重要影响，躯干脊柱以稳定性为主，对维持身体正确姿势与关节精准定位有重要作用。

二、功能动作筛查矫正性练习理论内涵

FMS 测试动作可以归纳为灵活性测试（肩部灵活性与主动直腿上抬）、稳定性测试（躯干稳定俯卧撑与旋转稳定性）、功能性测试（深蹲、跨栏步与直线弓步蹲动）。通过将动作归类可以快速识别出受试者当前存在的主要问题。依据 FMS 测试评分原则如果受试者在测试中发现身体有疼痛感，那么该动作得 0 分，因为人体在克服自身体重时不应该引起疼痛，受试者的疼痛感是首要关注的内容；其次要关注测试中灵活性受限问题，尤其要关注身体不对称，FMS 有 5 项非对称测试动作，需对身体左右侧进行评分，评分不一致说明身体不对称，在进行矫正练习时必须解决不对称问题再进行灵活性练习；最后是功能动作模式的矫正性练习。灵活性矫正性练习主要是改善肌肉柔韧性、组织长度和关节活动幅度；稳定性矫正性练习重视对动作开始姿势和结束姿势的控制；动作模式重建练习目的在于强化对灵活性

与稳定性的总和应用。矫正练习始终是从灵活性开始再到稳定性，然后是功能动作重建。但是当进入稳定性矫正阶段时灵活性表现不良，需重新开始灵活性练习；在进入动作模式重建时稳定性表现不良，需要重新开始稳定性矫正练习。随着对功能动作筛查领域的深入研究，已经开发出一套矫正性练习来提高受试者基础动作模式质量。

三、国内外 FMS 研究现状

进入 21 世纪以来，FMS 被广泛地运用于军队、消防、大众健身和竞技体育领域，美国 NBA、NHL、NFL、MLB 四大联盟几乎都在应用 FMS 进行测试，Athletes Performance 体能训练营将 FMS 测试作为会员入营前必做的测试之一。而且随着 FMS 的发展，中国也将 FMS 运用于实践研究，帮助中国体能训练领域解决了一系列的问题。

四、功能动作筛查模式

（一）深蹲动作模式

（1）筛查目的：过顶深蹲动作模式富有多样性与挑战性，展现了受试者发挥全身力量和对自身神经肌肉控制能力，可用于测试髋、膝、踝两侧对称的功能灵活性和稳定性。长杆举过头顶的动作可以测试肩关节、肩胛区、胸椎的灵活性和稳定性。骨盆和核心必须在整个动作过程中保持稳定和控制才能完全达到该动作模式的标准。六角杠铃硬拉科目作为航空安全员体能考核的重要内容，深蹲动作可以进行有效筛查，规避受伤风险。

（2）动作方法：首先让受试者保持双脚间距与肩膀同宽站立。双脚保持平行对称，脚尖不得朝外。受试者将长杆置于头顶，调整双手位置，使肘与杆成 90°。接着让受试者将长杆举过头顶，双臂完全伸直。指示受试者慢慢下蹲至尽可能低的位置，保持脚后跟着地，面向前抬头挺胸，长杆尽可能高地举过头顶。双膝与双脚在同一垂直面内，双膝不得向外翻。可重复做三次该动作，但如果第一次完成动作即达到 3 分标准，则无须重复。在使用 FMS 板的情况下，未能达到 2 分标准，则评分为 1 分。

3 分动作正面、侧面示意如图 3-1 和图 3-2 所示。

图 3-1　3 分动作正面示意图

图 3-2　3 分动作侧面示意图

2 分动作正面、侧面示意如图 3-3 和图 3-4 所示。

图 3-3　2 分动作正面示意图

图 3-4　2 分动作侧面示意图

1 分动作正面、侧面示意如图 3-5 和图 3-6 所示。

图 3-5　1 分动作正面示意图

图 3-6　1 分动作侧面示意图

(二) 跨栏步动作模式

(1) 筛查目的:跨栏步可以暴露跨步功能中的代偿动作或不对称性。跨栏步测试挑战受试者的踏步和跨步的机械力,并可同时检测受试者单腿站立时的稳定性和控制力;测试两侧髋、膝、踝的灵活性和稳定性。这一测试还让测试人员得以观察功能的对称性,因此也可以测试骨盆和核心的稳定性和控制力。

(2) 动作方法:首先测量受试者胫骨长度。由于很难确定胫骨与股骨的确切节点,因此将胫骨粗隆中点作为可靠标志。让受试者站在栏架中心的正后方,双脚并拢站立,脚尖平齐并轻触栏架底部。将长杆水平置于肩部,后颈下方。要求受试者挺直腰椎跨过栏架,脚跟着地,再回到原地。跨栏步动作应当缓慢、受控。若受试者的动作有任何一方面未达 3 分标准,则评为 2 分。若受试者的动作有任何一方面未达 2 分标准,则评为 1 分。

3 分动作正面、侧面示意如图 3-7 和图 3-8 所示。

图 3-7　3 分动作正面示意图

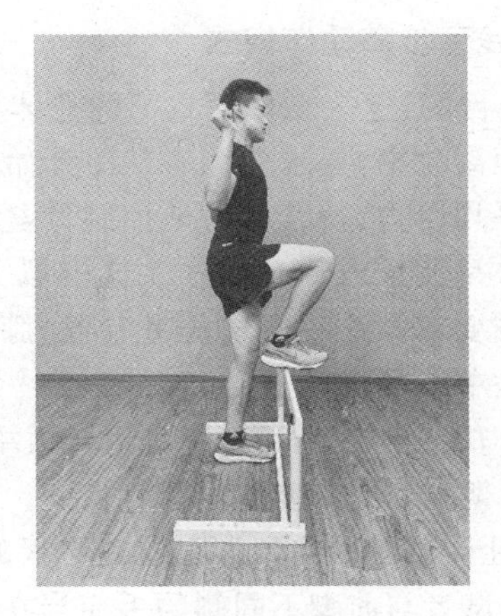

图 3-8　3 分动作侧面示意图

2 分动作正面、侧面示意如图 3-9 和图 3-10 所示。

图 3-9　2 分动作正面示意图

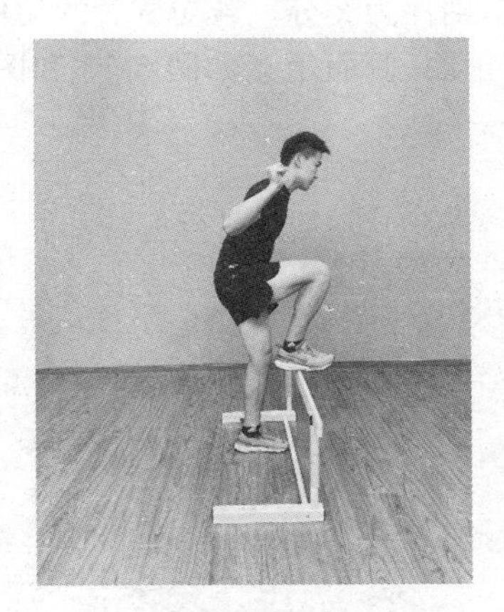

图 3-10　2 分动作侧面示意图

1 分动作正面、侧面示意如图 3-11 和图 3-12 所示。

图 3-11　1 分动作正面示意图

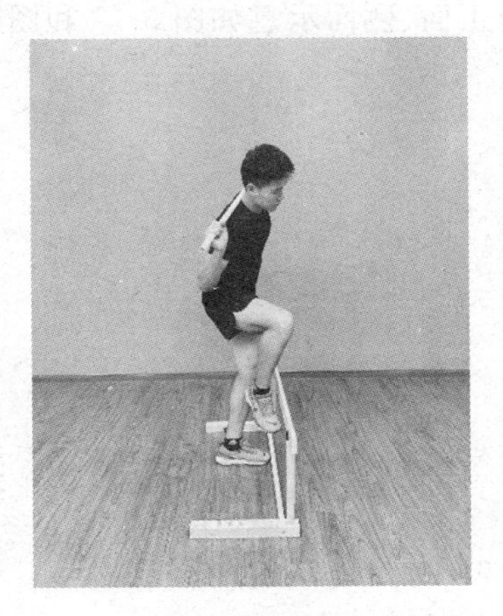

图 3-12　1 分动作侧面示意图

（三）直线弓步蹲动作模式

（1）筛查目的：这一动作模式下的身体姿势着重模拟旋转、减速和侧向运动产生的压力刺激。两脚距离狭窄，要求受测者从一开始就有足够的稳定性，并能在髋部不对称的姿势下使髋部两侧平均受力，持续有力地控制骨盆和核心。直线弓步蹲让下肢处于前后劈叉姿势，同时保持上肢呈相反或相对模式。这模拟了上肢与下肢处于交互模式下的平衡能力，对脊椎稳定有特殊要求。这一测试还考验髋、膝、踝和足的灵活性和稳定性，同时考验背阔肌和股直肌等多关节肌的灵活性。

（2）动作方法：测量地面至胫骨粗隆顶端中点的高度以确定受试者的胫骨长度，或通过跨栏步测试时栏架竖杆的刻度获取胫骨长度。告知受试者将后脚脚尖放在平板的起始线上。根据胫骨长度，让受试者的前脚脚跟放在平板的相应标记上。将长杆垂直置于背后，轻触头、胸椎和骶骨。受试者与前脚不同侧的手应当在颈椎处握住长杆。另一手则在腰椎处握住长杆。长杆在弓步测试的整个下压和恢复过程中必须保持垂直。受试者须降低后膝使后膝触碰到前脚脚跟后方的平板，然后恢复初始姿势，才算完成直线弓步蹲。若受试者的动作有任何一方面未达 3 分标准，则评为 2 分。若受试者的动作有任何一方面未达 2 分标准，则评为 1 分。

3 分动作正面、侧面示意如图 3-13 和图 3-14 所示。

图 3-13　3 分动作正面示意图

图 3-14　3 分动作侧面示意图

2 分动作正面、侧面示意如图 3-15 和图 3-16 所示。

图 3-15　2 分动作正面示意图

图 3-16　2 分动作侧面示意图

1 分动作正面、侧面示意如图 3-17 和图 3-18 所示。

图 3-17　1 分动作正面示意图

图 3-18　1 分动作侧面示意图

(四) 肩部灵活性动作模式

(1) 筛查目的：肩部灵活性动作模式可以检测肩关节区域、胸椎、胸廓在上肢交互动作中使肩部是否能够自然互补。尽管完全相对的背后抓取动作模式在基本活动中并不会出现，但它运用到主动控制的每个部分，极少出现代偿。排除代偿即可清楚地观察运动能力。颈椎和周边的肌组织应当保持中立位。胸背区域应当自然扩展，一侧上肢向内旋转，伸展并内收，另一侧上肢向外旋转，前屈并外展。

(2) 动作方法：首先，测量受试者腕褶痕远侧与最长手指尖端的长度，即受试者的手长。受试者双脚并拢站立，双手握拳，拇指在四指内。然后，让受试者一拳伸到后颈处，同时另一拳伸到后背处，一边肩膀尽可能地向外张、向外扭转、收拢，另一边肩膀尽可能地向内扭转、收拢。测试期间，手必须保持握拳，动作连贯。测量受试者两手相距最近两点之间的距离，此距离即为受试者的对称伸展。受试者左右手互换姿势各有最多三次机会完成肩部灵活性测试。若受试者的动作有任何一方面未达 3 分标准，则评为 2 分。若受试者的动作有任何一方面未达 2 分标准，则评为 1 分。

(3) 肩部疼痛排查性测试：两侧均须进行排除测试。即使受试者排除测试的评分为阳性，两侧的分数也都要记录，以备将来参考。若受试者在排除测试动作中感到疼痛，则评分为 0 分。

3 分动作示意如图 3-19 所示，2 分动作示意如图 3-20 所示。

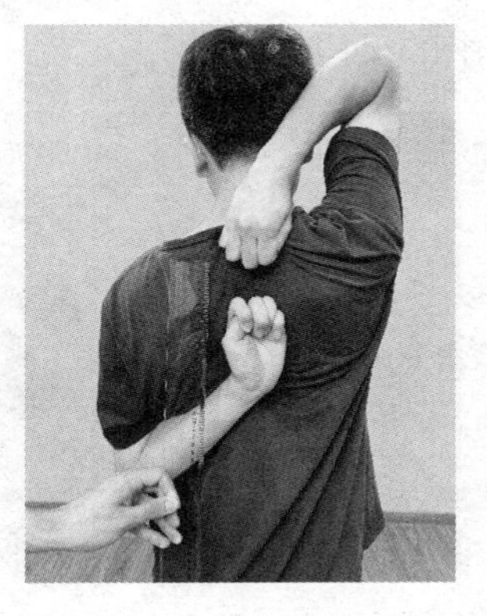

图 3-19　3 分动作示意图

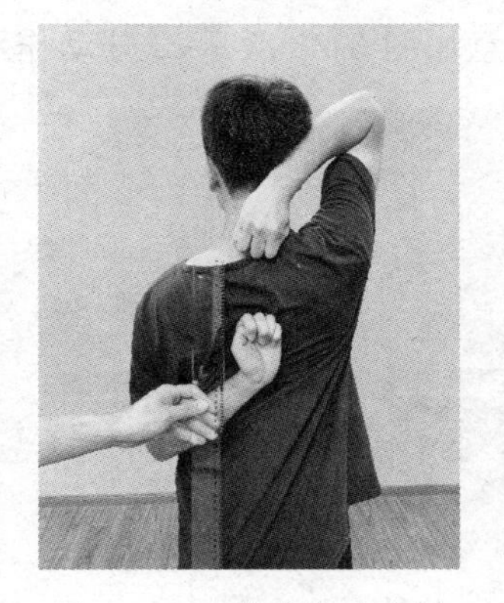

图 3-20　2 分动作示意图

1 分动作示意如图 3-21 所示，肩部疼痛排查测试如图 3-22 所示。

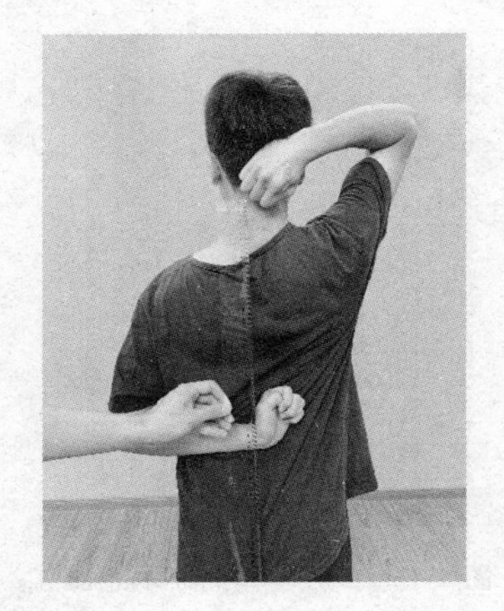

图 3-21　1 分动作示意图

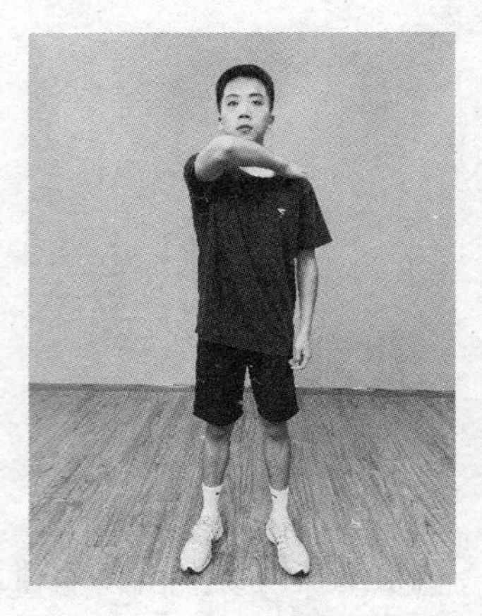

图 3-22　肩部疼痛排查测试

（五）主动直腿上抬动作模式

（1）筛查目的：这个动作模式不仅可以识别髋关节屈曲的主动灵活性，还可以判断动作模式内核心的初始和持续稳定性以及另一侧髋关节的伸展性。这一动作既可以测试髋关节屈曲，又可以评估平躺时下肢分离能力。必须充分发挥多关节肌的灵活性才能完成此动作。该动作模式考验保持盆骨和核心稳定时的下肢分离能力，还考验腘绳肌腱和腓肠—比目鱼肌在保持骨盆稳定、另一侧腿伸展状况下的灵活性。

（2）动作方法：受试者仰卧，两臂侧放，手掌朝上，头部平放地面。双膝下放置一块板；可以是 FMS 测试平板也可以是相同尺寸的类似板。双脚呈中立位，脚板与地面垂直。将长杆放置在髂前上棘（ASIS）和膝关节线之间，与地面垂直。接着，让受试者抬起受试下肢，同时保持该侧下肢的踝、膝初始姿势不变。在测试过程中，另一侧下肢的膝应当保持与板接触；脚趾保持中立位朝上，头部保持平放在地面。活动下肢上抬到最高位时注意该侧脚踝与另一侧下肢的相对位置。若踝骨超过长杆，则记录为 3 分。若受试下肢踝骨未超过长杆，则像移动铅锤线一样将长杆移到受试腿踝骨对应的位置。两侧均须完成主动直腿上抬灵活性测试，每侧最多三次机会。若受试者的动作有任何一方面未达 3 分标准，则评为 2 分。若受试者的动作有任何一方面未达 2 分标准，则评为 1 分。

3 分动作示意如图 3-23 所示，2 分动作示意如图 3-24 所示。

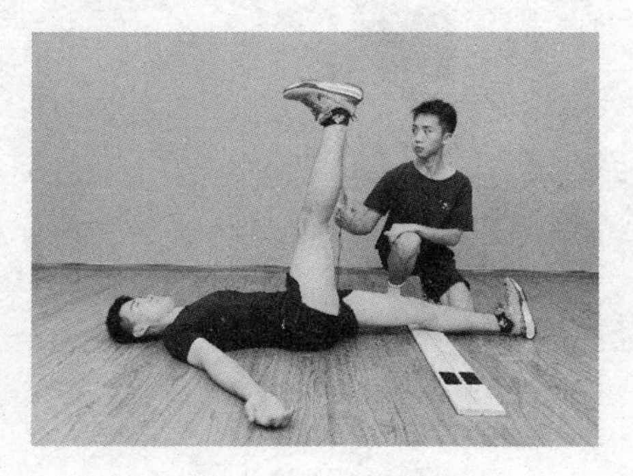

图 3-23　3 分动作示意图

图 3-24　2 分动作示意图

1 分动作示意如图 3-25 所示。

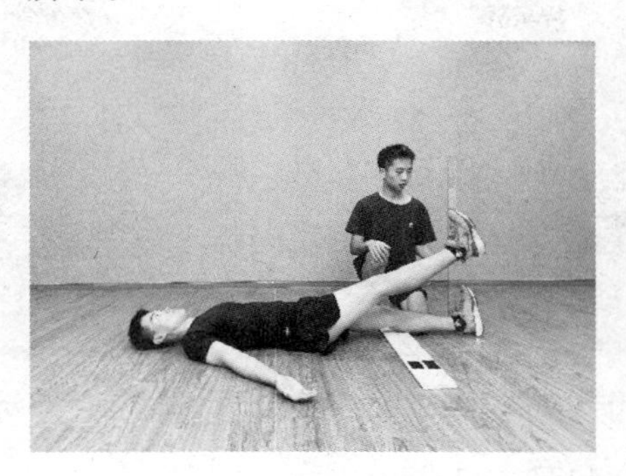

图 3-25　1 分动作示意图

（六）躯干稳定俯卧撑动作模式

（1）筛查目的：这是观察反射性核心稳定的一种基本方法，并非测试和考量上身力量的方法。该动作模式的目的是以上肢撑地的姿势，不借助脊柱和髋部运动完成动作。伸展和旋转是完成该动作模式时最常见的代偿动作。这些代偿动作的出现表明受试者完全成俯卧撑动作模式时先使用原动肌然后才使用稳定肌群。躯干稳定俯卧撑动作模式测试受试者在上身对称的下推闭链运动中稳定脊柱在同一矢状面的能力。

（2）动作方法：受试者俯卧，两臂伸过头顶。男性受试者和女性受试者的初始姿势不同。男性受试者双手拇指放在额头最上方，而女性受试者双手拇指放在下巴位置。然后根据评分标准，将拇指下移到下巴或肩膀位置。两膝完全伸展，两踝呈中立位，脚板与地面垂直。要求受试者以此姿势完成一次俯卧撑。身体应当整体撑起；测试过程中脊柱不得左右摆动。若受试者不能以此姿势完成一个俯卧撑，则让受试者将双手下移，变成更轻松的姿势。

躯干稳定俯卧撑最多有三次测试机会。若受试者的动作有任何一方面未达 3 分标准则让受试者将双手移至恰当位置，测试受试者能否达到 2 分标准。若受试者的动作有任何一方面未达 2 分标准，则评为 1 分。

（3）脊柱伸展排查性测试：躯干稳定俯卧撑测试的最后还要进行脊柱伸展排除检查。检查结果不计入评分，只用于观察受试者的疼痛反应。若受试者感到疼痛，则记录阳性（＋）并将整个躯干稳定俯卧撑测试评分记为 0 分。该检查以伏地起身察看受试者的脊柱伸展状况。

3 分动作示意如图 3-26 和图 3-27 所示。

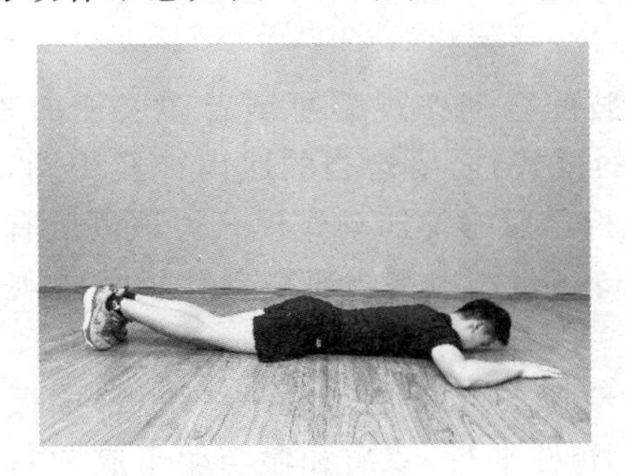

图 3-26　3 分动作示意图(1)

图 3-27　3 分动作示意图(2)

2 分动作示意如图 3-28 和图 3-29 所示。

图 3-28　2 分动作示意图(1)

图 3-29　2 分动作示意图(2)

1 分动作示意如图 3-30 和图 3-31 所示。

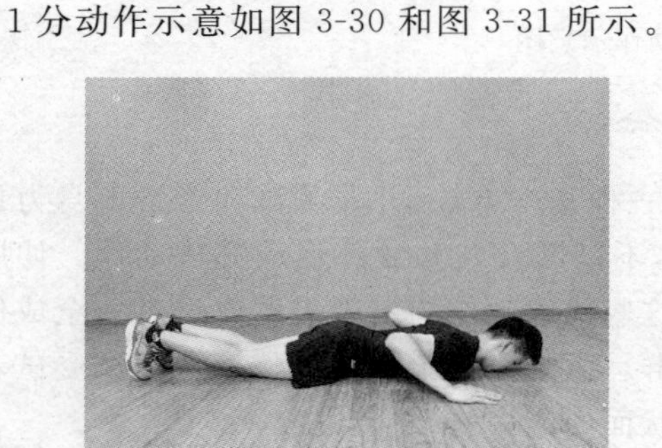

图 3-30　1 分动作示意图(1)

图 3-31　1 分动作示意图(2)

脊柱伸展排查性测试如图 3-32 所示。

图 3-32　脊柱伸展排查性测试

(七) 旋转稳定性动作模式

(1) 筛查目的：旋转稳定动作模式通过上下肢配合动作观察受试者多层面的骨盆、核心、肩胛带稳定性。这一动作模式是一个综合性的模式，需要恰当的肌肉神经协调，要求能量通过躯干传送。它源于人类发育顺序中排在爬行之后的匍匐动作模式。该测试有两个重大意义。它能展示横向平面的反射性稳定和重心转移，体现基本攀爬动作模式中观察到的灵活性和稳定性的协调作用。

(2) 动作方法：受试者四肢着地，在受试者的双膝与双手之间放置一块板，该板可以是 FMS 测试平板也可以是与之大小相似的板。板与脊柱平行，双肩和髋与躯干成 90°，双踝中立位，脚板与地板垂直。在开始动作前，双手应当张开，双手拇指、双膝、双脚均与板接触。受试者一侧肩前屈(向前伸臂)，同时伸展同侧髋与膝关节，然后将肘关节和膝关节靠拢，并

保持身体与板对齐。允许受试者将肘关节和膝关节靠拢时脊柱屈曲。两侧肢体均须测试，如有需要，两侧均最多有三次机会。成功完成一次动作后无须再重复。若受试者未能达到3分标准，则要求受试者完成一次异侧模式，即用不同侧的肩和髋完成上述动作。在异侧模式中，手臂和腿不必在板上平齐；但肘关节和膝关节应当在板上方触碰。

（3）脊柱屈曲排查性测试：旋转稳定测试后的一个排除检查。检查结果不计入评分，用于观察受试者的疼痛反应。如果受试者感觉到疼痛，则在评分单上记录为阳性（+），并将整个旋转稳定测试的评分记为0分。受试者四肢着地，臀部后坐触碰双脚后跟，胸部触碰大腿，以此来检查脊柱伸展。检查过程中，双手保持置于身体前方，并尽可能向前伸展。如果测试者感觉到任何与此动作相关的疼痛，则评分为0分。

3分动作示意如图3-33和图3-34所示。

图3-33　3分动作示意图(1)

图3-34　3分动作示意图(2)

2分动作示意如图3-35和图3-36所示。

图3-35　2分动作示意图(1)

图3-36　2分动作示意图(2)

1分动作示意如图3-37和图3-38所示。

图3-37　1分动作示意图(1)

图3-38　1分动作示意图(2)

脊柱屈曲排查性测试如图 3-39 所示。

图 3-39 脊柱屈曲排查性测试

功能动作筛查(FMS)已经被证实具有较高的信度与效度,该测试弥补了运动能力测试和常规医学测试间对动作质量忽视的空缺。使用 FMS 测试组件对训练者基础动作模式筛查,可以有效发现训练者存在的左右侧不对称、灵活性与稳定性受限等问题,而且筛查结果为制定科学的矫正练习提供理论依据。通过良好的训练设计,可以使训练生动有趣、充满挑战,训练目的更加富有针对性,对提高航空安全员行业人员的身体素质有更直接的帮助。

第二节 力量素质训练

一、力量素质的概念

航空安全员因其工作的特殊性,力量素质尤为重要。从传统角度出发,力量被理解为是一种素质,并认为这是从事各类运动项目的基础。伴随着运动训练实践与理论的发展,人们对"力量"产生了一种新的认识,并对其所包含的内容赋予了新的含义。

力量素质是指人体神经肌肉系统在工作时克服或对抗阻力的能力。肌肉工作所克服的阻力包括外部阻力和内部阻力。外部阻力,如物体重量、摩擦力以及空气的阻力等;内部阻力如肌肉的黏滞性,各肌肉间的对抗力,主要来源于运动器官,如骨骼、肌肉、关节囊、韧带、腱膜、筋膜等组织的阻力。肌肉力量是人们完成各种动作的动力来源,特别是以体能为主导因素的运动项目,大部分都把力量素质视为决定运动成绩的关键因素。

二、力量素质的分类

在体育运动中,根据不同项目对力量素质的要求,以及力量的表现形式,可以将力量分为多种类型。根据肌肉收缩的形式,可将力量分为静力性力量和动力性力量;根据力量素质与运动专项的关系,可分为一般力量与专项力量;根据力量素质与体重的关系,可分为绝对力量和相对力量;根据完成不同体育活动所需要力量素质的不同特点,可分为最大力量、快速力量和力量耐力。在本节中,针对航空安全员运动训练实践的需要,主要对静力性力量、动力性力量、最大力量、快速力量(含爆发力)、力量耐力、相对力量以及绝对力量进行介绍。

(一)静力性力量

静力性力量是指肌肉收缩时产生的力量,可以完成某些静止不动的用力动作,或在整个

动作中，肢体不产生明显位移的力量，又叫等长力量。例如，直角支撑、平衡动作等所表现出来的力量就属于静力性力量。

（二）动力性力量

动力性力量是指肌肉收缩或拉长时，使身体或身体某一部分产生位移或推动别的物体产生运动的力量，又叫等张力量。

注：动力性力量实际上又包括绝对力量、相对力量、最大力量、速度力量和力量耐力等，为阐述方便，特分别论述。

（三）最大力量

最大力量是指训练者以最大肌肉力量和最大意志收缩，对抗一种刚好能够克服的阻力时所发挥出的最高力值。它的力值主要取决于肌肉横断面和肌纤维的分配及最大意志紧张的能力，即尽可能多地及时动员肌肉的众多运动单位参加用力的能力。同时，最大力量的力值还随工作肌群的关节角度而变化。最大力量指标可以通过训练者一次所能举起的最大重量来表示。

注：最大力量与绝对力量的性质有相似之处，这里只是按照现象分类的方法进行分别介绍。

（四）快速力量

快速力量也叫速度力量，是指训练者在特定的负荷条件下所表现出来的最大动作速度。这种动作速度一般是指在短时间内（通常在150毫秒左右）发挥肌肉力量的能力，所以速度力量的训练实际上是动作速度的训练。

在日常训练中，常使用“爆发力”一词，快速力量最典型的表现形式是爆发力，是指在尽可能短的时间内，以最大的速度克服一定阻力的能力。爆发力是由最大力量与最大速度相结合组成。在航空安全员力量训练中，主要通过杠铃快挺动作来发展训练者的爆发力。

（五）力量耐力

力量耐力是指训练者在克服一定外部阻力时，能坚持尽可能长的时间或重复尽可能多的次数的能力。

（六）相对力量

相对力量是指训练者单位体重所具有的最大力量，主要反映训练者的绝对力量与体重之间的关系。衡量指标采用力量体重指数，即用每千克体重的力量来表示。相对力量＝绝对力量/本人体重（千克）。如果绝对力量不变或变化很小，但体重增加，那么相对力量就会变小，这对于相对力量作用较大的项目是不利的。

（七）绝对力量

绝对力量是指不考虑训练者的体重因素，人体或人体某部分用最大力量所能克服最大阻力的能力。对于从事系统训练的训练者，绝对力量的提高与体重的增加可同步进行。

根据不同的分类原则和标准，尽管力量素质可分为以上几种类型，但在运动训练中最具有意义的动力性力量主要是最大力量、速度力量和力量耐力。因此，动力性力量的训练实际上主要是指最大力量、速度力量和力量耐力的训练。

三、影响力量素质提高的因素

(一) 神经冲动的强度与频率

扎图奥尔斯基(1968)的研究表明，大强度力量训练时，中枢神经系统传出的神经冲动的次数可以由休息状态下的每秒5～6次，上升到举起最大重量时的每秒50次。维丹斯基(1885)的研究也证明肌肉收缩的最佳效果不是由于肌肉，而是由于这种神经冲动的合理频率的提高，促使训练者情绪高涨(即兴奋性提高)，从而引起调动肌肉工作能力的较多的肾上腺素、去甲肾上腺素、乙酰胆碱及其他生理活性物质的释放使力量增大(沃罗比耶夫，1967)。因此，中枢神经系统的机能状态可以直接影响肌肉力量，并对力量素质的发挥和发展起着头等重要的作用(多勃雷夫，1983)。如果中枢神经系统传出的神经冲动强度大、频率高，则肌肉所产生的力量就大。

(二) 血睾酮水平

血睾酮水平与力量素质有直接关系。血睾酮水平高，有利于提高血液蛋白合成及肌肉蛋白合成，以达到提高肌肉力量与训练水平的目的。

(三) 肌肉的形态组织结构

1. 肌纤维类型

肌肉力量的大小取决于不同类型肌纤维的百分比。肌纤维类型分为红肌纤维(慢极纤维)、白肌纤维(快肌纤维)、中间型肌纤维。快肌纤维的无氧代谢能力比慢肌纤维高很多，因为快肌纤维中ATP-CP酶的活性比慢肌纤维高三倍，比酵解酶活性高两倍。快肌的肌纤维粗，收缩速度快，达到最大张力的时间只需要慢肌纤维的1/3，其收缩的力量也要比慢肌纤维大得多，所以快肌纤维最适合于做短距离、高强度的运动。慢肌纤维的有氧代谢能力比快肌纤维强，因为慢肌纤维有氧氧化酶系统活性高，毛细血管的数量、线粒体的大小和体积、肌红蛋白的含量等均大于快肌纤维。所以慢肌纤维适合于耐力运动，力量素质主要由快肌纤维决定，快肌纤维百分比高，力量则大。

2. 肌肉的生理横截面

绝对肌力的大小取决于肌肉的生理横截面，肌肉的生理横截面为该肌肉所有肌纤维横截面的总和。每根肌纤维的横截面增粗，则肌肉的生理横截面也相应增粗，收缩力量就随之增大。国内外的大量实验研究证明，力量训练后肌肉体积增大取决于下列因素：①每根肌纤维中的肌原纤维数量增加(戈德斯平克，1964)；②肌纤维中毛细血管的密度增加(福克斯，1976)；肌肉中蛋白含量增加(戈登，1967)；③肌纤维数量增加(爱杰顿，1970)。所有以上变化的结果都使肌肉生理横截面积普遍增大，肌肉横截面每增加1平方厘米，可提高力量6～12千克(博姆帕，1975)。

3. 肌纤维的数量与长度

肌纤维数量多则收缩力量大。关于肌纤维的数量，目前有两种观点。一种认为，人出生后4～5个月肌纤维的数量就已确定。另一种认为，训练后肌纤维肥大，除肌纤维增粗外，还由于肌纤维的纵向分裂作用，造成肌纤维数量的增加。关于肌纤维长度，美国人达登的研究证明，一个人力量的大小取决于肌肉的体积。肌肉体积的发展潜力又主要决定于肌肉长度(指肌肉两头肌腱之间的长度)。例如：有两个人，一个人的肱三头肌长20厘米，另一个人长

30厘米，后者长度等于前者的1.5倍，后者横断面的潜力等于前者的2.25倍，肌肉力量的潜力等于前者3.375倍。训练前两人手臂肌肉体积差不多，经过训练后，后者肌肉体积和力量要大得多。肌肉的长度是遗传的，不受后天训练的影响。

（四）肌肉的反应特性

1. 肌肉的内协调能力

运动单位是指一个运动神经元及其支配的一组肌纤维。一个运动单位包括3～100根肌纤维，一块肌肉最多可包括700个运动单位。当肌肉工作时，每块肌肉内所包含的运动单位并非全部参与工作，而是一部分运动单位处于相对休息状态。肌肉内协调能力的好坏取决于能否调动更多的运动单位参加工作，动员参加工作的运动单位数量越多，则力量越大，反之则越小。肌肉内协调能力受中枢神经系统的支配，是肌肉内部对中枢神经传入的冲动所产生的反应。

2. 肌肉对神经冲动的反应力

通常训练刺激引起的肌肉的反应只有肌肉潜力的30%左右（库兹涅佐夫，1975）。因此，采用相同的方法或相同的负荷进行训练，只能导致部分肌肉适应训练。为了使肌肉提高适应程度或达到最高适应程度，则必须采用更大强度的刺激，因为力量只是在较大肌紧张的情况下才得以发挥的（多波雷夫，1983），只有最大刺激才能产生最大效果。可见，系统训练的要求就是逐步提高神经冲动的同步效应，以及对抗肌配合主动肌完成大强度活动的能力，从而使力量得到提高。

3. 营养系统供能状况

肌肉工作时营养的供应直接影响到肌肉力量的发挥。力量首先与肌肉中储备的能量物质有关。在肌肉发挥力量的工作过程中，有机体经过肾上腺交感神经系统来实现中枢神经系统的营养影响。而在较长时间的工作过程中，营养系统的工作还赖于有氧代谢能力。有氧代谢能力强，才能及时排除肌肉工作时产生的代谢废物，使肌肉更好地工作。

（五）发挥肌肉潜力的能力与技术

肌肉潜力是指所有参加运动的肌肉所产生的力量的总和。库兹涅佐夫（1975）和巴罗加（1978）的研究认为，训练者所能举起重量的潜力应比目前的重量成绩高2.5～3倍（理想状态下）。发挥肌肉潜力是训练者同时动员众多肌纤维（包括肌肉中心部位、肌四周部位肌纤维）参与工作的能力。训练有素的运动员具有充分发挥肌肉潜力的能力，可发挥出更大的肌肉力量。

此外，年龄变化、骨杠杆的机械效率、海拔高度、紫外线照射、钾钠代谢水平、生物节律、心理因素以及外界刺激（如温度、气味、声音、光亮等）对肌肉力量发挥均有程度不同的影响。

四、力量素质训练的基本方法

（一）静力性等长收缩训练

通过改变紧张度克服阻力的练习方法，称为静力性等长收缩训练，在身体固定姿势下，固定肢体环节，保持肌肉长度不变。肌肉在做静力收缩时，能调动更多的肌纤维参与到工作中来，显示出力量增大，力量增长也快。但由于肌肉紧绷，血管闭塞，因此可以不同程度地暂时中断肌肉中的血液循环，工作不能持久，所以主要是作为辅助力量练习的手段，可以按照

1∶5 的比例安排静力练习和力量练习相结合。由于这种训练方式对增加特别部位力量很难适用,因此在某一特定关节角度的训练中所获得的力量的成长效果也只适合于这种关节角度,而能迁移到关节其他角度位置的力量只占很小的一部分。另外,这类运动常有憋气的情况,尽管憋气有利于最大力度的表现,但也容易造成缺氧、肌肉酸痛,在完成改进技术练习后,应进行静力练习,每次练习后要做充分的放松练习。

(二)动力性等张收缩训练

发展力量训练的速度和爆发力,需要把力量练习运用到训练中,这在很早以前就被人们所普遍接受。在目前的力量训练中,以动态力量练习为主。动力性等张收缩训练是指肌肉张力保持不变的人体相应的环节运动,运用力量等张收缩训练而产生收缩力以克服阻力的长度。分为两类工作形式:向心克制性和离心退让性。

向心克制性工作:肌肉在做向心工作时,肌肉的长度逐渐缩短,随着关节角度的变化,所产生的张力也会随之改变,所以在练习时可以掌握关节的角度,根据专项运动的需要,最大限度地发挥肌肉的力量,可以收到事半功倍的训练效果。由于训练目的不同,力量向心收缩练习又分为以下几种:一是"强度训练法",重量较大。一般练习都采用85%以上的最大重量,甚至是极限强度。每组重复进行1~3次,3~6组,这种训练方法目的是练就绝对的力量。二是适中训练法。采用每组4~7次最大重量75%~80%,重复4~8组的方法,以增加肌纤维横断面最大力度的发展为主。三是重量小次数多的训练方法。Hertinger研究发现,在力量训练中,强度低于球员最大力量的30%是缺乏锻炼作用的。所以,开始训练的时候,以30%~40%的重量,每组15次以上,随着力量增加到40%~50%,重复6~10组,再开始增加重量,重新回到30%的重量,如此循环往复。发展局部小肌肉群的基本训练方法,是一种快速增加力量耐力和快速增加肌肉体积的方法。

离心退让性工作:有试验表明,与向心收缩时肌肉的张力比较,离心收缩时肌肉的张力应大于40%,当离心收缩时,股四头肌承受的负荷是两倍。于是,人们就利用离心收缩的原理,独创了"退让训练法"。肌肉退让工作是指肌肉在紧张状态下受外力作用而逐渐拉长,即肌肉的起止点在彼此分离的方向上运动,所以也叫离心作用。例如,利用杠铃做两臂屈举时,在用手抵挡回降动作缓慢放下杠铃之前,手臂积极用力向上举起杠铃,就属于这样的工作性质。相对于向心力量训练,退让训练由于离心收缩可以调动更多的运动单位参与工作,因此可以克服更大的阻力,更有效地发展"制动力"。做离心收缩时,动作要缓慢,而且要比向心收缩的时间长出一倍以上的时间。

(三)等动收缩训练

美国李斯特尔等动收缩训练体系,是在特制的等动练习器上进行等动力训练,有利于避免肌肉的损害,骨骼不易变形,在练习过程中,维持运动速率不变,肌肉总是采用大张力来完成练习,等动练习集等长和等张两种训练的长处,有利于最大限度地提高力量素质。在练习中,美国霍西斯尔等动力量训练的影响一直保持在训练8周后,等动力量组的最大力量会增加47.2%,与等长力量组相比,等张力量组和等长力量组仅会增加28.6%和13.1%。

(四)超等长收缩训练

超等长练习时,先让肌肉做离心性收缩,再接着做向心性收缩,利用肌肉的弹性,通过牵张反射,使肌肉收缩的力量增加。超等长收缩的好处是在做离心收缩工作时,肌肉被迅速拉

长，它所受到的牵张是突然而短促的，刺激肌肉各牵张感受器同步，产生的兴奋是高度同步的，强度大而集中，能同时调动更多的运动单位参与到工作中来，使肌肉产生短促而有力的收缩，在做离心收缩工作时，肌肉在完成超等长练习时，肌肉最终收缩力量的大小主要是由肌肉在离心收缩中被拉长的速度的快慢决定的，而不是单纯地由肌肉被拉长的长度决定的，比被拉长的长度更重要的是肌肉被拉长的速度。

（五）循环式训练

循环式训练是在训练过程中，教师将练习手段按训练的具体任务设置为若干练习点，学生按规定的顺序或路线逐步完成各站点练习任务的一种训练方法。循环式训练法的使用，能让学生在训练中提高积极性，让训练动作产生肌肉记忆，训练效果也会增加。根据各组练习之间间歇的符合特点，可将循环训练法的基本类型主要分为三种，即循环重复训练、循环间歇训练和循环连续训练。三种类型训练方法各有所长，在训练过程中，可以根据自身训练实际情况进行选择。

五、力量素质训练的技术动作

（一）前臂

1. 屈腕

训练目的：发展桡侧屈腕肌、尺侧屈腕肌的力量。

训练方法如下。

（1）起始姿势，坐在凳子一端，采用闭锁式反握杠铃，握距 8～10 英寸（20～25 厘米），两腿、两脚互相平行，脚尖向前；躯干前倾，肘及前臂放在大腿上，向前移动腕关节直到稍微超过髌骨，手腕伸展、打开手掌使手指能握住杠铃。

（2）向上运动阶段，先弯曲手指再弯曲手腕上提横杠，尽可能弯曲手腕且不能移动手肘和前臂，不能借助身体用力或摆动横杆上提。

（3）向下运动阶段，手腕和手指应缓慢延伸回到起始位置，保持躯干与手臂位置固定，如图 3-40 和图 3-41 所示。

图 3-40　屈腕开始姿势

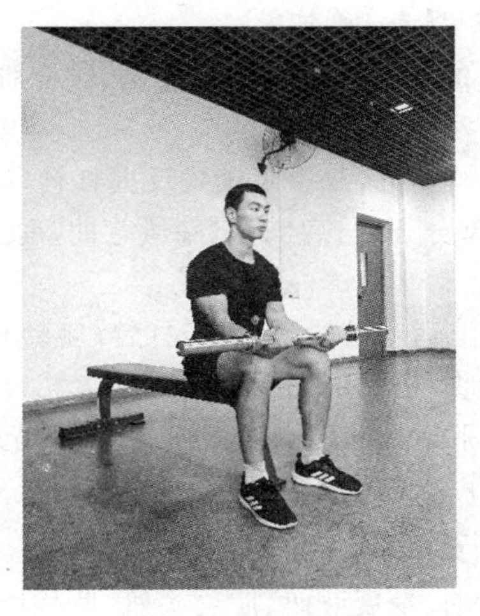

图 3-41　屈腕结束姿势

2. 伸腕

训练目的：发展桡侧伸腕肌、尺侧伸腕肌的力量。

训练方法如下。

(1) 起始姿势，坐在凳子一端，采用闭锁式正握杠铃，握距 8～10 英寸(20～25 厘米)，两腿、两脚互相平行，脚尖向前；躯干前倾，肘及前臂放在大腿上，向前移动腕关节直到稍微超过髌骨，紧握杠铃，手腕朝向地面弯曲。

(2) 向上运动阶段，伸展手腕使杠铃上提，尽可能伸展手腕且不能移动手肘与上臂，不能借助身体用力或摆动杠铃上提。

(3) 向下运动阶段，手腕和手指应缓慢屈曲回到起始位置，保持躯干与手臂位置固定，保持闭锁式握法，如图 3-42 和图 3-43 所示。

图 3-42 伸腕开始姿势

图 3-43 伸腕结束姿势

(二) 肱二头肌

1. 杠铃(哑铃)屈肘

训练目的：发展肱肌、肱二头肌、肱桡肌的力量。

训练方法如下。

(1) 起始姿势，双手闭锁式反握杠铃(哑铃)，握距与肩同宽，以便两臂能够触及躯干；垂直站立，两脚分开，与肩同宽，膝微弯曲；肘关节伸直，杠铃靠在大腿上，每次动作的开始位置均相同。

(2) 向上运动阶段，屈肘至杠铃(哑铃)接近三角肌，保持躯干直立，上臂固定，不要利用身体和杠铃惯性摆动而借力。

(3) 向下运动阶段，杠铃(哑铃)放低至肘关节完全伸直，膝关节和躯干保持原来姿势不变，每次动作时，杠铃(哑铃)不要在大腿上发生弹碰，如图 3-44～图 3-46 所示。

2. 斧式屈肘

训练目的：发展肱肌、肱二头肌、肱桡肌的力量。

训练方法如下。

图 3-44　杠铃屈肘开始姿势

图 3-45　杠铃屈肘结束姿势

图 3-46　杠铃屈肘结束姿势(侧面示意图)

(1) 起始姿势,手闭锁式中间位握住哑铃,垂直站立,两脚分开,与肩同宽,膝微弯曲;肘关节伸直,哑铃靠在大腿两侧,每次动作的开始位置相同。

(2) 向上运动阶段,保持中间位握住哑铃,一臂屈肘,至哑铃接近三角肌前部,另一手臂放在大腿侧不动;保持躯干挺直,上臂固定,不要利用身体和杠铃惯性摆动而借力。

(3) 向下运动阶段,放低哑铃至肘关节完全伸直,保持哑铃的中间式握法不变,肘关节和躯干保持原来姿势,换只手重复做向上和向下运动(交替),如图 3-47～图 3-49 所示。

(三) 肱三头肌

1. 仰卧位肱三头肌伸展

训练目的:发展肱三头肌的力量。

训练方法如下。

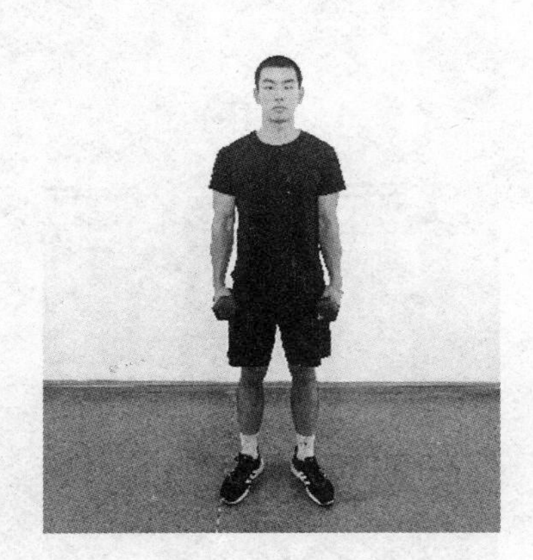

图 3-47　斧式屈肘开始姿势

图 3-48　斧式屈肘结束姿势

图 3-49　斧式屈肘结束姿势(侧面示意图)

(1) 起始姿势——训练者,仰卧凳上保持五点身体接触,以闭锁式正握从保护者手上抓杠,握距约 30 厘米;手肘完全伸展,双臂平行举杠至胸部上方,肘部朝向膝关节方向(不超出两侧),所有持续反复的动作皆由此开始。

(2) 起始姿势——保护者,垂直站立靠近凳端,但不可过于靠近以免干扰训练者,两脚开立与肩同宽,膝关节微屈;以闭锁式正反握抓杠,送杠给训练者,引导训练者举杠铃至胸部上方,平稳地释放杠铃。

(3) 向下运动阶段——训练者,保持上臂稳定,手肘缓慢弯曲,杠铃下降至面部,保持腕关节紧张收缩,上臂与地面垂直,两臂平行,降低横杠几乎接近头部或面部,保持五点身体接触。

(4) 向下运动阶段——保护者,在杠铃下降时,保护者双手以正反握接近横杠(但不触杠),贴近横杠时,膝关节、髋关节微屈,背部保持平直。

(5) 向上运动阶段——训练者,往上推杠直到手肘完全伸直,保持腕关节紧张收缩,肘关节指向膝关节,保持上臂彼此平行垂直于地面,保持五点身体接触,切勿弓或起胸,完成一

组动作后示意保护者拿起横杠，紧握横杠直到保护者移开它。

(6) 向上运动阶段——保护者，在横杆上升时，保护者以正反握接近横杠（但不触碰），随着杠铃的运动，保护者微微伸膝、伸髋和躯干，背部保持平直，当训练者示意完成一组动作后，以正反握抓杠，从训练者手中拿开后置训练架上，如图 3-50 和图 3-51 所示。

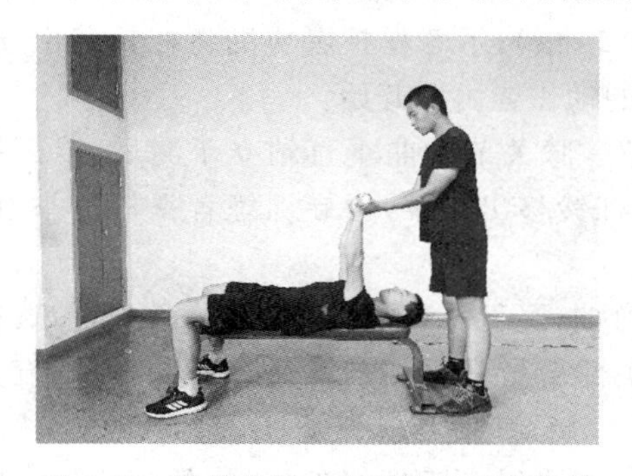

图 3-50 仰卧位肱三头肌伸展开始姿势

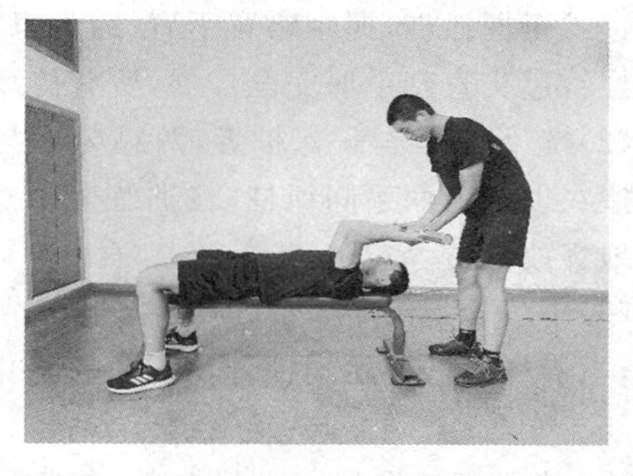

图 3-51 仰卧位肱三头肌伸展结束姿势

2. 站位下拉

训练目的：发展肱三头肌的力量。

训练方法如下。

(1) 起始姿势，以闭锁式正握抓杠，约 15～30 厘米宽，两脚开立与肩同宽，膝关节微屈站立，接近到足够将器械缆绳直线下拉，稳定抓住后即成起始姿势，往下拉杠至上臂于躯干旁，弯曲手肘至前臂平行于地面或略高，所有持续反复的动作皆由此开始。

(2) 向下运动阶段，下拉横杆至手肘完全伸展，保持躯干直立，上臂固定，切勿用力锁肘。

(3) 向上运动阶段，使手肘缓慢弯曲回到起始姿势，保持躯干手臂与膝关节姿势固定，当一组动作完成后，将横杠缓慢移回休息状态，如图 3-52 和图 3-53 所示。

图 3-52 站位下拉开始姿势

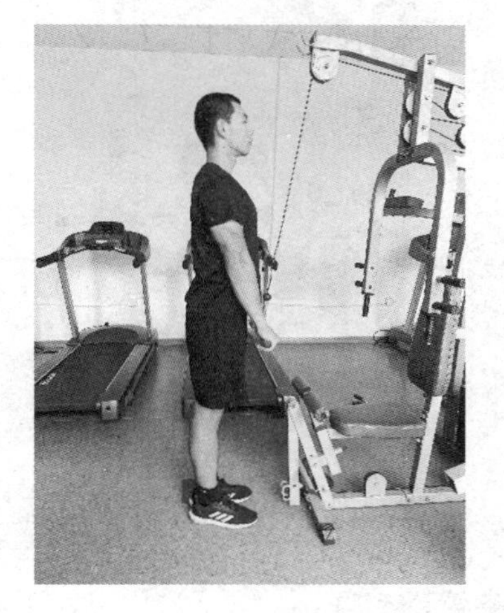

图 3-53 站位下拉结束姿势

(四) 肩部肌群

1. 坐姿杠铃（哑铃）肩上举

说明：这个练习可以用闭锁式正握两个哑铃的方法练习，保护者握住训练者的前臂靠近腕关节的部位进行保护。

训练目的:发展三角肌前束和中束、肱三头肌的力量。

训练方法如下。

(1) 起始姿势——训练者,在垂直卧推凳子上坐下,背部倾斜保持五点身体接触姿势,以闭锁式正握抓杠,握距略宽于肩(约为肩宽的 1.25 倍);示意保护者协助将杠铃移出支架,推举杠铃过头直到手肘完全伸展,所有持续反复的动作皆由此开始。

(2) 起始姿势——保护者,两脚分开与肩同宽,膝关节微曲垂直站立于凳后,以闭锁式正反握在训练者两手间抓杠,在训练者示意后将杠铃移出支架,指导训练者举杠上举过头,平稳地释放杠铃。

(3) 向下运动阶段——训练者,肘关节缓慢弯曲,降低杠铃,保持腕关节紧张,前臂彼此平行,当横杆降低接触到锁骨及三角肌前束时,头部微微伸展使横杆通过面部,保持五点身体接触。

(4) 向下运动阶段——保护者,在横杆下降过程中以正反握接近横杆(但不碰触),随着杠铃的运动,保护者膝关节保持稍微弯曲,背部保持平直。

(5) 向上运动阶段——训练者,往上推杠直到肘关节完全伸展,上举时头部微微伸展使杠铃通过面部,保持腕关节收紧,前臂彼此平行,保持五点身体接触,切勿弓背或离开座椅,完成一组动作后,示意保护者协助将杠铃放回支架上,紧握杠铃直到放回原处。

(6) 向上运动阶段——保护者,在杠铃上升时,以正反握接近杠(但不触碰),随着杠铃的运动,膝关节、髋关节和躯干稍微伸直,背部保持平直;当训练者示意完成一组动作后,采用正反握在训练者两手间抓杠,引导训练者放回杠铃于支架上,紧握杠铃直到放回原处,如图 3-54 和图 3-55 所示。

图 3-54　坐姿杠铃肩上举开始姿势

图 3-55　坐姿杠铃肩上举结束姿势

2. 站姿提铃至胸

训练目的:发展三角肌、斜方肌上部的肌肉力量。

训练方法如下。

(1) 起始姿势,以闭锁式正握抓杠,握距略窄或等于肩宽,垂直站立,两脚与肩同宽,膝关节微屈,杠铃静止处于大腿前方,杠端指向两旁,两肘关节完全伸展。

（2）向上运动阶段，沿腹部与胸部提铃至下颌，随着杠铃向上过程中保持肘关节朝向两侧，保持躯干与膝关节位置固定，切勿踮脚尖或往上摆杠，杠铃在最高位置时，肘关节与肩和腕部同高或稍高。

（3）向下运动阶段，使杠缓慢下降，回到起始姿势，保持躯干与膝关节姿势固定，如图 3-56和图 3-57 所示。

图 3-56　站姿提铃至胸开始姿势

图 3-57　站姿提铃至胸结束姿势

3. 哑铃肩侧举

训练目的：发展三角肌的力量。

训练方法如下。

（1）起始姿势，以闭锁式中间位握住哑铃，双脚与肩或髋同宽，膝关节微屈，垂直站立，眼目视前方；将哑铃放置在大腿前面，掌心相对，保持肘关节微屈。

（2）向上运动阶段，向两侧上方举起哑铃，肘与上臂同时向上，保持上身直立，膝关节微屈，双脚站稳，切勿急摆动身体或向上摆动哑铃，将哑铃上举到上臂与地面平行或与肩同高。

（3）向下运动阶段，使哑铃缓慢下降回到起始姿势，保持躯干直立，膝关节微屈，如图 3-58和图 3-59 所示。

图 3-58　哑铃肩侧举开始姿势

图 3-59　哑铃肩侧举结束姿势

（五）胸部肌群

1. 跪姿俯卧撑

训练目的：发展胸大肌、三角肌前束、肱三头肌的力量。

训练方法如下。

（1）起始姿势，双膝跪地、小腿交叉，腰背平直，肩、腰、大腿在同一直线上，双臂自然伸直，垂直撑于地面准备，两手间距略比肩宽（约为肩宽 1.25 倍）。

（2）向下运动阶段，向下屈肘至大臂与地面平行，肘关节指向斜后 45°。

（3）向上运动阶段，双臂向上撑起，将身体撑回起始位置，如图 3-60 和图 3-61 所示。

图 3-60　跪姿俯卧撑开始姿势

图 3-61　跪姿俯卧撑结束姿势

2. 标准俯卧撑

训练目的：发展胸大肌、三角肌前束、肱三头肌的力量。

训练方法如下。

（1）起始姿势，从俯卧撑支撑动作开始，两手间距略比肩宽（约为肩宽 1.25 倍），身体保持平板姿势准备。

（2）向下运动阶段，双臂屈曲，向下屈肘至大臂与地面平行，肘关节指向斜后 45°。

（3）向上运动阶段，双臂向上撑起，将身体撑回起始位置，如图 3-62 和图 3-63 所示。

图 3-62　标准俯卧撑开始姿势

图 3-63　标准俯卧撑结束姿势

3. 水平卧推（哑铃卧推）

说明：这个练习也可以用两个哑铃，用闭锁式的正握法进行，保护者扶握训练者的前臂替代握杠。

训练目的：发展胸大肌、三角肌前束、肱三头肌的力量。

训练方法如下。

（1）起始姿势——训练者，训练者水平仰卧在长凳上，身体与凳子及地面保证五点接触（头、背、臀、双足）；身体在凳子上的位置调整到眼睛正好在支架下方；双手正握，闭锁式抓杠，握距略宽于肩（约为肩宽 1.25 倍）；训练者将杠铃由支架上取下，肘关节伸直，保持杠铃位于胸部上方。

（2）起始姿势——保护者，靠近凳子头端垂直站立（不要太近训练者），两脚开立，略宽于肩，双膝微曲，在训练者握杠的两手之间以闭锁式变换握法抓杠；听到训练者信号后，帮助其将杠铃由卧推架上取下，护着杠铃直到训练者将杠铃置于胸部上方，平稳地松开杠铃。

（3）向下运动阶段——训练者，向下移动杠铃，接近胸部乳头水平；手腕要牢固，大臂与地面平行，两侧前臂平行；保持身体和器械与地面五点接触。

（4）向下运动阶段——保护者，在杠铃下移的过程中，保持变换握法的姿势，要靠近杠铃，但不要触碰到杠铃，在跟随杠铃移动的过程中，微微屈膝、屈髋及躯干，保持腰背平直。

（5）向上运动阶段——训练者，向上推杠，直到肘关节完全伸直；手腕紧张、稳定，两侧前臂平行，以及与地面均平行。

（6）向上运动阶段——保护者，在杠铃上移的过程中，保持变换握法的姿势，要靠近杠铃，但不要触碰到杠铃；在跟随杠铃移动的过程中，微微伸膝、伸髋及躯干，保持背部平直；一组练习完成后，接到训练者示意，在训练者两手之间以变换握法抓紧杠铃，护送杠铃到架子上，直到杠铃稳定后才可松手，如图 3-64 和图 3-65 所示。

图 3-64　卧推开始姿势

图 3-65　卧推结束姿势

4. 双杠臂屈伸

训练目的：发展肱三头肌、胸大肌、三角肌前束的力量。

训练方法如下。

（1）起始姿势，训练者双脚同时起跳，双手分别握杠，双臂伸直撑于杠上准备。

（2）向下运动阶段，双臂屈肘下放身体至肩低于肘，注意肘关节不要外翻。

（3）向上运动阶段，双臂用力将身体撑起还原至起始姿势，不允许借助身体摆动完成动作，如图 3-66 和图 3-67 所示。

5. 水平哑铃飞鸟（斜板哑铃飞鸟）

说明：这个练习也可以在斜板上做，在斜板上练习时，开始动作不是将哑铃置于胸上方，而是脸上方。

图 3-66　双杠臂屈伸开始姿势

图 3-67　双杠臂屈伸结束姿势

训练目的：发展胸大肌的力量。

训练方法如下。

（1）起始姿势——训练者，采用闭锁式中间位握住哑铃，仰卧在卧推凳上，保持身体与凳子及地面五点接触，示意保护者帮助其移动哑铃至起始位置；肘关节伸直，保持哑铃位于胸部上方，缓慢屈肘，肘关节移向外侧，每次重复均由此位置开始。

（2）起始姿势——保护者，一腿跪地，另一脚向前平稳地着地（也可双腿跪地），双手抓扶训练者的前臂接近手腕处；听到训练者信号后，帮助其将哑铃移动到胸上方，平稳地松开握着训练者前臂的手。

（3）向下运动阶段——训练者，哑铃沿大弧形向下运动，直到肩部或胸部的水平高度；在肘关节向下运动时，两哑铃柄部要保持互相平行，手腕要紧张、稳定，肘关节略屈，保持手、腕部、前臂、肘部、上臂和肩部在同一垂直面内，保持身体和器械与地面五点接触。

（4）向下运动阶段——保护者，在哑铃下移的过程中保持双手和训练者前臂很接近，但不要触碰训练者的前臂。

（5）向上运动阶段——训练者，沿弧线向上推哑铃至起始位置，保持手腕紧张，肘关节略屈，保持手、腕部、前臂、肘部、上臂和肩部在同一垂直面内，保持身体和器械与地面五点接触。

（6）向上运动阶段——保护者，在哑铃下移的过程中，保持双手和训练者前臂很接近，但不要触碰到训练者前臂，如图 3-68 和图 3-69 所示。

图 3-68　水平哑铃飞鸟开始姿势

图 3-69　水平哑铃飞鸟结束姿势

6. 垂直推胸

训练目的：发展胸大肌的力量。

训练方法如下。

(1) 起始姿势，座位、向后倾斜，保持身体五点接触，闭锁式正握把手，校正把手与乳头齐平；若需要调整座椅高度，使握把位于正确位置，将把手从胸部推出至肘关节完全伸直，每一次重复动作均由此位置开始。

(2) 向后运动阶段，把手缓慢移回到胸部的水平，保持身体五点接触。

(3) 向前运动阶段，将把手由胸部向前推，直到起始位置，保持身体五点接触，不能弯曲下背，不要锁住肘关节，如图 3-70 和图 3-71 所示。

图 3-70　垂直推胸开始姿势

图 3-71　垂直推胸结束姿势

(六) 背部肌群

1. 单杠引体向上

训练目的：发展背阔肌、肱二头肌、斜方肌中下枢的力量。

训练方法如下。

(1) 起始姿势，双手正握杠，握距略比肩宽（约为肩宽 1.25 倍），直臂悬垂。

(2) 向上运动阶段，双臂同时用力向上引体，背部发力（身体不能有附加动作），上拉到下颌超过单杠上缘。

(3) 向下运动阶段，稍作停留后下放还原，双臂完全伸直至起始位置，全程尽量保持身体稳定，如图 3-72～图 3-74 所示。

图 3-72　引体向上开始姿势

图 3-73　引体向上结束姿势

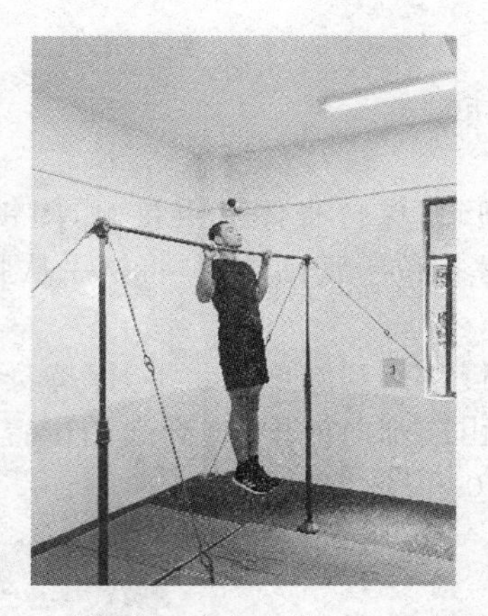

图 3-74　引体向上结束姿势(正面 45°示意图)

2. 体前屈提铃至胸

训练目的:发展背阔肌、大圆肌、斜方肌中枢、菱形肌和三角肌后束的力量。

训练方法如下。

(1) 开始动作前,闭锁式正握抓杠,握距略宽于肩,肘关节完全伸展,杠铃离胫骨大约 3 厘米,位于脚背之上;身体背部平直或微微反弓,挺胸并充分打开,头部与脊柱呈一直线或微微后伸,全脚掌着地,肩部在横杠上方或稍微前方,眼睛注视前方或稍微往上,从地面上提起杠铃,采用正握而非变换式握法。

(2) 起始姿势,双脚开立与肩同宽,膝关节微屈,躯干前屈,与地面接近平行,腰背要平直,双眼注视脚前,双臂伸直,吊起杠铃(杠铃不能触地),每次动作都要回到相同的起始姿势。

(3) 向上运动阶段,向躯干提铃,保持躯干的刚性,背部平直,膝关节微屈,躯干不要突然用力,杠铃触及下胸部或上腹部。

(4) 向下运动阶段,杠铃随着肘关节慢慢伸直回到起始位置,保持背部平直及膝关节和躯干的位置,完成一组练习后,屈髋、屈膝将杠铃放回地面,如图 3-75 和图 3-76 所示。

图 3-75　体前屈提铃至胸开始姿势

图 3-76　体前屈提铃至胸结束姿势

3. 坐姿下拉(仪器)

训练目的:发展背阔肌、大圆肌、斜方肌、菱形肌的力量。

训练方法如下。

(1) 起始姿势,双手闭锁式正握杠铃,握距略宽于肩,面向器械坐在椅垫上,将大腿放在垫子下,两脚平行放在地板上,如有必要,调整座椅与大腿垫子高度,躯干略微后倾,肘关节完全伸直,在重复多次的练习中,每次都要回到这个起始姿势。

(2) 向上运动阶段,杠铃下拉至胸,保持躯干微向后倾斜,躯干不要快速后伸,不能借助身体摆动增加拉力,杠铃触及锁骨及上胸部。

(3) 向下运动阶段,肘关节慢慢伸直回到起始位置,保持躯干的位置固定,完成一组练习后,站起来将杠铃放回原来位置,如图 3-77 和图 3-78 所示。

图 3-77 坐姿下拉开始姿势

图 3-78 坐姿下拉结束姿势

4. 坐姿划船(仪器)

训练目的:发展背阔肌、大圆肌、斜方肌中束、菱形肌和三角肌后束的力量。

训练方法如下。

(1) 起始姿势直立正坐,两脚平放在地面上,躯干紧贴胸垫,闭锁式正握或中立位握住手柄,适当调节座椅高度,让手臂与地面基本平行,肘关节充分伸直,重复动作,开始位置要相同。

(2) 向后运动阶段,朝胸部或上腹部拉动手柄,保持躯干垂直、两肘紧贴躯干的姿势,将手柄尽力往后拉,不要借助身体后倾来加力。

(3) 向前运动阶段,保持两肘紧贴肋部,推手柄向前,并缓慢返回起始位置,躯干保持原来姿势,如图 3-79 和图 3-80 所示。

图 3-79 坐姿划船开始姿势

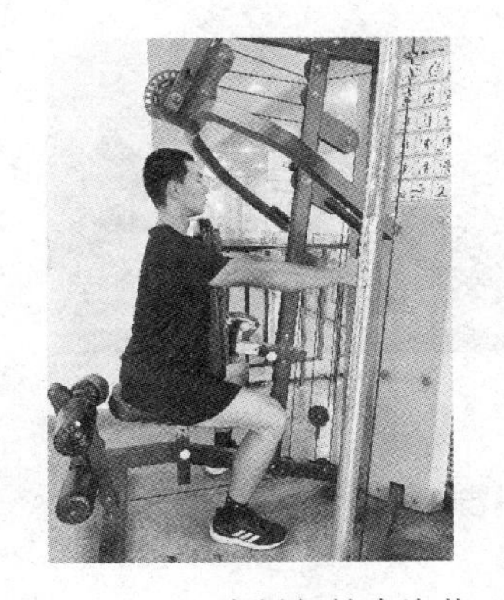

图 3-80 坐姿划船结束姿势

（七）腹部肌群

1. 仰卧收腹举腿

训练目的：发展下腹部肌群的力量。

训练方法如下。

（1）起始姿势，仰卧在瑜伽垫上，双手抓握配手脚踝（或固定物体），双腿并拢伸直绷脚尖准备。

（2）向上运动阶段，收腹上举双腿与地面成垂直位，脚背触及配手掌心（位于肚脐正上方）。

（3）向下运动阶段，还原下放双腿，脚部悬空不触及地面，如图 3-81 和图 3-82 所示。

图 3-81　仰卧收腹举腿开始姿势

图 3-82　仰卧收腹举腿结束姿势

2. 卷腹

训练目的：发展上腹部肌群的力量。

训练方法如下。

（1）起始姿势，仰卧在地面的垫子上，双小腿和双脚放在垫子上，屈髋、屈膝 90°，保持双臂交叉于胸前或腹前，每次动作的开始位置相同。

（2）向上运动阶段，屈颈、下巴靠近胸部，保持臀部及下背部平稳贴在垫子上，躯干屈向大腿方向，直到上背部离开垫子。

（3）向下运动阶段，打开弯曲的躯干，然后颈部伸展，回到起始姿势，保持脚、臀、腰、臂姿势不变，如图 3-83 和图 3-84 所示。

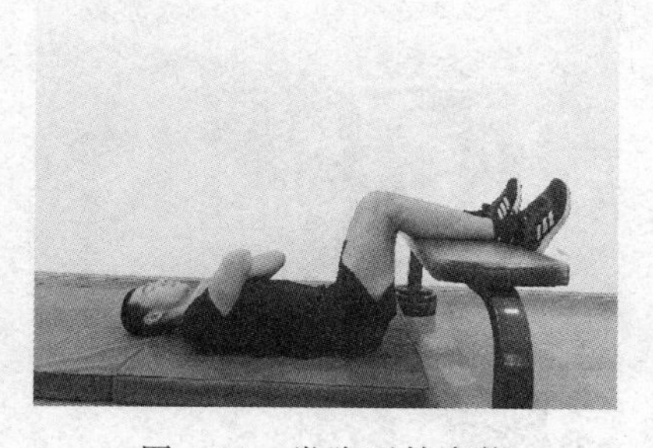

图 3-83　卷腹开始姿势

图 3-84　卷腹结束姿势

（八）下肢肌群

1. 徒手深蹲

训练目的：发展股直肌、臀大肌、腘绳肌群的力量。

训练方法如下。

(1) 起始姿势为站立姿势,两脚间距与肩同宽,要求两手前平举于身前或交叉放于双肩。

(2) 动作向下阶段,身体屈髋屈膝向下移动,下蹲时大小腿夹角明显小于 90°,腰背挺直。

(3) 动作向上阶段,身体呈直立姿势,髋、膝关节伸直,如图 3-85~图 3-87 所示。

图 3-85　徒手深蹲开始姿势

图 3-86　徒手深蹲结束姿势

图 3-87　徒手深蹲结束姿势(侧面示意图)

2. 负重深蹲(后蹲)

训练目的:发展臀大肌、半膜肌、半腱肌、股二头肌、股外侧肌、股中间肌、股内侧肌、股直肌的力量。

训练方法如下。

(1) 起始姿势——训练者,以闭锁式正握抓杠(杠宽取决于杠的位置),身体立于杠下,双脚互相平行,将杠置于上背部和肩部,上抬肘部,利用上背部与肩部肌群形成向上的作用力来支撑杠铃;注意保持胸部上挺,且充分打开,头部微微往上倾斜;固定位置后伸髋、伸膝将杠移出支架,伸髋、伸膝举杠,向后移动 1~2 步,两脚分开与肩同宽(或更宽),脚尖微指向外侧,所有重复的动作皆由此开始。

(2) 起始姿势——两位保护者，垂直站立在杠铃两端，两脚分开与肩同宽（或略宽），膝关节微屈，双手手掌朝上呈杯状，抓住杠的末端，在训练者示意后，协助将杠铃移出支架，平稳地释放杠铃，保持双手在杠下方 5～8 厘米处，随着训练者往后移动，保护者也同步侧向移动，一旦训练者准备好，保护者两脚开立与髋同宽，膝关节微屈，躯干挺直。

(3) 向下运动阶段——训练者，保持背部挺直、肘关节抬高、挺胸并充分打开的姿势；在保持躯干与地面角度固定情况下，缓慢屈髋、屈膝，保持脚跟在地面上，膝关节不要超过脚尖，持续屈髋、屈膝直到大腿与地面平行，躯干保持挺直状态，不要弓背。

(4) 向下运动阶段——两位保护者，保护者两手保持杯状，但不触杠，随着杠的下降而下降，稍稍屈膝、屈髋，躯干保持正直。

(5) 向上运动阶段——训练者，保持背部平直，抬高肘部，挺胸并充分打开，以相同速率伸髋、伸膝（保持躯干与地面角度固定），保持脚后跟在地面上，膝部在脚的正上方，切勿躯干前屈或弓背，继续伸髋、伸膝直到起始姿势。

(6) 向上运动阶段——两位保护者，随着横杆的上升，双手杯状接近杠铃末端（但不触碰），随着杠的运动缓慢伸膝、伸髋，背部保持平直，完成一组动作后，随着训练者向支架侧移，同时抓杠并协助训练者将杠铃平稳地放在支架上，平稳地释放杠铃，如图 3-88～图 3-90 所示。

图 3-88　后蹲开始姿势

图 3-89　后蹲结束姿势

图 3-90　后蹲结束姿势（正面 45°示意图）

3. 负重深蹲（前蹲）

训练目的：发展臀大肌、半膜肌、半腱肌、股二头肌、股外侧肌、股中间肌、股内侧肌、股直肌的力量。

训练方法如下。

(1) 起始姿势——训练者，立于杠下，双脚彼此平行，可采用下列两种握杠姿势：一是手

臂平行姿势，闭锁式正握抓杠，握宽微大于肩宽，往上移动杠铃至三角肌前束与锁骨处，完全曲肘，抬高手臂与地面平行；二是手臂交叉姿势，屈肘，两臂交叉于胸前，往上移动杠铃至三角肌前束上方，采用开放式握法，手指抓住杠，抬高肘关节，手臂与地面平行，保持挺胸并充分打开，头部微微向上倾斜，一旦准备好，示意保护者协助将杠铃移出支架，伸髋、伸膝，举杠向后移动 1～2 步，双脚分开与肩同宽(或更宽)，脚尖微微指向外侧，所有重复动作均由此位置开始。

(2) 起始姿势——两位保护者，垂直站立在杠铃两端，两脚分开与肩同宽(或略宽)，膝关节微屈，双手手掌朝上呈杯状，抓住杠的末端，在训练者示意后，协助将杠铃移出支架，平稳地释放杠铃，保持双手在杠下方 5～8 厘米处，随着训练者往后移动，保护者也同步侧向移动，一旦训练者准备好，保护者两脚开立与髋同宽，膝关节微屈，躯干挺直。

(3) 向下运动阶段——训练者，保持背部平直，抬高肘部，挺胸且充分打开，缓慢屈髋、屈膝，同时保持躯干与地面的角度固定，保持脚跟在地面上，膝关节位于脚正上方，继续屈髋、屈膝，直到大腿与地面平行，躯干保持挺直状态，不要弓背。

(4) 向下运动阶段——两位保护者，保护者两手保持杯状，但不触杠，随着杠的下降而下降，稍稍屈膝、屈髋，躯干保持正直。

(5) 向上运动阶段——训练者，保持背部平直，抬高肘关节，挺胸并充分打开，以同样的伸缩速率伸髋、伸膝，保持躯干与地面的角度固定，保持脚跟在地面上，膝关节在脚的正上方，躯干不要前屈或弓背，继续伸展髋关节与膝关节回到起始姿势，完成一组动作后，往前移动到支架前下蹲，直到杠铃平稳地置于支架上。

(6) 向上运动阶段——两位保护者，随着横杆的上升，双手杯状接近杠铃末端(但不触碰)，随着杠的运动缓慢伸膝、伸髋，背部保持平直，完成一组动作后，随着训练者向支架侧移，同时抓杠并协助训练者将杠铃平稳地放在支架上，平稳地释放杠铃，如图 3-91～图 3-93 所示。

图 3-91　前蹲开始姿势

图 3-92　前蹲结束姿势

图 3-93　前蹲结束姿势(正面 45°示意图)

4. 蹬台阶

说明：箱子约 30～46 厘米高，或当脚踩在箱子上时，膝关节呈 90°。

训练目的：发展臀大肌、半膜肌、半腱肌、股二头肌、股外侧肌、股中间肌、股内侧肌、股直肌的力量。

训练方法如下。

(1) 起始姿势——训练者，采用闭锁式正握法，站立在杠下方，双脚分开彼此平行；将杠平衡置于上背和肩部，在三角肌后束的上方及颈部底端(手的握距略大于肩宽)；利用上背与肩部肌群抬高肘部支撑杠铃，保持挺胸并充分打开，头部微微向上倾斜；一旦准备就绪，示意保护者协助将杠铃移出支架，伸髋、伸膝举杠；走到箱子面前站立，离箱子的距离与箱子的高度一致；所有持续反复动作皆由此开始。

(2) 起始姿势——保护者，垂直站立且相当接近训练者，但不能过度靠近干扰训练者。两脚分开与肩同宽，膝关节微曲，在训练者示意后，协助训练者将杠铃平稳地移出支架。与训练者的起始姿势相同，当训练者准备好时，保护者两脚站立，与髋同宽，膝关节微曲，躯干垂直，将手置于接近训练者臀部、腰部或躯干处。

(3) 向上运动阶段——训练者，一脚直接向前跨一大步，前导脚置于箱子上，保持躯干垂直勿往前倾斜，保持固定脚在起始姿势，但转移身体重量至前导脚，用力伸展前导脚髋关节和膝关节，移动身体站在箱子上；勿用固定脚或腿蹬或跳的方式蹬上台阶；达到最高点后，垂直站立，在开始向下动作之前暂停。

(4) 向上运动阶段——保护者，当训练者跨足上台阶时，面朝训练者，身体倾斜，以手臂接近训练者，尽可能将手置于训练者臀部、腰部或躯干处(从训练者开始跨步起)，必要时协助训练者保持身体平衡。

(5) 向下运动阶段——训练者，转移身体重量到同一前导脚，以同一固定脚下箱子，维持躯干挺直；置固定角离箱子 36～46 厘米处，当固定脚完全触地后，转移身体重量至固定脚；前导脚离开箱子回到固定脚旁边，垂直站立成起始姿势，暂停后改变前导脚；当一组动作完成后，将杠铃放在支架上。

(6) 向下运动阶段——保护者，当训练者回到地面，以手臂跟循其动作而动，将手置于接近训练者髋部、腰部或躯干处，垂直站立成起始姿势，暂停并等待训练者；必要时协助训练者保持身体平衡；当一组动作完成后，协助训练者将杠铃放在支架上，如图 3-94～图 3-97 所示。

图 3-94　蹬台阶开始姿势

图 3-95　蹬台阶第二阶段

图 3-96　蹬台阶第三阶段

图 3-97　蹬台阶结束姿势

5. 硬拉

训练目的：发展股直肌、臀大肌、腘绳肌群的力量。

训练方法如下。

（1）起始姿势，双脚平行站立，站距介于髋宽与肩宽之间，脚尖稍微向外，髋部下蹲略低于肩，以闭锁式正反握法抓杠，握距略大于肩宽，肘关节完全伸展，杠铃离胫骨大约 3 厘米，位于脚背之上；身体背部平直或微微反弓，挺胸并充分打开，头部与脊柱呈一直线或微微后伸，全脚掌着地，肩部在横杠上方或稍微前方，眼睛注视前方或稍微往上所有持续反复动作皆由此开始。

（2）向上运动阶段，靠伸髋、伸膝让杠铃离地，保持躯干与地面角度固定，勿在肩部之前升高髋部，保持背部平直姿势，尽可能靠近胫骨拉起杠铃；当杠铃刚刚超过膝关节时，髋部往前移动带到大腿向前，膝关节处于杠铃的下方；当膝关节与髋关节完全伸展后，形成一个垂直的身体站立姿势。

（3）向下运动阶段，让膝关节和髋关节缓慢屈曲，放杠铃于地面上，保持背部平直的姿势，躯干不能前屈，如图 3-98～图 3-100 所示。

图 3-98　硬拉开始姿势

图 3-99　硬拉结束姿势

图 3-100　硬拉结束姿势(侧面示意图)

6. 六角杠铃硬拉

训练目的:发展股直肌、臀大肌、腘绳肌群的力量。

训练方法如下。

(1) 起始姿势,训练者两脚平行站立,站在六角杠铃中央,站距介于髋宽与肩宽之间,脚尖稍微向外,身体背部平直或微微反弓,挺胸并充分打开,头部与脊柱呈一直线或微微后伸,全脚掌着地,眼睛注视前方或稍微往上,屈髋、屈膝双手握杠准备。

(2) 向上运动阶段:抬头挺胸,靠伸髋、伸膝让杠铃离地,保持躯干与地面角度固定,保持背部平直姿势,当膝关节与髋关节完全伸展后,将杠铃垂直拉起至身体直立位。

(3) 向下运动阶段,让膝关节和髋关节缓慢屈曲,放杠铃于地面上,保持背部平直的姿势,躯干不能前屈,如图 3-101～图 3-104 所示。

图 3-101　六角杠铃硬拉开始姿势(侧面示意图)

图 3-102　六角杠铃硬拉开始姿势(正面示意图)

图 3-103　六角杠铃硬拉结束姿势(侧面示意图)

图 3-104　六角杠铃硬拉结束姿势(正面示意图)

7. 坐位伸膝

训练目的：发展股外侧肌、股中间肌、股内侧肌、股直肌的力量。

训练方法如下。

(1) 起始姿势，坐在器械椅上，背部紧密倚靠背垫，脚踝置于滚筒垫的后方，并紧密贴住，双腿彼此平行，膝关节与器械轴成一直线。必要时，调整背垫或滚垫，以校正双腿位置。抓紧握把或座椅两旁，所有持续反复动作皆由此开始。

(2) 向上运动阶段，膝关节完全伸展，上举滚垫，保持躯干挺直，背部紧密抵压背垫，保持大腿、小腿和脚互相平行。紧密抓住握把或座椅两旁，切勿用力锁膝。

(3) 向下运动阶段，膝关节缓慢弯曲，回到起始姿势，保持躯干挺直，背部倚靠背垫，保持大腿、小腿和脚互相平行，切勿使臀部离开座椅，紧抓握把或座椅两旁，如图 3-105 和图 3-106 所示。

图 3-105　坐位伸膝开始姿势

图 3-106　坐位伸膝结束姿势

8. 俯卧勾腿

训练目的：发展半膜肌、半腱肌、股二头肌的力量。

训练方法如下。

(1) 起始姿势，俯卧在器械椅上，以腹部与躯干抵压坐垫，将脚踝置于脚部管垫下并接触。双腿彼此平行，膝关节微微离开大腿靠垫儿的底部边缘，膝关节与器械轴呈一直线，必要时，调整滚垫校正双腿位置，抓紧握把或座椅两旁，所有持续反复动作皆由此开始。

(2) 向上运动阶段，膝关节完全弯曲上举滚垫，保持躯干固定，以髋关节与躯干抵压背垫，紧抓握把与胸垫两旁。切勿使臀部与大腿离开大腿靠垫。

(3) 向下运动阶段，膝关节缓慢伸展回到起始姿势，保持躯干固定，紧密以臀部与躯干抵压背垫，紧密抓住握把与胸垫两旁，切勿用力锁膝，如图 3-107 和图 3-108 所示。

图 3-107　俯卧勾腿开始姿势

图 3-108　俯卧勾腿结束姿势

9. 站立提踵

训练目的：发展比目鱼肌、腓肠肌的力量。

训练方法如下。

(1) 起始姿势，身体处在水平的肩垫下，面对器械，脚跟(分开与肩同宽)置于台阶边缘，两侧腿和脚彼此平行，垂直站立，两侧膝关节充分伸直，但不要锁死，脚后跟悬空，低于台阶，处于舒适的拉伸状态，每次动作的开始位置均相同。

(2) 向上运动阶段，保持躯干直立，腿脚平行分开，脚尖尽可能抬高，脚跟蹬离台阶，踝关节不要内翻或外翻，膝关节保持伸直，但不要锁死。

(3) 向下运动阶段，缓慢放下脚跟到起始位置，身体姿势保持不变，如图 3-109 和图 3-110 所示。

图 3-109　站立提踵开始姿势

图 3-110　站立提踵结束姿势

10. 坐姿提踵

训练目的：发展比目鱼肌、腓肠肌的力量。

训练方法如下。

(1) 起始姿势，上身挺直端坐，两脚掌放在台阶(跳箱或垫子)边缘，两腿、两脚与髋同宽，彼此平行。当使用坐姿提踵器械时，需调整大腿垫和膝垫，以便牢固固定住大腿下部和膝关节。踝关节跖屈直到脚后跟离开支撑物。脚后跟降低到一个舒适的拉伸位置，每次动作的开始位置均相同。

(2) 向上运动阶段，保持躯干挺直，两腿、两脚平行，脚尖尽量向上抬高，脚跟蹬离台阶，踝关节不要内翻或外翻。

(3) 向下运动阶段，缓慢放下脚跟到起始位置，身体姿势保持不变。一组练习完成后，放回支撑，将脚移开，如图 3-111～图 3-113 所示。

图 3-111　坐姿提踵开始姿势

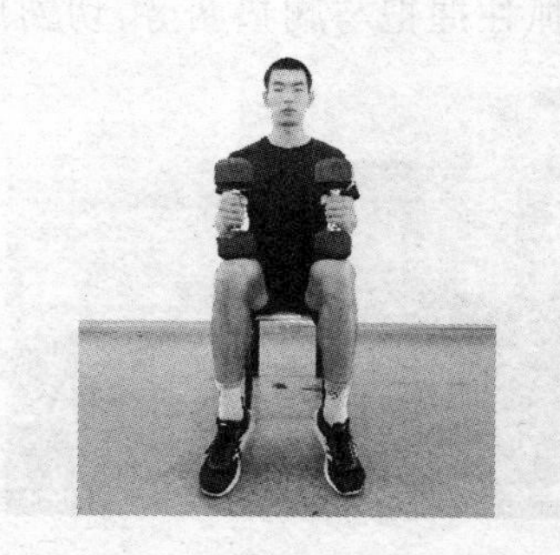

图 3-112　坐姿提踵结束姿势

图 3-113　坐姿提踵结束姿势(侧面示意图)

(九) 爆发力动作

1. 杠铃快挺

训练目的:主要发展人体快速爆发和全身协调运动的能力。

训练方法如下。

(1) 起始姿势,训练者两脚左右开立,屈膝双手正握杠准备(杠铃不能离地)。

(2) 向上运动阶段,训练者双手迅速将杠铃提拉至颈前翻举,双脚前后开合,配合两臂向前上方快速挺举,上举时,双臂完全伸直且高于肩。

(3) 向下运动阶段,收回时,双臂完全折叠,杠杆处于锁骨附近,上下肢动作协调,收放动作要连贯,如图 3-114～图 3-117 所示。

图 3-114　杠铃快挺开始姿势

图 3-115　杠铃快挺第二阶段

图 3-116　杠铃快挺第三阶段

图 3-117　杠铃快挺结束姿势

2. 高翻(高抓)

训练目的:这个练习是通过快速有力地将杠铃由地面快速移动到肩前,这个动作尽管包括4个时相,但却是一个一次完成的、连贯的、不间断的整体动作。改良式高翻与高翻相似,仅仅在开始时将杠铃放置在膝关节上方,而不是在地面,在动作间隙也不将杠铃放回地面。

训练方法如下。

(1) 起始姿势,两脚开立,站距介于肩宽和髋宽之间,脚微外八字,下蹲时髋低于肩,两手闭锁式正握杠铃,握距略宽于肩,置于两膝外侧,肘关节伸直,脚要平稳站立,杠铃在脚上方,距胫骨约3厘米,背部平直或微微反弓,斜方肌放松,有轻微拉伸感,挺胸,头与躯干成一直线,或略后仰,肩在杠铃上方或略前一点,两眼直视前方,或微向上看,每一次重复都由此位置开始。

(2) 向上运动阶段(第一次提拉),用力伸髋、膝,将杠铃提离地面,保持躯干与地面角度不变,不要在抬肩之前抬臂,保持背部平直,保持肘关节伸直,头位居中,肩在杠铃上方或略前,杠铃提起后尽量贴近胫骨。

(3) 向上运动阶段(过渡),当杠铃过膝关节后,向前挺髋,微微屈膝,膝向前顶,置于杠铃杆上方,保持背部平直或微微反弓,肘关节伸直指向外侧,头与躯干成一直线。

(4) 向上运动阶段(第二次提拉),快速有力地伸髋、伸膝,踝关节屈曲,保持杠铃尽量靠近身体,背部平直,肘关节指向外侧,头与躯干成一直线,保持肩关节在杠铃上方,肘关节伸直的时间越长越好,当下肢关节充分伸展时,快速向上耸肩,仍保持肘关节伸直,当肩向上耸到最高点后,屈肘,开始将身体移向杠铃杆下方,举杠越高、时间越长越好,由于这个阶段的爆发性质,躯干直立,或微微后仰,头微微向后倾,脚可能短暂离开地面。

(5) 向上运动阶段(抓杠),当下肢关节完全伸展,杠铃达到最高点时,身体移入杠铃下方,胳膊移至杠铃杆下面,同时屈膝、屈髋,达到下蹲1/4的位置。一旦胳膊转至杠铃下面,抬肘,使上臂与地面平行。将杠铃横向在锁骨和三角肌前部之上,抓杠要做到躯干直立紧张,肩在杠铃上方或略前一点,头的位置正中,脚平稳,一旦身体平衡,则伸髋、伸膝,充分站直。

(6) 向下运动阶段,逐步减少胳膊肌肉张力,有效控制地将杠铃下降到大腿处,同时屈髋、屈膝,缓冲杠铃对大腿的冲力。肘关节伸直,下蹲至杠铃触地,如图3-118～图3-122所示。

图3-118　高翻开始姿势

图3-119　高翻第二阶段

图 3-120　高翻第三阶段

图 3-121　高翻第四阶段

图 3-122　高翻结束姿势

六、航空安全员力量类考核科目

(一) 上肢力量

1. 单杠引体向上

单杠引体
向上.mp4

单杠引体向上主要反映人体上肢和肩背部肌肉力量及其持续工作的能力，是不同年龄段航空安全员男子体能考核的选测项目，也是以考核航空安全员力量、耐力为目的的重点科目。

测试方法：受试者面向单杠自然站立准备，听到开始信号后，跳起(可申请辅助上杠)双手正握杠，握距略比肩宽(约为肩宽 1.25 倍)，直臂悬垂；静止后，双臂同时用力向上引体(身体不能有附加动作)，上拉到下颌超过杠面上缘，为完成 1 个动作。重复动作，记录受试者完成的个数。

注意事项：①测试过程中，受试者双手必 ZX 须正握杠，脚不能触及地面；②上拉时，下颌要超过杠面上缘，下放时，双臂要完全伸直。

2. 双杠臂屈伸

双杠臂屈伸主要反映人体上肢、胸部和肩部肌肉力量及其持续工作的能力，是航空安全员男子初任训练及复训35岁以下体能考核的选测项目，也是以考核航空安全员力量、耐力为目的的重点科目。

双杠臂屈伸.mp4

测试方法：受试者双手分别握杠，双臂伸直撑于杠上准备；听到开始信号后，屈肘下放身体至肩低于肘，再双臂用力将身体撑起还原，为完成1个动作。重复动作，记录受试者完成的个数。

注意事项：①不得借助外力完成动作；②不允许借助身体摆动完成动作；③下放时，肩关节应低于肘关节，肘关节不要外翻；④撑起时，双臂要完全伸直。

3. 杠铃卧推

杠铃卧推.mp4

杠铃卧推主要反映人体上肢和胸部肌肉力量及其持续工作的能力，是不同年龄段航空安全员体能考核的选测项目，也是以考核航空安全员力量、耐力为目的的重点科目。

考核重量：男子50千克，女子25千克。

测试方法：受试者仰卧于卧推凳上，两脚着地，双手正握杠，握距略比肩宽（约为肩宽1.25倍），取杠将杠铃举起，双臂完全伸直，置于胸部上方准备；听到开始信号后，下放杠铃至杠杆触胸，然后上举杠铃至双臂完全伸直，为完成1个动作。重复动作，记录受试者完成的个数。

注意事项：①上举时，双臂应完全伸直；②下放时，大臂与地面平行，杠杆触及胸部；③测试时应有相应的保护措施，防止伤害事故的发生。

4. 跪姿俯卧撑

跪姿俯卧撑主要反映人体上肢、胸部和肩部肌肉力量及其持续工作的能力，是不同年龄段航空安全员女子体能考核的选测项目，也是以考核航空安全员力量、耐力为目的的重点科目。

测试方法：受试者双膝跪地、小腿交叉，腰背平直，肩、腰、大腿在同一直线上，双臂自然伸直，垂直撑于地面准备；听到开始信号后，向下屈肘至大臂与地面平行，双臂向上撑起，将身体撑回起始位置，为完成1个动作。重复动作，记录受试者60秒完成的个数。

注意事项：①下放时，大臂与地面平行；②撑起时，双臂伸直；③动作完成过程中，受试者有除支撑点外的身体其他部位接触到地面不予计数。

（二）下肢力量

1. 六角杠铃硬拉

六角杠铃硬拉.mp4

六角杠铃硬拉主要反映人体最大力量及下肢肌肉持续工作的能力，是航空安全员初任训练及复训35岁以下体能考核的选测项目，也是以考核航空安全员力量、耐力为目的的重点科目。

考核重量：男子90千克，女子40千克。

测试方法：受测者双脚左右开立，站在六角杠铃中央，挺胸抬头直背，屈膝双手握杠准备；听到开始信号后，抬头挺胸，将杠铃垂直拉起至身体直立位；下放时，杠铃片需触碰地面，为完成1个。重复动作，记录受试者30秒完成的个数。

注意事项：①始终保持背部挺直，腹部收紧；②拉起时，手臂伸直、身体站直；③下放时，将杠铃轻放于地面，不得借助地面反弹力完成提拉。

2. 立定三级蛙跳

立定三级蛙跳.mp4

立定三级蛙跳主要反映人体下肢肌肉爆发力和连续跳跃的能力，是航空安全员男子初任训练及复训 35 岁以下体能考核的选测项目，是以考核航空安全员下肢爆发力和协调性为目的的重点科目。

测试方法：受试者双脚左右开立，站于起跳线后准备；双脚用力蹬地向前上方腾空跳起，充分展体，双脚同时落地，连续蛙跳 3 次，动作连贯、身体稳定。丈量起跳线后沿至身体任何着地最近点后沿的垂直距离；每人试跳两次，记录最远一次的成绩；登记成绩时以米为单位，保留至小数点后两位。

注意事项：①尽量选平坦有弹性的地面进行测试，如塑胶跑道、沙坑等，过滑的地面不宜进行考核；②不得穿钉鞋、皮鞋、凉鞋参与测试；③三跳需连贯，中间不得停顿，不得变相为 3 次立定跳远；④起跳时，双脚原地同时用力，不得踩线、助跑、垫步或有连跳动作。

3. 立定跳远

立定跳远主要反映人体下肢肌肉爆发力和跳跃能力，是航空安全员女子初任训练及复训 35 岁以下体能考核的选测项目，是以考核航空安全员下肢爆发力为目的的重点科目。

测试方法：受试者双脚左右开立，站于起跳线后准备；双脚蹬地用力向前上方腾空跳起，充分展体，双脚同时落地；丈量起跳线后沿至身体任何着地最近点后沿的垂直距离。每人试跳两次，记录最远一次的成绩；登记成绩时以米为单位，保留至小数点后两位。

注意事项：①尽量选平坦又不过于坚硬的地面进行测试，如塑胶跑道、沙坑等，过滑的地面不宜进行考试；②不得穿钉鞋、皮鞋、凉鞋参与测试；③起跳时，双脚原地同时用力，不得踩线、助跑、垫步或有连跳动作。

（三）核心力量

仰卧收腹举腿.mp4

仰卧收腹举腿主要反映人体腰腹部肌肉的持续工作能力，是不同年龄段航空安全员体能考核的必测项目，也是以考核航空安全员力量、耐力为目的的重点科目。

测试方法：受试者仰卧垫上，听到预备口令后，双手抓握配手脚踝，双腿并拢伸直绷脚尖准备；听到开始信号后，收腹上举双腿与地面成垂直位，脚背触及配手掌心（位于肚脐正上方）；还原下放双腿，脚部悬空不触及地面，计为 1 个。重复动作，记录受试者 60 秒完成的个数。

注意事项：①收腹举腿时，双腿始终并拢伸直；②上举时，双腿脚背触及配手的掌心，躯干不得离开地面；③下放双腿时，脚部不得着地，悬空离地 10 厘米左右；④配手掌心向上，手臂向正前方自然前伸，不得主动接触受试者脚部；⑤动作实施过程中要求动作连贯，如出现动作屈膝，脚部悬空过高或举腿时未触及配手手掌均不予计数。

（四）全身力量

1. 杠铃快挺

杠铃快挺.mp4

杠铃快挺主要反映人体快速爆发和全身协调运动的能力，是不同年龄段航空安全员体能考核的选测项目，也是以考核航空安全员力量、协调性为目的的重点科目。

考核重量：男子 25 千克，女子 15 千克。

测试方法:受试者两脚左右开立,屈膝双手正握杠准备(杠铃不能离地);听到开始信号后,受试者双手迅速将杠铃提拉至颈前翻举,双脚前后开合,配合两臂向前上方快速挺举;收回时,双臂完全折叠,杠杆处于锁骨附近,为完成 1 个。记录受试者 30 秒完成的个数。

注意事项:①上举时,双臂完全伸直且高于肩;②收回时,双臂完全折叠,杠杆应处于锁骨附近;③上下肢动作协调,收放动作要连贯,双脚没有前后开合配合上举,不予计数。

2. 20 米负重折返跑(60 千克假人)

负重折返跑.mp4

20 米负重折返跑主要反映人体全身力量和负重快速移动的能力,是航空安全员初任训练及复训 35 岁以下体能考核的选测项目,也是以考核航空安全员全身力量、耐力为目的的重点科目。

测试方法:假人水平放置于起跑线后(头部朝前),受试者身体任何部位不能接触假人,以站立式起跑姿势准备;听到起跑信号后,受试者将假人搬离地面,搬运至 20 米标志杆处绕杆折返,受试者及假人完全通过终点线后停表。记录受试者完成负重折返的时间。

注意事项:①搬运途中,假人掉地,不停止计时,允许重新抱起继续完成测试;②不得拖行或者翻滚假人;③计时,最终成绩保留到十分位。

3. 双手前抛实心球

双手前抛实心球主要反映人体全身力量和协调运动的能力,是航空安全员复训 36 岁以上体能考核的选测项目,也是以考核航空安全员全身力量、协调性为目的的重点科目。

测试方法:在平坦的地面进行,投掷区宽 4 米,长不少于 20 米,有明显的区域标志线。受试者双脚前后或平行站立于起掷线后,双手持球于头上,原地双手同时用力将球经头上方向落地区方向掷出;测量落点后沿与投掷线的垂直距离。每人可掷两次,记录最远一次的成绩;登记成绩时以米为单位,保留至小数点后 1 位。

注意事项:①双脚必须静止站立后方可掷球,不可在走动或跑动中掷球,球出手前双脚不能移动,球出手后,双脚可离地交换;②掷球过程中,身体任何部位不可触及投掷线或投掷线前方地面;③必须双手持球,且不得戴手套等可能获益的装备,出现单手掷球或球落点未在投掷区,判为犯规,成绩无效;④掷球后,向后离开投掷区,身体任何部位触及起掷线或从起掷线前方地面离开,均被判为犯规,成绩无效。

七、力量素质训练的基本要求

(一)要掌握正确的呼吸方法

由于憋气有利于固定胸廓,提高腰背肌紧张程度,因而可以提高练习时的力量,所以极限用力往往要在憋气的情况下才能进行。背力测定研究发现,憋气时的背力最大,为 133 千克;在呼气时为 129 千克;而在吸气时力量最小,为 127 千克。虽然憋气可提高练习时的力量,但用力憋气会引起胸廓内压力提高,使动脉的血液循环受阻而导致脑贫血,甚至发生休克。为避免产生不良后果,力量练习时必须注意以下几点:第一,当最大用力的时间很短,但有条件不憋气时就不要憋气。尤其在重复做不是用力很大的练习时,应尽量不憋气。第二,为避免用憋气来完成练习,对刚开始训练的人,所给予的极限和次极限用力的练习量不要太多,并让其学会在练习过程中完成呼吸。第三,在完成力量练习前不应做最深的吸气,因为力量练习

的时间短暂，吸的气并不会立即在练习中产生作用。相反，深度吸气增加了胸廓内的压力，此时如再憋气，就可能产生不良变化。第四，由于用狭窄的声门进行呼气几乎可达到与憋气类似的同样大的力量指标，因此做最大用力时，可采用慢呼气来协助最大用力练习的完成。

（二）要系统安排力量训练

根据用尽废退原理，力量训练应全年系统安排。研究表明，力量增长得快，停止训练后消退得也快；如果停止力量训练，已获得的力量将会按增长速度的1/3消退（海丁格尔，1961）。训练获得的力量，停止后虽然会逐渐消退，但一部分力量会保持很久，甚至会永远保持下来。根据优秀运动员的训练经验，每周进行一两次力量训练，可保持已获得的力量。每周进行三四次力量训练，力量可望获得增长；每周进行4～6次力量训练，力量可获得显著增长（万德光，1988）。力量训练不宜在疲劳状态下进行，否则就不是发展力量，而是发展耐力了。

（三）运用超负荷训练以获得超量恢复

优秀运动员的力量训练是建立在超负荷训练的基础之上。所谓超负荷训练，是指要求肌肉完成超出平时的负荷。超负荷训练通常会引起肌肉成分特别是肌蛋白的分解。超负荷训练会导致超量恢复的产生。在超量恢复的整个过程中，肌肉的成分会重新组合，肌蛋白含量得到提高，从而使肌肉更加粗壮有力。因此，要经常不断地安排“超负荷”训练，以引起超量恢复，达到迅速发展力量素质的目的。

（四）力量训练手段和专项动作应力求一致

大多数运动项目的动作结构、用力方向、参与肌肉的用力形式及其工作方式、关节角度等均不相同，各有其自身的特点。因此，发展力量时要努力做到一般力量训练和专项力量训练相结合。在安排力量练习时，必须对所从事的专项进行全面深入的分析研究。例如，通过对专项技术分析，了解专项动作结构、关节角度、环节运动的幅度；通过肌电研究了解主要肌群的用力特点、工作方式；通过计算了解采用什么负荷最有利于发展专项力量和一般力量。

（五）要针对训练者个人特点进行训练

由于训练者的年龄、训练程度、健康状况、技战术风格、训练水平、身体素质等均存在鲜明的个体差异性，因此力量训练的安排必须根据训练者的个人特点因人而异，区别对待。另外，青少年时期脊柱正处于生长发育阶段，因此力量训练必须根据渐进性和适应性原则进行科学合理的安排，以促进力量水平的迅速提高。

（六）要针对女子生理特点进行训练

女子肌纤维比男子纤细，肌肉重量约占体重的35%，而男子大约为43.5%；女子单位面积肌肉为男子的96%，但肌肉绝对力量仅为男子的60%～80%，爆发率约为男子的42%～54%。此外，女子的骨骼也比男子纤细，骨重量为男性的60%左右，骨骼的抗断、抗压、抗弯能力均比男子差。这些特征决定了在力量项目上女运动员难与男运动员相比，因此在力量训练时应当考虑女子的生理特点，制订切实可行的训练计划，特别注重肩带、上肢、腹部和骨盆等薄弱环节的肌肉力量训练。

八、力量素质训练时的注意事项

(1) 合理安排负荷强度是力量训练的关键，应根据力量训练的不同需要，合理地安排练习负荷与重复次数的搭配方式。

(2) 应根据不同运动项目的负荷特征,使不同肌群的力量得到协调的发展。

(3) 应使在一般性力量训练中得到发展的力量素质及时转换到专项的技术中来,紧密结合专项技术动作来发展所需要的力量素质。

(4) 力量训练应遵循循序渐进的原则,初级训练者可采用较小负荷的力量练习,适应后逐渐增加负荷。

(5) 通过训练,力量素质增长较快,但停止训练后消退也较快。因此,力量训练应保持长期性、系统性。

(6) 力量训练后应特别注重肌肉的放松,力量训练应与放松训练、柔韧训练等其他练习交替进行,以提高肌肉的弹性,防止肌肉僵化。

第三节 速度素质训练

一、速度素质的概念

速度素质是指人体快速运动的能力,包括人体快速完成动作的能力和对外界信号刺激快速反应的能力,以及快速位移的能力。

二、速度素质的分类

速度素质包括反应速度、动作速度和移动速度。

反应速度是指人体对各种信号刺激(声、光、触等)快速应答的能力。动作速度是指人体或人体某一部分快速完成某一个动作的能力。移动速度是指人体在特定方向上位移的速度,以单位时间内机体移动的距离为评定指标。

三、影响速度素质提高的因素

(一) 反应时

反应时也叫反应潜伏期,是指训练者接受刺激与做出第一个肌肉动作之间的反应时间,它具有遗传性质。反应潜伏期的存在涉及以下几个因素:第一,某些感觉器官要被刺激而唤起兴奋;第二,兴奋必须沿传入神经传到中枢;第三,一旦兴奋冲动传到大脑,就要根据过去的经验进行分析,刺激物越复杂,在中枢分析的时间就越长;第四,沿着传出神经,把中枢发出的冲动传到相应的肌群;第五,肌肉根据自己的特点产生相应的应答。此全过程都要有时间耽搁,因而有反应潜伏期。其中,以在大脑皮层内所产生的延搁时间最长。

反应时又包括对简单情况的反应时和对复杂情况的反应时两种。简单反应是一种对事先已知的但又突然出现的信号(如短跑起跑时的发令)做出自觉反应。复杂反应则是指训练者面临各种刺激而必须对其中一种刺激做出选择的反应。显然,后一种反应更慢些,而且供选择的刺激数量越多,反应的速度越慢。反应时与生理上的反射有所区别,反射是一种对刺激的非自觉性反应(如外部敲击引起的腱反射)。在大多数运动项目中(特别是对抗性项目),反应时都起着重要作用,并可以通过合理的训练把受遗传因素影响所决定的最高反应

速度表现出来，并稳定下来。扎图奥斯基(1980)指出，经过训练的运动员对视觉刺激的反应时(0.115～0.20 秒)，要比未经过训练的运动员短(0.25～0.35 秒)。同样，前者对于听觉刺激的反应时(0.05～0.07 秒)也比后者短(0.17～0.27 秒)。

(二) 神经过程的灵活性

神经过程的灵活性主要指运动神经中枢兴奋与抑制间的快速转换程度(莱曼，1955)，以及神经肌肉间的协调和调整能力(德弗里斯，1980)，它在一定程度上与遗传因素有关。速度素质，特别是当表现出最高频率的速度时，取决于神经系统的灵活性。在快速和高频率完成的动作中，中枢神经系统的效应冲动通过运动神经元以集中的“排炮”的形式发放出来。要达到这一点，神经过程的灵活性起着决定性作用。

(三) 肌纤维类型及肌肉用力的协调性

肌纤维分为红肌纤维、白肌纤维和中间型肌纤维。从肌纤维成分看，白肌纤维比红肌纤维直径大，主要靠糖酵解功能，有较高的脂肪、ATP、CP 含量，容易疲劳，但适合于快速收缩。又由于神经冲动传导速度，白肌纤维比红肌纤维和中间型肌纤维快，其无氧代谢能力强，因此，白肌纤维成分比例较多者速度能力强。

良好的肌肉弹性及主动肌与对抗肌的合理交替能力，也是实现快速运动、准确完成技术动作的重要性保证。此外，关节的灵活性(注：关节灵活性在一定程度上受柔韧性影响)，也影响着大幅度完成动作的效果(如步幅)，这对于要求快速奔跑的项目尤为重要。因此，在发展速度能力(特别是移动速度能力)的过程中，安排一定的柔韧训练，特别是踝关节和髋关节的灵活性训练对速度素质提高有积极意义。

(四) 注意力的集中程度以及个性心理特征和技术

运动速度不仅受神经系统活动过程是否活跃、协调等因素影响，同时也受神经冲动频率、冲动方式以及注意力集中程度等因素影响。坚强的意志力与注意力的高度集中是获得高速度的重要保证(哈勒，1971)。训练者的个性心理特征与情绪、时间知觉、心理定向能力有关，并且影响速度水平。因此，在速度训练中，采用专门的手段与方法来提高训练者的意志品质和心理定向能力是十分必要的。

速度、运动频率以及反应时往往都要受技术影响。合理、有效的技术可以通过缩短运动杠杆，正确摆放重心、有效的使用能量等而快速完成动作。此外，良好的技术还可以使对抗肌之间更为协调和放松，从而保证完成动作，使其更省力、更协调。

(五) 力量(特别是爆发力)发展水平

在大多数运动项目中，力量特别是爆发力的发展水平是制约和决定动作速度和移动速度的重要因素之一。在训练和比赛过程中，运动员快速运动的阻力来自于重力、器械阻力、环境阻力(风、水、雪等)以及对手等。为了克服这些阻力就必须提高运动员的力量水平，即通过提高肌肉收缩的力量来增加完成技能的速度和力量。在大多数运动项目的训练和竞赛中，不仅要求运动员必须具备快速完成动作的技能，而且要求以同样的形式长时间多次重复动作的技能。因此，在速度训练中提高爆发力必须与提高肌肉耐力同时进行。只有这样才能有助于提高长时间快速工作的能力。

(六) ATP-CP 储备及在神经冲动作用下的分解和再合成速度

速度素质的训练一般都是在较短的时间内(短于 30 秒)进行的。从能量传应过程看，速度练习强度大、时间短。100米赛跑要消耗146.3千焦能量,每升氧气可提供20.9千焦能量,100米大约需7升氧气。运动员在跑百米时,所用时间仅有十余秒,吸入氧气很少,基本上是无氧,工作氧负债,氧债为95%～100%,所以速度练习一般是无氧代谢过程。在无氧条件下,主要靠ATP(三磷酸腺苷,为非乳酸能量)、CP(磷酸肌酸,也是非乳酸能量)系统供能。因此,从供能特点来看,速度能力主要取决于肌肉中ATP-CP的储存以及在神经冲动作用下的分解和再合成速度。ATP在每千克肌肉中有6毫克左右,在进行速度练习时可供能5.02千焦,维持1～2秒工作;CP在每千克肌肉中有17～20毫克,供能25.08～33.44千焦,能维持5～7秒工作。肌糖原(为乳酸能量),每百克肌肉中有1.5克左右,短时间速度练习一般不动用肌糖原,但在连续的爆发性速度练习或耐力性速度练习时,就要动用肌糖原供能,一般在无氧条件下从10秒以后供能长达45秒左右。短时间极限强度肌肉收缩的直接能源物质是ATP和CP。这两种物质在肌肉中储备越多,速度训练的效果越好,随着练习时间延长,ATP消耗尽后再动用CP,CP消耗尽后肌糖原才能参加代谢并产生乳酸。由于身体内酸性物质增加很快,导致疲劳和工作能力下降(还有别的原因)。所以速度练习的时间虽短,但对能量、物质的供应要求高。

四、速度素质训练的基本方法

(一)反应速度常用的训练方法

反应速度受遗传因素影响很大,遗传率高达75%以上,是一个后天训练改变不大的指标。反应速度实际上是有机体神经系统反射道路的传导时间。这种反射道路的传导是人体的纯生理过程,是某一个体神经系统受遗传特征决定所固有的时间过程。生理学的研究成果证明,纯生理过程在后天是不能改变的或只能产生极微小的改变,因此反应速度的提高是很难的。运动训练并不能改变人的反应速度,训练的作用只是把受遗传因素影响所决定的最高反应速度表现出来,并稳定下来。例如,人体本能的反应速度是0.05～0.09秒,世界上优秀短跑运动员的最快反应速度为0.05～0.07秒。对于一般人,如果遗传决定的反应速度是0.09秒,那么通过训练可以将它表现出来,并使之具有较高的表现频率。最高反应速度的次数出现得多,则反应速度的稳定性好(过嘉兴等,1986)。

由于反应速度必须通过某一部分肌肉工作的形式表现出来,因此为了能够表现出最高反应速度,加强这种反应速度和肌肉工作形式的训练也就有了非常重要的意义。以下是提高反应速度常用的训练方法。

(1) 信号刺激法:利用突然发出的信号,提高训练者对简单信号的反应能力。

(2) 运动感觉法:运用运动感觉法一般要经历3个阶段:第一阶段,让训练者以最快的速度对某一信号做出应答反应,然后教练员把所花费的时间告诉训练者;第二阶段,先让训练者自己估计做出应答反应花费的时间,然后教练员再将其与实际所用的时间进行比较,目的在于提高训练者对时间感觉的准确性;第三阶段,教练员要求训练者按事先规定的时间去完成某一反应的练习。这种练习可以提高训练者对时间判断的能力,促进反应速度的提高。

(3) 移动目标的练习:训练者对移动目标能迅速做出应答,一般要经过看(或听)到目标移动所发出的信号、判断目标移动的方位及速度、训练者选择自己的行动方案和实现行动方案4个步骤。其中判断目标的移动方位及速度准确性与否,会导致所选择行动方案的正误,

因此，这是训练的重点。

（4）选择性练习：具体的做法是，随着各信号复杂程度的变化，让训练者做出相应的应答动作。如教练员喊蹲下时做下蹲动作，训练者则站立不动；教练员喊向左转，训练者则向右转；或教练喊一、二、三、四中某一个数字时，训练者应及时做出相应（事先规定）的动作等。

（二）动作速度常用的训练方法

动作速度寓于具体的动作之中，如抓举动作的速度、掷铅球动作速度、游泳转身动作的速度等。动作速度不仅与动作技术紧密地联系在一起，而且与力量、耐力、协调性等其他运动素质水平有关。所以动作速度的发展与其他运动素质的训练和技术训练有密切联系。动作速度的培养必须通过技术水平的巩固与提高以及其他生物能力（即运动素质）的发展才能实现，这是动作速度训练的特殊之处。以下是提高动作速度常用的训练方法。

（1）加速动作法：大多数速度练习都包含有从静止到最大速度的加速阶段，促使动作不断加速，并把加速阶段引入主要练习，是提高动作速度的重要途径。根据牛顿第二定律，力（F）等于质量（m）乘以加速度（a），即 $F=ma$。因此，力量的增加可通过改变质量或加速度两个因素中的任何一个而获得。在质量一定时，提高动作速度能够有效增加力量，并进而促进动作速度的提高。举重运动的实践与理论研究证明，近40年来举重世界纪录提高了近30%，这除了与力量训练方法不断创新有关外，另一个不可忽视的因素就是动作速度的不断提高。因此，训练中应努力提高动作速度，同时在一定情况下采用合理的辅助加速动作，并把它引入练习的最后阶段。

（2）减少阻力法：即减少外界自然条件阻力和人体本身体重阻力的练习。如在自行车、跑步等项目的训练中，可由摩托车带着挡板领骑；或利用风力进行顺风骑、顺风跑等。还可以利用把训练者自身的动作惯性转移到速度上去的外部条件（如下坡跑、下坡骑自行车等）来提高训练者高速运动的感觉能力，也可在训练中引入可控制速度大小的外部力量（如牵引跑和高架牵引机等）。在克服自身体重的练习中，还可采用助力来减轻训练者体重，以帮助训练者提高完成某一技术环节的动作速度。另外，在负重练习中减少重量，能在普通的条件下促使动作速度不断提高。因为在同一练习中，如果动作结构相同，则能使力量和速度之间产生良好的转移。

（3）利用后效作用法：即利用动作加速及器械重量变化而获得的后效作用提高动作速度。如利用下坡跑可获得加速的后效作用，这是由于在第一次动作完成后，留下的“惯性”作用，可以提高下一个动作的速度。此外，由于第一次动作完成后，神经中枢的剩余兴奋在一定时间内还保持着运动指令，从而可以大大缩短动作时间，提高动作速度。这种后效作用的产生和练习效果，取决于负重的大小和随后减轻的情况，以及练习重量的重复次数和采用标准的、加重的、减轻的重量的练习交换的次序和比例。在训练中把加重、标准、减轻重量的动作速度练习组合在一起时，正确的安排顺序为加重—标准—减轻。在短跑训练中，应该是先上坡跑，然后是水平跑道跑，最后是下坡跑（延峰，1986）。

（4）负重练习法：绝大多数运动项目所需的动作速度都与力量水平有着极为重要的关系。因此，发展动作速度必须与发展力量结合起来。在运用举重物做专门性动作速度练习时，采用的重量应比培养单纯力量和速度力量时的重量轻一些。为了对速度和力量能同时产生影响，也可以把各种负重和不负重的专门练习结合在一起进行练习。

(5) 完善技术法:动作速度的提高在很大程度上取决于完善的运动技术。这是因为动作幅度、工作距离、工作时间、动作的方向、角度及用力部位等都与动作速度有着极为密切的关系。因此,只有熟练地掌握正确合理的技术,善于轻松协调完成动作,没有多余的肌紧张,才能充分发挥已有的动作速度水平。

(6) 加大练习难度法:加大练习难度,可以通过缩小练习完成的空间、时间界限、限制场地活动条件等方式进行。因为运动活动中动作速度表现的平均水平和快速动作的完成,主要受专项活动持续时间和场地活动条件等影响。因此,在培养动作速度的过程中,可以限制练习的时间、练习完成的空间条件,使训练者以最大的速度完成动作,从而提高训练效果。

(三) 移动速度常用的训练方法

移动速度即运动速度,在某种意义上也是一种综合运动能力的表现,与训练者的力量、柔韧、速度、耐力和协调性有着极为密切的关系。发展移动速度可采用以下方法。

1. 发展力量法

发展力量是提高移动速度的途径之一。短跑运动员经常进行力量训练,但是这种力量训练的目的是提高运动员的速度素质,力量训练只是手段而已,最终目的是把训练者所获得的力量用于提高移动速度。在具体训练过程中应注意以下几点:一是通过力量训练使训练者的力量素质得到较为均衡的、全面的发展。二是力量训练时应要求训练者以较快或很快的速度重复某一负重的力量练习,使其获得较好的速度力量,以促进移动速度提高。三是通过力量训练提高防止外伤的保护能力,尤其是对训练者膝踝关节的力量训练是非常重要的。四是进行基本力量训练时,主要采用40%～60%的强度多次快速重复负重练习,使肌肉力量和肌肉横断面增大。另外,有时适当采用极限或次极限负荷,对发展移动速度也是必要的。五是在发展基本力量的同时,应着重发展速度力量,可采用超等长的力量训练,如立定跳远、三级跳远、跳箱练习、单足跳30～50米等,如表3-1所示。

表3-1 短跑运动员基本力量训练

动作名称	重复次数	组数	影响身体部位
负重屈伸	8～12	2	下背、大腿后肌群
直腿抓举	6～8	3	臀、肩、上背、腿
卧推	6～10	3	胸、上臂
站直举哑铃	8～12	2	肩、上臂
下蹲	8～12	3	大腿、下背
肩负杠铃	8～12	2	下背、大腿后肌群
俯卧挺身	8～12	2	下背、大腿后肌群
提踵	8～12	2	小腿后肌群、跟腱

在训练实践中,运动中力量的提高要转换到移动速度上,往往是在力量训练负荷减少以后出现的(即"延缓转化"现象)。力量向移动速度转换一般要经过2～6周的时间,并在以下几种情况出现后才能实现。第一,在跑的时候感到有一种"力"贯穿于全身;第二,跑起来富有弹性感;第三,产生一种有力的跨度感;第四,跑完后或在跑的后程,肌肉酸痛感大大减轻。

2. 重复法

重复法是指以一定的速度，多次重复一定距离的练习，是移动速度训练的最基本方法。采用重复法练习时应注意以下问题。

一是练习强度，它是训练负荷的主导因素，也是提高训练者快速移动能力的主要刺激因素。当采用90%～100%的强度进行速度练习时，训练者要高度集中注意力，最大限度地动员肌肉力量，使动作频率快、幅度大，达到最高速度水平。移动速度训练也不能只局限于最大强度和接近最大强度的练习，在很多情况下，往往要采用85%～95%的强度，这样可保持ATP功能，延长训练时间，防止训练者过早出现疲劳或产生损伤，还便于改进和巩固动作技术，防止过早出现"速度"障碍。训练强度应该是变换的，有节奏地变换训练强度不仅可以提高速度，而且有助于轻松省力地完成动作，避免动作速度稳定在同一水平。

二是练习持续时间，每次练习的持续时间不能太长，应保持在30秒以内。帕博认为，与其他训练要素一样，训练的刺激持续时间也应达到最佳化。最低持续时间应为从起动到加快至最高速度所需要的时间，如果持续时间短，未能达到最大速度，那么训练的后果只能是改善了加速度阶段，而未能获得最佳速度。

三是练习重复次数与组数，与耐力训练相比，移动速度训练消耗的总能量较低，但单位时间内消耗能量却比其他形式的训练高得多。这也是移动速度训练时，训练者很快出现疲劳的原因。因此，练习的重复次数不应过多，练习的重复次数过多，间歇时间有限，就会使训练强度下降。为保证训练时间，可适当增加练习组数。即通过较多的练习组数，保证训练的总时间。

四是间歇时间，应以训练者机体相对得到完全恢复为原则。使训练者在下一次练习开始时，中枢神经系统再度兴奋，机体内物理化学的变化在很大程度上已经得到中和，可以保证下次练习的高能物质供能。如间歇时间过短，机体的疲劳还没有消除，高能物质没有恢复，就会使训练效应发生变化，导致下次练习的强度下降，移动速度水平提高受到影响。间歇时间的长短与训练水平、练习强度和训练持续时间有关。练习的持续时间若短，则休息时间就应该相对短一些。练习的持续时间若长，则休息时间也相应长一些。从训练实践看，练习持续时间为5～10秒，各次练习间休息1～2分钟，组间休息2～5分钟；若练习持续时间为10～15秒，各次练习间休息3～5分钟，组间休息10～20分钟。休息时可采用放松慢跑、各种伸展练习、按摩等恢复手段，为完成后续练习创造适宜的条件，如表3-2所示。

表3-2　速度练习的持续时间、强度、间歇

练习目的	练习持续时间/秒	强度/% （完成某段距离的速度）	间歇时间/秒
提高绝对速度	5～10 15～20 30～40	95～100 95～100 90～65	40～90 40～60 30～45
提高出发效果	>5	95～100	90～120
提高转身效果 （游泳）	<6	95～100 95～100	40～120 30～90

3. 综合性练习法

综合性练习法即把发展运动素质和改进技术结合起来的训练方法。黄向东(1988)指出,通过发展运动素质和改进技术培养速度能力主要可采用以下程序。

一是肌肉建设性训练。主要采用40%～60%强度多次重复负重练习,使肌肉力量和肌肉横截面持续增大。

二是肌肉内协调性训练,使肌肉用力时能够最大限度地动员更多的肌纤维同时强力收缩。主要采用75%～100%的大强度训练法以及跳深、负杠零蹲跳等练习。

三是"金字塔式"训练,即肌肉建设性和肌肉内协调性两者兼顾的训练(高大安,1985)。

四是柔韧素质训练。美国生理学博士布莱恩·托马斯(1984)的研究证明,柔韧性提高后,可以增加力的作用范围与时间,导致运动速度增加,同时能使肌肉协调性得到改善,从而减少肌肉阻力、增大肌肉合力。因此,经常采用发展髋关节柔韧性的躯体手触地、弓步肩后仰、转髋走、胶皮带抬腿送髋等练习,对移动速度的提高具有积极作用。

五是通过改进技术发展移动速度。移动速度的提高在很大程度上取决于完善的技术。技术动作的幅度与半径大小、工作距离长短、工作时间多少等均与移动速度大小有关。只有掌握正确合理的技术,善于轻松协调地完成动作,没有多余的肌肉紧张,才能充分发挥已有的速度水平。

4. 发展步频步幅的领先装置法

步频和步幅是影响移动速度的两个主要因素,只有高步频和大步幅相结合才能表现出高水平的移动速度。影响步频和步幅的共同因素是力量和协调性。除此之外,影响步幅的因素有腿长、柔韧性、后蹬技术;影响步频的因素有肌纤维类型和神经系统的灵活性。在5个因素中,只有柔韧性和后蹬技术通过训练较容易得到改善,而其他3个因素则主要取决于遗传。遗传因素通过后天训练是很难改变的或者只能产生极微小的变化。因此,对于有一定训练水平的训练者,如果步频尚未达到理想的程度,那么,提高步幅是提高移动速度的有效途径。

目前,短跑训练中通过创造人为条件发展步频、步幅的手段很多,如牵引机、加吊架的领先装置、转动跑道、惯性跑道等。苏联体育科研所生物力学实验室对使用领先装置的效果进行了实验研究,证明采用领先装置训练能保证短跑技术的改进,可使跑速提高10%～15%,在使用领先装置练习后的某一期限内,步频保持不变,步幅有所增加,从2.12米提高到2.16米;反复使用领先装置的长期效果是将步幅从2.17米缩短到2.09米的情况下,使步频从4.2米/秒提高到4.4米/秒(苏联《体育理论与实践》1983年第7期,《短跑中使用领先装置的效果》)。此外,其他许多发展步频或步幅的专门练习,对提高移动速度均具有促进作用。

5. 比赛法

比赛法是速度训练中经常采用的方法,由于移动速度训练时间短,经常采用比赛法是可行的。此外,由于在平常训练的条件下,训练者动员有机体表现出最大程度的移动速度水平并不容易,而采用比赛法能促使训练者情绪高涨,表现出最大速度的可能性就会增加。通过比速度、比技术、比成绩等,可以起到激励斗志、鼓舞情绪的作用。在比赛的条件下,往往能

比平时更快地做出反应，完成快速移动。

6. 接力跑和游戏法

与比赛法的作用一样，接力跑和游戏法不仅可以激发训练者高涨的情绪，还能增加练习过程中的趣味性，避免不必要的肌紧张。同时，由于接力跑和游戏过程中能引起各种动作和速度变化。因此，适当安排接力跑和游戏法还有利于防止和克服因经常安排表现最大速度的练习而引起的"速度障碍"。

五、速度素质训练的技术动作

（一）反应速度训练

由于体育运动中人体的反应主要是对外界信号刺激作出有意识的应答行动，所以信号刺激法是提高反应速度的基本训练方法。反应速度与注意力的集中程度有关，发展反应速度以采用多种强度的信号刺激为宜，并且重复次数不宜过多，应以训练者的兴奋性不降低为原则。以下练习动作不仅能有效地发展反应速度，而且对动作速度特别是移动速度的提高也有积极作用。

（1）蹲踞式起跑。按蹲踞式起跑动作做好起跑准备，听口令迅速起动跑出，跑出距离15～30米。练习3组，每组3次。

（2）站立式起跑。按站立式起跑要求，听口令迅速起动跑出15～20米。练习2～3组，每组3次。

（3）起跑接后蹬跑。蹲踞式姿势准备，听到信号后立即起跑接后蹬跑20米。要求起跑快，后蹬跑技术准确。练习2～3组，每组3次。

（4）高抬腿接加速跑。原地高抬腿练习，听到信号后迅速接加速跑，跑出15～20米。练习2～3组，每组3次。

（5）倒退跑接加速跑。听到信号开始做倒退跑5～10米，再听到信号后迅速转身接加速跑10～20米。要求倒退跑时身体不得后仰，练习2～3组，每组2～3次。

（6）动作反应练习。练习前告诉训练者多种动作，如蹲下、起立、手触地、跳起等动作。可任意喊其中一个动作，要求训练者做出应答反应，也可连续喊一连串动作。可原地进行，也可行进间进行。

（7）手抓棒球。身体自然站立，持球手臂前平举，掌心向下，然后手指张开使球自由下落，不等球落地持球手再次抓住球。要求球离开手后，不能翻转手臂去接球。连续进行20～30次，计算手抓住球的次数，可以左右手交替重复练习。

（8）对墙跑动踢球。侧对墙5米站立，听到信号后平行于墙做快速跑动中对墙踢球，连续进行30米。要求直线跑动，球在脚下不能有停顿，速度越快越好。重复练习6～10次。

（9）扶肋木后蹬跑。面向肋木站立，身体前倾，两臂伸直扶肋木，听到信号后做快后蹬跑。要求后蹬跑技术正确，腿后蹬时与地面保持50°的夹角，连续进行10～20秒为1组，练习3～5组。此练习也可采用扶肋木高抬腿跑的形式进行。

（10）卧跳—折返跑。此练习可在篮球场进行，训练者在篮板下站立，听到信号后起跳用手触摸篮板，然后下蹲成仰卧，紧接着迅速起立，再用手触篮板，连续进行6次。然后迅速冲刺跑到球场中线，并立即折返跑回起点处。反复练习3～5组。

（二）动作速度训练

发展动作速度时，应合理控制速度，从发展动作的速度能力看，以最快速度练习效果最佳。为了克服速度障碍，应适当控制最大练习速度。一般以慢—快—最快—快—慢的节奏进行练习。此外，提高其他素质（特别是速度力量）也是发展动作速度的途径之一。

由于神经系统发出指令的强度越大，动作速度越快。因此，在进行动作速度的训练以及平时训练课中基本功和基本动作的练习时，训练者注意力必须高度集中，每一个动作都要求自己以最快的速度完成，并力求超过自身的最大速度。动作速度的能量物质基础是高能磷酸盐系统和糖酵解的能量释放速率。因此，发展训练者动作速率最主要的方法就是最大强度的重复训练法。其原则是每一组训练以速度不至于降低为准，间歇充分。其手段是采用无负荷或轻负荷的技术动作练习。在训练实践中可以采用下面一些具体的练习手段。

（1）摆臂。摆臂方法和短跑摆臂技术相同，可以击掌或口令控制摆臂速度和节奏，可由慢—快—最快—慢练习。要求严格按短跑摆臂技术进行，注意动作节奏。

（2）跑动冲刺练习。中速跑距离 120 米，每跑 10 米做 1 次终点冲刺动作。要求冲刺动作迅速、果断，不停顿地连续进行下一点练习 。

（3）快速弓箭步交换跳。弓箭步站立，上体保持直立，原地向上跳起做弓箭步快速交换腿跳练习。要求连续跳动时均保持弓箭步姿势。

（4）跑动起跳用头触球。悬挂 3 个吊球，间距 10 米，高度适宜。在快速跑动中单脚起跳用头触球，要求动作协调，起跳速度快，反复练习。

（5）声响刺激。在进行速度训练时，教练员可以利用高频率的声音节奏来刺激训练者，以提高动作速度和频率。

（6）双手掷实心球。两脚前后开立成弓箭步，双手将重 1 千克实心球举至头后上方，运用腰腹快速摆振和手臂力量将球向前掷出。要求出手速度快，反复练习。也可采用后抛球或后抛球快速转体的练习。

（7）快速俯卧撑接原地摆臂。身体自然站立，听信号后开始做快速俯卧撑 10 次，然后迅速起立，两臂前后摆动 50 次。要求摆臂幅度适宜，整组练习速度越快越好，也可及时进行反复练习 2～3 组。

发展动作速度的方法还有很多，如游戏和比赛法，不仅行之有效，而且趣味盎然。在动作速度的训练过程中，要注意防止训练者“速度障碍”的产生。因此，训练时要注意培养训练者体会不同的速度感知能力，可以利用牵引或外界的助力打破原有的速度定型，突破速度障碍。另外，训练者疲劳时最好不要进行动作速度的训练，否则容易出现速度障碍。

（三）移动速度训练

发展移动速度的途径之一是提高速度力量水平，改进动作技术，消除多余肌紧张，使动作协调完善，并注意克服速度障碍。发展反应速度、动作速度的一些练习对促进移动速度提高也有一定积极作用。下面介绍发展移动速度的一些专门技术。

（1）原地摆臂。训练者两脚前后开立，根据口号或击掌声做有节奏的前后摆臂 20 秒。要求节奏快、动作有力。也可采用计时计数、模拟摆臂、障碍摆臂、摆臂接加速跑等练习。

（2）高抬腿。训练者身体自然站立准备，听到信号迅速做原地高抬腿练习，20～40 秒，要求大腿必须抬至水平位置与地面平行，3 个关节蹬直，配合积极的摆臂。也可做行进间高

抬腿跑、小步跑变高抬腿、高抬腿变加速跑练习。

(3) 小步跑。训练者身体自然站立，按小步跑技术做快频率行进间小步跑 20 米。要求膝、踝关节放松，积极蹬地，两臂协调配合，频率越快越好。练习 3～5 组，每组 2～4 次。也可采用小步跑接后蹬跑、小步跑接加速跑、快步走接小步跑等练习。

(4) 后蹬跑。按后蹬跑技术要求做 40～70 米后蹬跑，然后过渡到加速跑 60 米。要求后蹬跑时摆动腿前抬顶起，支撑腿蹬直，手臂配合摆动，练习 2～4 组。也可采用起跑接后蹬跑、慢跑变后蹬跑练习。

(5) 车轮跑。按车轮跑技术要求，做行进间车轮跑 50 米，要求高抬大腿，向前将髋送出，落地时积极扒地，频率快。练习 2～3 组，每组 2～4 次，也可采用车轮跑变加速跑、车轮跑变大步跑练习。

(6) 加速跑。可采用上坡加速跑 60～80 米，蹲踞式或站立式起跑后加速跑 20～40 米，由慢到快逐渐匀加速跑 60～80 米等几种方式练习。要求逐渐加速，并高速完成练习，反复进行。

(7) 快速跑。由站立式或半蹲式出发，一开始就像跑 100 米那样尽快发挥最大跑速，距离可分别为 30 米、60 米、80 米，反复练习。也可和实力相当的队员一起做起跑加速跑练习。

(8) 变速跑。采用加速跑一最大速度跑一惯性放松跑一加速跑一逐渐慢跑的方式进行练习。例如，50 米快跑＋50 米慢跑＋50 米快跑＋50 米慢跑等。要求控制跑速，加速明显。

(9) 不同强度反复跑。例如，采用 70%～85%强度，100～500 米反复跑；85%～90%强度，100～200 米反复跑；90%～100%强度，30～100 米反复跑。注意控制好休息时间，反复练习。

(10) 负重高抬腿。两腿分别捆绑沙袋进行慢跑，听到信号后做原地高抬腿 20 秒，要求大腿高抬到水平位置，与地面平行，技术符合要求，练习 3～4 组。

(11) 牵引跑。用人或车进行牵引跑，或用牵引机进行练习。牵引时绳子或橡皮带拴在被牵引者的腰部，牵引速度根据训练者具体而定，做全速跑 30～60 米。要求跑时注意后蹬，尽力跟上牵引速度，练习 2～4 组，每组 2～4 次。

(12) 穿负重背心上下坡跑。穿负重背心在坡度为 5～10 度的跑道上进行 20 米上坡跑后，立即进行下坡冲刺跑 30 米，要求以最快速度完成，计时进行。背心重 5～7 千克，练习 3～5 次。

六、航空安全员速度类考核科目

(一) 100 米跑

100 米跑主要反映人体下肢肌肉爆发力和快速奔跑的能力，是航空安全员男女初任训练和 35 岁以下定期训练体能考核选测项目，也是以考核航空安全员速度素质为目的的重点科目。

100 米跑.mp4

测试方法：受试者采用蹲踞式或站立式起跑，听到“各就位”口令后，在起跑线后准备；听到起跑信号后，采用分道跑，快速跑到终点；受试者躯干部位通过终点后停表。记录受试者完成规定距离的时间。

注意事项：第一次抢跑警告所有人，任何人第二次抢跑取消该项测试资格；起跑后，未按规定跑道完成测试，未阻挡他人，保留测试成绩，反之则取消测试成绩；手计时，最终成绩保留到十分位。

（二）25 米折返跑

25 米折返跑.mp4

25 米折返跑主要反映人体快速移动和无氧运动的能力，是航空安全员男女初任训练和 35 岁以下定期训练体能考核选测项目，也是以考核航空安全员速度和速度耐力为目的的重点科目。

测试方法：从起点处每间隔 5 米摆放 1 个锥形桶，最远端为 25 米，受试者分道在起点线后，成站立式起跑姿势准备；听到起跑信号后，受试者由远至近依次推倒锥形桶，每推倒一个锥形桶后必须折返回触摸起点处锥形桶，推倒第 5 个锥形桶后冲刺跑向终点，躯干部位通过终点后停表。记录受试者完成规定距离的时间。

注意事项：从最远端开始推倒标志物；最后冲刺不触摸终点标志桶；未按规定推倒锥形桶，视为犯规，成绩无效；手计时，最终成绩保留到十分位。

七、速度素质训练的基本要求

（1）速度训练应结合训练者所从事的运动专项进行。例如，短跑运动员应着重提高听觉的反应能力；体操运动员则应着重提高皮肤触觉的反应能力。对人的视、听、触觉反应能力而言，一般是触觉最快，听觉次之，视觉反应较慢。例如，18～25 岁男子对声的反应需要 0.14～0.31 秒，对光的反应需要 0.20～0.35 秒，可触觉反应只需要 0.09～0.18 秒。

（2）速度素质训练应在训练者精力充沛、精神饱满、运动欲望强的情况下进行，只有这样才有利于形成快速能力的动力定型。

（3）由于速度素质的发展与力量、柔韧性、灵敏性等素质的发展水平有关，因此，速度训练应注意适当采用发展其他有关素质（如力量、柔韧等）的方法，以促进运动素质间的良好迁移。

（4）速度素质训练是以大强度无氧代谢为主的活动，需以有氧代谢训练为基础。

（5）要考虑女子的身体形态特点。女子身体形态与男子相比，四肢偏短，躯干相对偏长，重心低，身体各部分的维度相对较小等。这些虽有利于平衡，但对速度和跳跃能力的提高不利，女子力量和爆发力相对较小，反应时间较长，这也决定了女子在进行速度训练时应首先注意发展反应能力和快速力量，以保证反应速度和动作速度的提高。此外，女子下肢相对较短，可使用快频率来弥补力量和步幅的不足，以发展移动速度。

八、速度素质训练时的注意事项

（1）要紧密结合航空安全员职业的速度特征进行训练，反应速度以嗅觉、触觉和听觉为主，动作速度应结合技术动作练习，移动速度结合各种步法练习。

（2）除反应速度的训练可安排在训练者疲劳时外，动作速度和移动速度的训练都应安排在训练者兴奋性高、情绪饱满时进行。

（3）防止训练者“速度障碍”的产生。出现速度障碍时可以采用牵引性的外加助力练习突破训练者的速度心理感知定型。

（4）速度训练的负荷强度应采用极限强度或次极限强度，持续时间以不降低每一次练习的速度为准，通常为 15～30 秒，间歇充分。

(5) 速度素质要和其他素质结合训练，尤其应注重训练者速度耐力的练习。

(6) 在进行速度练习时，应注重肌肉的放松与协调。

第四节　耐力素质训练

一、耐力素质概念

耐力素质是指机体在长时间进行工作或运动中克服疲劳的能力，也是反映人体健康水平或体质强弱的一个重要标志。目前，大多数专家和学者认同耐力素质主要包括有氧耐力和无氧耐力两种。

疲劳是指机体生理过程不能将其机体机能持续在一定水平或各器官不能维持其预定的运动强度。连续的体力或脑力疲劳使工作效率下降，这种状态就是疲劳，出现倦怠、不舒服、烦躁或乏力等不良感觉。疲劳是一种正常的生理现象，在运动过程中出现了机体工作能力暂时性降低，但经过适当休息和调整以后，可以恢复原有机能水平的一种生理现象。机体经过长时间的活动，消耗大量的能量，必然导致工作能力下降，产生疲劳，疲劳的产生限制了运动的时间及水平的发挥，这是有机体的一种自我保护。但是，疲劳又是提高有机体工作能力所必需的，它是有机体机能恢复与提高的刺激物，没有疲劳的刺激，机体机能就不会得到提高。根据不同的工作特征，疲劳可分为脑力疲劳、体力疲劳和混合性疲劳。

二、耐力素质的分类

(1) 按运动时的外部表现，耐力素质可分为速度耐力、力量耐力和静力耐力等。

(2) 按该项工作所涉及的主要器官，耐力素质可分为呼吸循环系统耐力、肌肉耐力及全身耐力等。

(3) 按参加运动时能量供应的特点，耐力素质可分为有氧耐力和无氧耐力。

(4) 按运动的性质，耐力素质可分为一般耐力和专项耐力。

三、影响耐力素质提高的因素

耐力与训练者其他方面的因素有密切联系，它是一种多因素的能力。影响耐力提高的因素除了先天性的身体组织结构，如红白肌纤维的组成比例外，还与以下因素有关。

(一) 中枢神经系统的功能

耐力训练对中枢神经系统有较高的要求，耐力训练的结果能促使中神经系统的工作能力增加，并能改善器官与系统之间密切合作所必需的神经联系。疲劳通常会影响训练热情，并主要发生在中枢神经系统(巴普洛夫，1951；法菲尔，1960)。因此，中枢神经系统工作能力下降是造成疲劳的主要原因(博姆帕，1975)。为了保持工作能力，应尽可能防止神经中枢出现疲劳。奥佐林(1971)建议，采用始终如一的负荷以及适当的强度，可以全面提高和加强中枢神经系统的活动能力。这样，也就提高和加强了控制专项耐力活动的神经一肌肉协调能力。同样，疲劳状态下的长时间耐力活动，也有助于提高神经细胞承受强大负荷的能力。

（二）个性心理特征

训练者的运动动机和兴趣以及面临运动活动的心理稳定性、努力程度、自制力和意志品质都直接影响到耐力水平的发展，特别是意志品质在耐力训练中起着非常重要的作用，在长时间运动出现疲劳的情况下以及在以强度为主的训练中，意志品质的重要作用体现得尤为明显。如果训练者的意志力不能强迫神经中枢继续工作，甚至提高工作强度（如终点冲刺），便不能保持运动所要求的运动强度水平。扎托、贝克、维伦、伍托、王军霞等著名运动员的事例证明，人类具有极大的耐力潜力。这种潜力只有通过充分动员起来的意志力去战胜由于疲劳而出现的软弱，才能得到最大限度的发挥。

（三）有氧能力

有氧能力是指机体在有氧参与下产生能量的能力，也决定着训练者的耐力水平。博姆帕(1990)认为有氧能力受到训练者体内供氧能力的影响，因此，任何耐力训练都包括提高供氧系统能力的训练。很强的有氧能力不仅对训练本身极为重要，而且有益于训练中间和训练结束后的快速恢复。有氧能力的提高也取决于呼吸系统能力的发展以及正确的呼吸方法。很强的有氧能力还能积极地转变为无氧能力，如果训练者的有氧能力得到提高，则其他无氧能力也会随之提高。因为有氧能力强，氧债出现得就晚，出现氧债后也能更快地得到恢复（霍瓦尔德，1977）。很强的有氧能力还可以保证速度的稳定（博姆帕，1960），并可以使机体各个系统在疲劳、内环境产生变化时，机能积极性仍然保持在必要的水平上。

（四）无氧能力

无氧能力对耐力水平也有较大影响。对于要求最大用力以及在开始阶段要求次最大用力的竞技项目，能量主要由无氧系统提供。无氧系统释放的能量与运动强度直接相关。例如，当运动员以 7.41 米/秒的速度进行 400 米跑时，能量的 14％为有氧供能，86％为无氧供能，但当以 8.8 米/秒的速度跑同样距离时，其比率则分别变为 7.7％有氧供能，92.3％无氧供能（拉祖莫夫斯基，1968）。因此，有氧和无氧系统供能不仅取决于距离，也取决于强度。有氧供能比例随着距离增加和强度下降而逐渐增加。奥佐林(1971)认为，机体的无氧能力受到中枢神经系统活动过程的影响，这种活动过程应能有利于运动员保持大强度负荷或在疲劳的情况下继续工作。无氧能力还受到过度换气或在运动开始前通过增加呼吸频率而吸入更多的氧的影响。博姆帕(1990)认为，不同项目的专项训练是改善无氧能力的一种最好方法，无氧训练必须与有氧训练交替进行，但持续时间超过 60 秒的运动项目，还是应当以有氧训练为主，无氧训练的作用只是体现在运动的前半程。

（五）速度储备

速度储备是指以较少的能量消耗保持一定的速度的能力。速度储备也是影响耐力特别是专项耐力的因素之一。在周期性运动项目中，其重要作用尤为突出。博姆帕(1956)、奥佐林(1949)等人的研究结果表明：如果运动员能以极快的速度跑完一个距离，那么它也能更容易地以较低的速度跑完较长的距离。与速度较差的运动员相比，速度储备较高的运动员能以较少的能量消耗保持一定的速度。例如，运动员完成 100 米跑的最大速度是 11 秒，而完成 400 米跑中每 100 米距离的平均速度是 12.4 秒，其中的成绩差（1.4 秒）便可看作是速度储备的指数。成绩差越大，速度储备越高。良好的速度储备与系统的专项耐力训练相结合，更

有助于专项运动取得突出成绩。同样，如果运动员的速度很快，速度储备指数越小，专项耐力越强。因此，在速度耐力和运动员获得良好运动成绩的能力之间存在着密切的相关。一名100米跑10.6秒成绩的运动员，即使未经过系统的专项训练，也能以50秒的成绩跑完400米(速度储备指数为1.9秒，平均速度为12.5秒)。100米成绩为12.5秒的运动员则很难甚至不可能以同样的速度完成400米。因此，在提高运动员成绩的过程中，特别是速度储备可能是重要的限制因素。

(六) 有机体能量储备的利用率

耐力水平还取决于有机体能量储备的利用率。运动员有机体的机能节省化、协调性的完善、力量的合理分配都能有效地提高能量储备的利用率。机能节省化主要反应在随着训练水平的提高，在一个单位时间内能量消耗减少；协调性的完善可以减少不必要的能量消耗；力量合理的分配则可以提高能量利用程度和效率。此外，能量交换过程的动员和进行等，对耐力素质也有较大影响。

四、耐力素质训练的基本方法

项目不同对耐力发展水平的要求也就不同，运动训练中最有意义的是有氧耐力、无氧耐力、一般耐力和专项耐力的训练，下面分别阐述。

(一) 有氧耐力的训练方法

由于有氧耐力水平高低取决于最大摄氧量的大小，而最大摄氧量数值实际上就标志着人体吸进氧、运输氧以及利用氧的能力。所以，凡能迅速有效地提高训练者上述机能的训练方法都属于有氧训练的范畴。目前，国内外广泛采用的发展有氧耐力的方法主要有持续负荷法、间断负荷法和高原训练法。

1. 持续负荷法

持续负荷法是发展有氧耐力的主要方法，其特点是负荷量大、没有间歇。大多数需要有氧耐力的项目如中长跑、马拉松跑、速度滑冰、游泳、赛艇等都可以采用这种方法。持续负荷法根据速度是否变化又分为匀速训练和变速训练(即法特莱克训练法)两种。采用持续负荷法时，每次负荷的时间不少于30分钟。对有一定训练水平的练习者，负荷时间可以达到60～120分钟(如跑、划船、竞走)。练习强度可通过测定心率等方法计算，心率可控制在每分钟150～170次。

持续负荷法的训练效果主要是能提高和改善有氧能力。此外，稳定地完成技术动作还可以使技术得到巩固，机体能力也可以同时得到提高。

2. 间断负荷法

间断负荷法又分为间歇训练法和重复训练法，其主要负荷特征如下。

1) 间歇训练法

间歇训练法是一种采用各种强度的重复刺激，并在练习之间按预定计划安排间歇时间，不完全休息的训练方法。这种方法对发展耐力水平非常有效。训练时，间歇的时间主要根据心率确定，并不要求训练者达到充分恢复。重复距离则可根据时间或距离本身确定。为了使训练效果更好，可配合使用3种间歇训练：第一种是短距离间歇训练，持续练习15～90秒，主要发展无氧耐力。第二种是中距离间歇训练，持续练习90秒～8分钟，可发展两种供能系统;第三种是长距离间歇训练,持续练习 8～15 分钟,主要发展有氧耐力。间歇训练的主要影响因素有训练强度、负荷数量、持续时间、间歇时间、休息方式、练习组合等。

(1) 训练强度。短距离或中距离间歇训练心率应达到 170～180 次/分钟,长距离间歇训练心率也应达到 160～170 次/分钟。只有用较大强度才能有效提高心脏功能,达到发展有氧耐力的目的。强度过低(心率 130 次/分钟以下)或过高(心率 180 次/分钟以上)都不能有效地达到训练目的。

(2) 负荷数量。负荷数量一般以距离(米)和时间(秒、分)来表示。其基本要求是一次练习负荷的数量不要过多,若一次练习负荷数量过多、持续时间过长,则会导致工作强度下降,不利于心脏功能的提高。

(3) 持续时间。练习持续时间可根据练习任务和训练者本身情况确定,每一次练习的持续时间可分别为 15～90 秒、2～8 分钟、8～15 分钟等。在训练中采用较多的是 60～90 秒,但整个练习持续时间应尽可能延长,并保持在半个小时以上。只有这样才能提高利用氧的能力及心脏的潜在功能,并有利于意志品质的培养。

(4) 间歇时间。为了实现训练者呼吸和心血管系统不间断的刺激,主要以心率来控制间歇时间。其基本要求是在训练者机体尚未完全恢复(心率在 120～140 次/分钟)时进行下一次练习。这样可使训练者在积极性休息阶段摄取最大量氧气,并使整个的训练过程的摄氧量和心搏量都保持在较高的水平上。

(5) 休息方式。采用轻微的积极性活动休息方式(如慢跑),以对肌肉中的毛细血管起到“按摩作用”,使血液尽快流回心脏,再重新分配到全身,以尽快排出机体中堆积的酸性代谢产物,以利于下一次练习。

(6) 练习组合。采用间歇训练法发展有氧耐力一般有两种组合方式。一种是分段练习,即以练习的次数与组数安排(如 200 米×4 次×5 组)。另一种是以连续间歇的方式安排练习。

2) 重复训练法

重复训练法在发展有氧耐力的同时,还能发展专项或比赛耐力,练习距离可长于或短于测试距离,负荷强度比间歇训练法大(全力或最大负荷的 4/5),每次练习应等到完全恢复以后再重复进行。较长时间的重复训练对有氧耐力要求很高,因为重复训练的速度非常接近测试时的速度。相反,较短时间的重复训练则要求无氧耐力,因为短时间重复强度大,训练者往往出现氧债。采用重复训练法练习时,整个负荷量可以为 4～8 个测试距离,休息间歇可根据重复的距离和强度安排 5～10 分钟。重复训练法的另一个重要作用是通过多次重复,可以有效地培养训练者的意志品质。

3. 高原训练法

高原训练是在缺氧条件下的训练。由于机体在缺氧条件下的应激作用,能促进红细胞和血色素上升,血乳酸可达到平原训练时不能达到的水平,从而提高机体无氧糖酵解和抵抗酸性物质的能力。因此,下山后在高原训练效应期间有助于提高专项成绩。许多专家认为,海拔 1 800～2 700 米是高原训练的有效高度,而 2 300 米为理想高度。

高原训练的重要作用主要在于以下几个方面:第一,高原训练能提高有氧代谢能力以及与有氧代谢和无氧代谢有关的综合能力,使心血管系统和呼吸系统的水平明显提高,毛细血管变粗,组织供氧状况改善。第二,高原训练能促进红细胞、血色素上升。第三,高原训练能

增强肌细胞的新陈代谢能力和机体机能的无氧供能能力，提高承受高乳酸复合的耐受力。

目前，高原训练不仅在中长跑、马拉松、游泳等耐力项目中得到比较广泛的应用，而且在一些非耐力项目中也开始采用。由于特点不同，所采用的具体方法也有较大不同。在此重点介绍长跑和马拉松项目。长跑和马拉松以采用10循环"训练法"为宜。苏文仁(1989)对此进行深入研究后指出，采用10周训练法具有以下特点和作用：第一，使训练和比赛有机地融为一体，加快了训练节奏，有利于训练水平的稳定和提高。第二，加强了训练难度和时效性。10周训练法采用小周期训练，每一个循环又分为准备、加量、强化、调整比赛(测试)4个阶段，各个阶段紧密衔接、转换快、密度大、系统性较强。第三，降低了过度训练的发生率。第四，避免了大周期训练的不足之处和训练上的盲目性，保证了系统训练，并对延长运动寿命有积极作用。他还进一步提出10周训练法的指导思想，即以耐力训练为根本，以速度耐力训练为中心，以力量耐力训练为保证，以系统训练为关键，采用节奏明显的小周期训练。

采用高原训练法应注意以下问题：第一，高原训练效果与上山前的准备、下山后的赛前训练安排密切相关。因此，上山应进行充分的有氧能力训练和准备，下山后的赛前训练应合理地安排，以取得最佳成绩。第二，应根据各个项目的特点，系统、合理地安排。第三，应十分注意预防运动损伤，并应对训练者的身体状况进行全面同步综合观察和测试。第四，应有良好的恢复措施，以加速消除训练后疲劳。第五，高原训练和平原训练相结合，训练效果更佳，成绩提高更快。

总之，除了上述论及的发展有氧耐力的训练方法外，负重训练法(负沙袋或沙背心进行跑的练习)、越野训练法(为持续训练法的变形，如在公路、田野、森林等地进行长跑)、丘坡训练法(在有一定地形变化地带以一定速度长跑)、循环训练法、12分钟测验法等也是发展有氧耐力的有效方法。

(二) 无氧耐力的训练方法

无氧耐力的发展水平主要取决于3个因素：第一是无氧代谢能力，它是决定无氧耐力的重要因素。在耐力项目中，不同距离竞速项目无氧功能比例不同，无氧功能比例越大，对无氧耐力要求越高。无氧耐力训练时，由于欠下大量"氧债"，血液中可出现极高水平的乳酸，说明无氧耐力(特别是乳酸供能无氧耐力)训练时主要采用的是无氧糖酵解的供能方式。研究发现，无氧耐力水平越高的训练者，耐受乳酸的水平也越高，负欠氧债也越多。因此，训练者欠氧债的最大数量是衡量无氧代谢能力的重要指标。第二是能源物质(ATP、CP、糖原)的储备。第三是肌肉、关节、韧带等支撑运动器官对长时间大强度工作的承受能力。因此，为了提升无氧耐力水平，必须提高训练者无氧代谢能力，保持运动训练中必需的能源物质储备，提高支撑运动器官的功能，这也是发展无氧耐力的主要途径。

根据供能机制的不同，在训练实践中又往往把无氧耐力分为乳酸供能无氧耐力和非乳酸供能无氧耐力。乳酸供能无氧耐力的供能机制是糖酵解，非乳酸供能无氧耐力的供能机制与三磷酸腺苷、磷酸基酸(ATP、CP)的无氧分解有关。

1. 乳酸供能无氧耐力的训练

发展乳酸供能无氧耐力主要采用间歇训练法和重复训练法，并应注意以下问题。

(1) 训练强度。应比发展有氧耐力的强度大得多，一般应达到本人可以承受的最大强度的80%～90%，心率可达到180～190次/分钟。练习中必须使机体处于无氧糖酵解状态，并产生乳酸。

(2) 负荷持续时间。负荷持续时间应长于35秒,一般可控制在1～2分钟,若以跑为训练手段,跑距应控制在300～600米。训练实践证明,乳酸供能无氧耐力对提高田径中距离跑(800米、1 500米)项目极为重要。跑300～600米距离,特别是400米距离后,血乳酸值最高可达到36毫摩尔/升以上。所以,采用300～600米距离的训练,对于提高糖酵解能量供应是最适宜的。

(3) 练习次数、组数和间歇时间。练习次数与组数应根据训练水平、跑速、距离长度和组间间歇时间而定。例如,若采用200～400米距离,则每组可有3～4次重复跑,共练习3～4组,若采用500～600米距离,则可重复2～3组。每组练习的间歇时间和组间间歇时间应该很短,使之不带有任何有氧代谢性质。总的原则是短距离跑,间歇时间也短。

(4) 练习的顺序。练习顺序的安排直接影响到练习的效果。如先跑短距离(200～300米)再逐渐增长距离,则训练者体内血乳酸浓度不断提高;相反顺序的安排,血乳酸浓度在前2～3个距离已达到最大值,然后随着距离的缩短而降低(步润生等,1988)。因此,为了提高训练者机体迅速动员无氧糖酵解的能力,则应先从跑长距离(500～600米)开始,然后再跑短距离(200～300米);若为了提高有机体长时间维持糖酵解的高度活性,有利于血乳酸累积和训练效应累积,则应采用相反顺序。

2. 非乳酸供能无氧耐力的训练

间歇训练法是发展非乳酸供能无氧耐力水平的主要训练方法。高原训练法(见有氧耐力训练部分)对发展非乳酸供能无氧耐力也有一定效果。发展非乳酸供能无氧耐力主要涉及以下因素。

(1) 强度与练习持续时间。主要采用大强度,即采用本人可以承受的最大强度的90%～95%的强度进行训练,以保证机体动用CP能源物质。练习持续时间一般为5～30秒。

(2) 重复次数与组数。重复次数以不降低训练强度为原则。重复次数宜多,如每组4～5次。练习组数视训练者具体情况而定,对训练水平较高的训练者练习组数可多一些,反之以少一些。训练中最好采用多组方式,如每组练习4～5次,重复5～6组。

(3) 间歇时间。间歇时间有两种具体做法:第一种是短距离(如30～70米跑)的间歇安排,间歇时间为50～60秒。这种间歇安排的目的在于保证机体动用CP为能源。第二种是较长距离,如(100～150米)的间歇安排时间2～3分钟。这样做的目的在于保证机体CP能量物质通过间歇时间的休息能得到尽快恢复。练习的组间间歇时间则应相对长一些,如5～10分钟,这样可使CP能量物质通过间歇时间的休息能得到尽快恢复,以便进行下一组练习。

此外,模拟训练法对发展无氧耐力和比赛能力也极为有效。

(三) 一般耐力的训练方法

一般耐力是训练者多种耐力水平的综合表现,是专项耐力的基础,是提高各项目成绩的必要前提。一般耐力与有氧耐力密切相关,对于不同的运动项目,一般耐力具有不同的特点。发展一般耐力的主要任务是有计划地对影响耐力的各个因素进行干预,扩大有机体进行一般工作的能力,建立提高训练负荷的良好条件,并利用素质转移的效果为发展专项耐力打好基础。

郭家兴、延丰等(1986)指出，一般耐力训练与提高心血管、呼吸系统的机体有密切联系。适宜强度长时间连续工作的能力就是有氧耐力的表现。对于专项成绩在很大程度上取决于训练者有氧耐力的项目，有氧耐力训练具有特殊意义。对于主要由无氧供能保证的项目，发展有氧耐力也是必需的，只是有氧耐力对这些项目成绩的影响往往是间接的，需要经过有机体内多种间接的适应性联系才会发生作用。因此，在发展有氧耐力、促进一般耐力水平发展时，应当充分考虑到专项中各个影响耐力水平的因素，如训练者实际训练水平、不同阶段的符合特征。

发展一般耐力的方法很多，这里着重介绍两种训练方法。

1.“法特莱克”训练法

“法特莱克”训练法又叫速度游戏，是斯堪德纳维亚半岛国家和德国运动员在20世纪20年代创造的一种训练方法。训练时训练者可以充分发挥主观能动性，随自己的意愿进行练习。法特莱克训练法要求训练者在自然条件下(如在草地、树林、小丘、小径等地)，把快慢间歇跑、重复跑、加速跑和走等练习不规则地混合在速度游戏练习中。跑的距离一般为5～15千米，跑的速度、休息时间、练习方式由训练者的身体感觉和训练任务来决定。多赫蒂指出，法特莱克训练是一种严谨的身体训练体系，可以使训练者充满信心，足智多谋。练习不需要计时和规定距离，可自由选择地形以及确定速度、距离和路线。因此，可使训练者不受限制地发展智力、一般耐力水平和体能。

2. 循环训练法

循环训练是根据训练的具体任务，有目的地建立几个或多个练习“站”，每个“站”由一个或几个与发展一般耐力有关的练习组成，使训练者按规定的顺序、路线，每站所规定的练习数量、方法和要求，一站一站地进行练习，可循环一周或几周。由于循环训练中的下一个站的练习是在上一个站练习对身体刺激留下的“痕迹”的基础上进行的，所以从第二个练习站起，每站练习几乎都超过前站练习的负荷。因此，循环训练对改善和发展血液循环系统、呼吸系统的功能有显著作用，同时，还可以使训练者各部位肌肉受到全面的影响，局部肌肉负荷与休息得到交替，训练者的练习兴趣得到提高，故循环训练对促进一般耐力发展具有积极作用。

此外，其他各种综合性的速度游戏、轻重量多次数的负重练习等也是发展一般耐力的有效方法。

(四) 专项耐力的训练方法

专项耐力训练的内容是那些在动作形式、结构和对机体功能系统所起作用方面，最大限度接近专项动作的练习。专项耐力训练的任务是充分利用专项运动负荷的增长来发展专项耐力，建立必要的专项耐力储备，为建立稳定的比赛能力打下良好的基础。不同的运动项目对专项耐力有不同的要求，不同的运动项目对专项耐力的表现又具有不同的特点。因此，为了发展专项耐力，就必须根据各个项目的专项特点，选择适宜的训练内容、方法和手段。此部分主要用于竞技体育层面，在此不作过多赘述。

五、耐力素质训练的技术动作

耐力训练主要包括有氧耐力、无氧耐力、一般耐力、专项耐力的训练，其中每种耐力又有不同的训练方法及不同的负荷特征。下面着重从徒手练习、器械练习、组合练习3个方面来探讨和介绍发展耐力的一些具体练习形式与技术动作。

(一) 徒手练习

1. 反复跑

反复跑是一种多次重复固定距离的练习，跑的速度、距离和重复次数、强度等根据训练者的能力及专项练习的目的确定。可采用150～300米、500～600米、1 000～1 200米或2 000米等多种距离进行重复练习，练习时控制好训练强度和间歇时间。

2. 定时跑

在固定的时间内计算距离或不计算距离的长跑，可采用10、12、15、20、30、50分钟等多种时间。练习时间长，强度可小一些，时间短则强度大一些。85%～95%的强度有利于发展无氧耐力，85%以下强度可发展有氧耐力，练习时注意控制强度。

3. 变速跑

变速跑即以不同速度交替练习的方法。可采用多种距离变速，如100米快＋100米慢＋100米快＋100米慢，或300米快＋300米慢＋300米快，以及更长的距离，如500米或1 000米进行变速练习。短距离大强度变速练习可发展速度耐力，长距离可发展专项耐力。练习时应根据不同的对象和任务安排，并注意控制强度和休息时间。

4. 持续慢跑

持续慢跑即以相对较慢的速度，较长距离的练习，练习时跑的距离、重复次数根据训练者个人情况及专项需要确定，心率接近每次150次/分钟，主要发展有氧耐力。

5. 持续快跑

持续快跑即以较快速度跑一定的距离(如800米、1 000米、1 500米等)的练习。跑的距离、重复次数根据训练者的个人情况及专项需要确定，强度一般为90%～95%。

6. 间歇跑

间歇跑即快跑30秒或60秒，使心率超过或达到180次/分钟，然后慢跑或走一段距离，使心率恢复到120次/分，又开始下一次快跑的练习。练习者应严格控制跑速和心率，也可采用快间歇跑或慢间歇跑进行练习。

7. “法特莱克”跑

“法特莱克”跑即在自然条件下，不拘形式以较快速度为主，快慢交替的长跑练习。如在草地、树林、小丘、小径、公路、田野等地，练习距离一般为3 000～7 000米，超长距离项目训练者距离可为10 000～20 000米。可采用阶梯式变速法，如200米快—250米慢—300米快—350米慢等练习形式，可发展一般耐力和专项速度。

8. 越野跑

越野跑即在公路、山坡、树林、草地等场地进行长跑练习。训练时可定时(如20分钟、30分钟)、定距(3 000米、5 000米和10 000米)。如进行长跑专项耐力训练时，可延长时间30～50分钟，总距离超过10 000米。越野跑应选择车辆少、空气好的地段进行。

9. 上坡跑

上坡跑即在倾斜15°～25°的山坡进行上坡跑练习，跑距200～300米，反复练习3～

6次，间歇3～5分钟。发展一般耐力的训练可以不要求跑速，心率一般不超过150次/分钟。发展专项耐力则应规定跑速，心率指标可控在150～170次/分钟之间。

10. 连续跑台阶

连续跑台阶即在高20厘米的楼梯或50厘米的看台上连续跑40～60步，每步2～4级，重复4～6次，每次间歇5分钟，要求动作不能间断，心率在120～160次/分钟，练习时间可以不做规定，跑到顶向下走时应尽量放松，一级一级向下走，当心率恢复到120/分时即开始下一次练习。

11. 爬山练习

爬山练习即选择高度300～500米的山坡，进行登山练习。可通过心率指标来控制运动强度，以此调整登山速度。心率指标可保持在130～140次/分钟。

12. 1分钟立卧撑

1分钟立卧撑即由直立姿势开始，下蹲两手撑地，伸直腿成俯撑，然后收腿成蹲撑，再还原成直立。每次做1分钟练习，4～6组，间歇5分钟，要求动作规范化，必须站起来成直立后才计入完成一次动作，可计数进行。

13. 手倒立

手倒立即面对墙壁或同伴帮助做手倒立动作，每组倒立动作保持静止2～4分钟，练习3～4组，间歇5分钟。其主要发展静力性力量耐力。此外，也可采用仰卧收腹举腿静力、俯卧撑静力、3～4分钟头手倒立及静立性托砖等练习。这些练习也主要发展静力性力量耐力。

14. 长距离或长时间连续跳跃发展力量耐力和一般耐力的体操练习

长距离或长时间连续跳跃发展力量耐力和一般耐力的体操练习可采用长距离多级跳、连续跳高台、连续跳深、连续蹲跳起、沙坑半蹲连续跳、单腿连续跳跃、跳起分腿、蛙跳等多种形式进行练习，距离一般为60～100米或20～30秒的连续跳跃，组数3～5组，其主要发展腿部力量耐力或一般耐力。

（二）器械练习

1. 跳绳跑

在跑道上做两臂正摇跳绳跑，每次跑400米，练习4～6次，心率应达到140～160次/分，待恢复120次/分钟时即进行下一次练习。也可以在练习前预先定出速度指标，还可采用其他跳绳练习。

2. 长距离骑自行车练习

在公路上以每小时30千米的速度做骑自行车练习，每组30分钟，练习3～5组，间歇10分钟。可以规定30分钟内骑行的最短距离。每组练习结束时，心率应达到160次/分钟以上，待恢复到120次/分钟时则进行下一组练习。

3. 抗阻练习

抗阻练习即反复做一些次数多(20次以上)、克服中等重量或轻重量(哑铃、杠铃、实心球、壶铃等)的抗阻或肌肉耐力的练习。要求次数多，组数2～4组，反复练习。

4. 发展力量耐力和一般耐力的体操练习

如单杠直臂悬垂(静力)练习、单杠悬垂摆体、双杠支撑向前、双杠支撑连续摆动、吊环悬垂摆体等多种时间长、次数多、练习3～5组的力量耐力练习。

(三) 组合练习

发展耐力素质的组合练习主要是指循环练习。循环练习对发展耐力素质有较好的作用,并且是许多项目经常采用的方法。具体练习时可采用以下多种形式:单足跳30米＋肋木收腹举腿10个＋10级蛙跳＋肋木支撑高抬腿50次＋快艇50%强度的杠铃15次,完成4组,或10级跨跳＋肋木收腹举腿10个＋深蹲跳20个＋俯卧撑20个,完成6组等组合循环练习形式。此外,还可采用以下几种练习形式。

1. 卧推—前后滚翻—纵跳

在卧推架上将强度为本人最大重量50%的杠铃推举20次,然后在体操垫上做前、后滚翻各10次,紧接着做原地纵跳25次。练习4～6组,间歇5分钟。纵跳时从深蹲姿势开始,连续完成。

2. 前滚翻、仰卧起坐—俯卧撑

在垫上做6个前滚翻,然后仰卧起坐30次,接着连续做俯卧撑15～20次。练习4～6组,动作要求规范。

3. 小步跑—高抬腿—后踢腿跑—加速跑

在跑道上做小步跑100米,接着做高抬腿100米,然后做后踢腿100米,紧接着做加速跑50米。练习4～6组。要求各种跑的练习必须符合技术规范要求,第二组练习开始心率指标不低于120次/分钟。

4. 负重体侧屈—负重转体—负重体前屈—负重高抬腿走

原地肩负杠铃杆做体侧屈45°,左右各10次;然后肩负杠铃杆转体90°,各转动10次;接着肩负杠铃杆做体前屈10次;最后,肩负杠铃杆做高抬腿走50米。连续4～5组,要求动作保持应有的技术规范,高抬腿走时大腿必须抬平。

5. 俯卧撑—仰卧收腹举腿—原地跳绳—单足跳

俯卧撑15次,然后垫上仰卧收腹举腿30次,接着做原地双脚跳绳100次,最后做左、右单足跳各50次。练习3～5组,间歇5分钟。跳绳可以计时,仰卧收腹举腿应伸直并拢摆动。

6. 跳深—立卧撑—原地高抬腿—加速跑

利用跳箱或阶梯做跳深20次,然后立卧撑20次,接着做原地高抬腿50次,最后做60米加速跑。练习3～4组,跳深动作连续、不得停顿。

六、航空安全员耐力类考核科目

(一) 有氧耐力:男子3 000米跑、女子1 500米跑

男子3 000米跑、女子1 500米跑主要反映人体有氧运动能力和心肺功能水平及其持续工作的能力,是男女体能考核必测项目。

测试方法:按最新《田径竞赛规则》中径赛项目的规定进行测试,受试者采用站立式起

跑，听到“各就位”口令后，在起跑线后准备；听到起跑信号后出发，起跑后即可切入内道，受试者尽力跑完全程，躯干部位通过终点后停表，记录受试者完成规定距离的时间。

注意事项：测试中，擅自离开跑道，不得继续参加测试；手计时，最终成绩保留到百分位；受试者不得接受非测试人员的带跑、推、拉等助力。

（二）无氧耐力：25 米折返跑

详见第三节航空安全员速度类考核科目部分。

七、耐力素质训练的基本要求

（1）耐力训练应循序渐进。耐力训练应以一定的训练时间、距离和数量为起点，逐步加长时间和距离，再提高到接近极限负荷。

（2）应注意呼吸。呼吸能力对耐力训练十分重要，机体通过呼吸摄取坚持长时间工作必需的氧气，摄取氧气是通过提高呼吸频率和加深呼吸深度实现的。在训练中应培养训练者以加深呼吸深度供氧的能力，并注意培养训练者用鼻呼吸的能力。同时还应加强呼吸节奏与动作节奏协调一致的训练，呼吸节奏紊乱，必定会导致节奏的破坏，使能量物质的消耗增加，不利于耐力水平的提高，从而影响运动成绩。

（3）无氧耐力训练应以有氧耐力为基础。无氧耐力的发展是建立在有氧耐力提高的基础之上的。因为通过有氧耐力训练，训练者心腔增大，每搏输出量提高，从而为无氧耐力的发展打下坚实的基础。如一开始便是无氧耐力训练，那么心肌壁就会增厚，这样虽然心脏收缩能力强而有力，然而每搏输出量难以提高，从而影响到全身血液的供给，对今后发展不利，所以，在发展无氧耐力之前或同时，应进行有氧耐力训练。在具体训练过程中，则应根据各方面的情况对两者的比例进行科学、合理的安排。

（4）要加强意志品质培养。耐力训练不仅是身体方面的训练，也是意志品质的培养过程。温度过高、气压过低，对一个人的耐力也会产生较大的影响，抵抗这些不利因素也需要训练者有坚强的意志品质。因此，在耐力训练中除了应注意提高训练者的练习兴趣外，还应注意培养刻苦耐劳、坚忍不拔的意志品质。

（5）对运动技术应严格要求，并适当控制体重。发展耐力素质应对技术提出严格要求，并对训练者体重进行适当控制。脂肪过多就会增大肌肉内阻力，摄氧量的相对值也会因体重的增加而下降，体重过重，消耗的热量也必然会增加，这都会影响耐力素质的发展。

（6）应兼顾女生生理特点。女子脂肪为体重的 20％～25％，男子为 10％～14％。脂肪不仅具有填充和固定内脏器官的作用，而且可以储备能量，在必要时供运动消耗。女子的皮下肌肉和一些内脏器官中的脂肪含量较多，并且具有动用体内储存脂肪作为能源的能力，因而进行长距离游泳和长跑等耐力项目的能力很强。由于女子机体能有效地利用储存的脂肪作为运动的能源，故有利于从事较长距离的耐力训练。应当注意的是，女性训练者在月经期间不宜从事大强度、长时间的耐力训练，应避免剧烈运动及其他外部刺激。当然，适量运动还是必要的。

八、耐力素质训练时的注意事项

（1）耐力训练要以有氧耐力训练为基础，以速度耐力和快速力量耐力训练为重点。

(2) 训练时要注意加强呼吸节奏与动作节奏协调一致的训练。在疲劳时,要强调训练者进行腹式呼吸。

(3) 要加强训练者意志品质的培养。顽强的意志品质可以使训练者克服很多困难,对提高耐力素质效果明显。

第五节　灵敏素质训练

一、灵敏素质的概念

灵敏素质是指在各种突然变换的条件下,训练者能够迅速、准确、协调地改变身体运动的空间位置和运动方向以适应变化的外环境的能力,它是人的运动技能、神经反应和各种身体素质的综合表现。

灵敏素质是建立在力量、速度(反应速度、动作速度)、耐力、柔韧、协调性、节奏感等多种素质和技能之上,这些素质和技能取决于神经系统的灵活性和可塑性以及已建立的动作的储备数量。如果训练者的身体素质在某一方面(或更多方面)得到了发展,并熟练掌握另外运动技能,灵敏素质就能得到充分发展和提高。衡量灵敏素质的标志是训练者在各种复杂变换的条件下,能够迅速、准确、协调地做出应答动作。这就要求训练者必须具有良好的判断能力及反应速度,要求训练者随机完成的应答动作在空间、时间以及用力特征上相互吻合,组配协调。

二、灵敏素质的分类

根据灵敏素质与运动专项的关系,灵敏素质可分为一般灵敏素质与专项灵敏素质。一般灵敏素质是指训练者在各种运动活动中,在各种突然变幻的条件下,迅速、合理、准确地完成各种动作的能力,是专项灵敏素质发展的基础。专项灵敏素质是指训练者在专项运动中,迅速、准确、协调地完成专项运动各种动作的能力。它是在一般灵敏素质的基础上,多年重复专项技能和技术环节训练的结果。

灵敏素质的发展水平主要从以下 3 个方面进行衡量。

(1) 是否具有快速的反应、判断、躲闪、转身、翻转、维持平衡和随机应变。

(2) 在完成动作时,是否能自如地操纵自己的身体,在任何不同的条件下是否都能准确熟练地完成动作。

(3) 是否能把力量(爆发力)、速度(反应速度)、耐力、柔韧、协调、节奏感等素质和技能通过熟练的动作表现出来。

三、影响灵敏素质提高的因素

(一) 智力发展水平和敏捷的思维能力

良好的智力发展水平和敏捷的思维能力对训练者的灵敏素质有重要影响。在运动活动中,各种运动技术和运动技能的灵活应用,聪明的战术思想的灵感和具体实施,大脑神经活动过程兴奋与抑制的转换程度与快速工作能力的平衡,均取决于良好的智力发展水平和敏

捷的思维判断能力。优秀运动员的突出之处不仅表现在超人的技能和惊人的运动素质方面，而且也表现在良好的思维能力与解决复杂与潜在的技术、战术问题的方法方面。

（二）感觉器官

运动分析器与本体感受器的灵活性与准确性，以及肌肉收缩的协调性与节奏感是影响灵敏素质的重要因素。通过多年系统训练，可使上述能力得到全面提高。

（三）其他运动素质发展水平

灵敏素质是训练者力量、速度、耐力、柔韧以及协调性等运动能力的综合表现。上述运动能力与灵敏素质有密切关系，其中任何一种能力较差，对灵敏素质的提高都会造成不利影响。

（四）运动经验

长期学习各种运动技能和技术动作，可以丰富训练者的运动实践经验，增加运动素质和技术动作“储备”，从而促进灵敏素质水平的不断提高。

（五）性别、体型、疲劳程度

灵敏素质与性别有关。在儿童期，男女灵敏素质几乎无差别；在青春期，男子逐渐优于女子；在青春期以后，男子明显优于女子。女子进入青春期后，由于体重增加，有氧能力下降，内分泌系统变化，灵敏素质会一度出现明显的生理下降趋势。根据这一变化规律，在青春期以前就应加强女子的灵敏素质训练，使之得到较好发展。同时，不要急躁，只要训练得当，以后灵敏素质还会恢复与发展。不同的运动项目对体型有不同要求，因此不能武断地说哪一种体型的灵敏素质好与不好。一般而言，过高而瘦长，过胖或梨形体型、O型腿、X型腿的人可能缺乏灵敏性。此外，训练者疲劳时动作反应迟钝，速度降低，动作不协调，灵敏性会逐渐降低。

四、灵敏素质训练的基本方法及技术动作

由于衡量灵敏素质的标志是训练者在各种复杂变化的条件下，能够迅速、准确、协调地做出动作，因此，发展灵敏素质主要从以下3个方面着手训练：首先，迅速性，主要发展训练者的反应速度和启动速度；其次，准确性，主要从训练者的时空判断、肌肉的本体感觉和专门化知觉几个方面着手训练；最后，协调性，可以从训练者的模仿能力和运动技能的储备方面进行培养，可以采用大量非专项的技术动作，甚至是根本不熟悉的动作进行训练。另外，在对这三种能力分别培养的同时，还应注重将其有机结合起来，进行综合训练。发展灵敏素质的方法主要包括徒手练习法、器械练习法、组合练习法和游戏法。

（一）徒手练习法

徒手练习法包括单人练习和双人练习两类。

1．单人练习

（1）弓箭步转体。两腿呈左弓箭步姿势，两臂弯曲置于体侧，身体迅速向右旋转，呈右弓箭步姿势，有节奏地进行。要求转体动作幅度要大而且快。连续转体10秒为一组，练习3组。

（2）立卧撑跳转体。完成一次立卧撑动作，接原地挺身跳转180°，计算30秒内完成动

作次数，练习3组，要求动作准确，衔接迅速。

(3) 正踢腿转体。一腿支撑站立不动，异侧腿从下向上方踢起至最高点时，以支撑腿为轴向后转体180°，两腿交替进行。踢腿时应两腿伸直，上踢快，下落轻，上踢至前额30厘米以内时方可做转体动作。练习3组，每组20次。

(4) 前后滑跳。两脚前后开立，上体稍前倾，屈膝，两臂置体侧。后脚向后蹬地，前脚向前跨出，身体随之向前移动。当前脚落地瞬间即向后蹬地，后脚向后跳，身体随之向后移动。练习时身体重心不要上下起伏，保持水平移动，30秒为1组，练习2～4组。也可采用左右滑跳练习。

(5) 屈体跳。原地双脚起跳，腾空后收腹举腿，双手由上向前摆触双脚，落地还原。练习5组，每组5次。也可做后屈体跳练习和空中抱腿练习。

(6) 倒退跑转向加速跑。听到信号后，倒退跑10米，听到下一次信号后，迅速转体做加速跑20米。练习3～5组，每组3次。

(7) 障碍跑。在跑道上设立多种障碍，要求训练者迅速、敏捷地跳过、绕过或跳跃障碍，并计算全程时间。

(8) 快速折返跑。要求训练者听哨声或看手势往返快速跑，发出指令的间隔不超过两秒。

2. 双人练习

(1) 障碍追逐：利用障碍物进行一对一追逐游戏，追上对方并拍到身体任何部位后立即交换进行。要求练习时要充分利用障碍物做躲闪、转身等动作。练习5～6组，每组20秒，间歇20秒。

(2) 过人：在直径3米的圆圈内，两人各占半圆。一人防守，一人设法利用晃动、躲闪等假动作摆脱防守者，进入对方防守区，交替进行。要求不准拉人、撞人，20秒为一组，练习4～6组。

(3) 手触膝：两人一组，面相对站立。双方在移动中伺机手触对方膝盖部位，身体素质良好者可加一些鱼跃动作。触膝次数少者受罚，要求积极主动进攻对方，练习4～5组，每组持续练习20秒，间隙20秒。

(4) 躲闪摸肩：两人站在直径2.5米的圆圈内，做一对一巧摸对方左肩练习，要求计算30秒摸中次数，重复2组。

(5) 模仿跑：两人一组，前后站立，间隔3米。前者在快跑中做出变向、急停、转身等不同动作，后者及时模仿前者在跑动中做出的各种动作。练习4组，15秒为1组，间隔30秒。

(二) 器械练习法

器械练习法包括单人练习和双人练习两类。

1. 单人练习

单人练习包括各种形式的运球、传球、顶球、颠球、托球、追球、接球、多球练习、滚翻传接球练习、垂直摆动、杠端转体跳下、翻越肋木、钻栏架、钻山羊以及各种专项球类练习和技巧、体操练习。

2. 双人练习

双人练习也包括多种形式的运球、传球、接球、抢球、抢断球，以及跳障碍球、踢过顶球接

滚翻等练习，下面介绍5个动作。

（1）扑球。两人一组，一人将球抛向另一人体侧使其利用侧垫步、交叉步或交叉步起跳向球扑去并接住球。两人交替进行，要求练习时逐渐加快抛球速度。

（2）吊球。将球用绳子吊在空中，形状像钟摆，可高可低。用此球练习传接球等动作，练习时原地将球传向各方或跳起空中抢、打球均可。练习3组，每组持续20秒。

（3）踢起跳球。两人间隔15米，面对面，一人抛球至另一人前方或侧方，另一人迅速跳起准确踢球，交替练习，15次为1组，重复2组。

（4）俯卧传球。两人一组，一人俯卧垫上，利用手支撑和腰腹后屈，接抛向头上部的球，并迅速传出。练习2组，每组20秒，交替进行。

（5）接球滚翻。两人一组，一人坐在垫上，接不同方向、速度来球。接向左、右两侧的球做接球侧滚动，接正面和后面球做后滚翻。要求尽量加快动作速度，30秒为1组，练习3组。

（三）组合练习法

组合练习包括两个动作组合、三个动作组合和多个动作组合的练习。

1. 两个动作组合练习

两个动作组合练习主要有交叉步接后退跑、后踢腿跑接圆圈跑、坐撑举腿接俯撑起跑、侧手翻接前滚翻、转体俯卧接膝触胸、变换跳转髋接交叉步跑、盘腿坐接后滚翻、俯卧膝触胸接躲闪跑、立卧撑接原地高频跑等。

2. 三个动作组合练习

三个动作组合练习主要有立卧撑接高频跑和跑圆圈、交叉步侧跨步接滑步和障碍跑、转髋接过肋木和前滚翻、旋风腿接侧手翻和前滚翻、弹腿接腾空飞脚和鱼跃前滚翻，滑跳接交叉步跑和转身滑步跑等。

3. 多个动作组合练习

多个动作组合练习主要有倒立前滚翻接单肩滚翻—侧滚—跪跳起、悬垂摆动接双杠跳下—钻山羊—走平衡木、跨栏接钻栏—跳栏—滚翻、腾空飞脚接旋子—前滚翻—乌龙绞柱、摆腿接后退跑—鱼跃前滚翻—立卧撑等。

（四）游戏法

发展灵敏素质的游戏方法很多，如各种应答性游戏、追逐性游戏、集体游戏等。下面介绍3种方法。

1. 打小鸟

训练者分成3组，甲组站立在场地中间做被打击目标，乙、丙两组分别站在场地两端（相距15～20米），持排球、小沙袋或轻器械向甲组投射。甲组被击中下肢部位者下场，直到甲组全被击中后，换一组做小鸟，并重新开始练习。

2. 贴烧饼

先将训练者分成若干组，每组两人环行站立，另设两人一追一逃，逃者若背贴于某组内环第一名前面，则该组最后一名便成为逃者。如逃者被抓住，则改为追者，反复练习。

3. 传球逮人

在直径10米的大圆内，由两人利用快速传球，靠近圆内的其他人，并用球触其身体任何部位，被触者即被逮住，并立即加入逮人组，直至最后一人。要求传球逮人时不准走步，球不准离手。被逮者应积极跑动躲闪对方，反复练习。

五、航空安全员灵敏类和平衡类考核科目

(一) T形跑

T形跑.mp4

T形跑主要反映人体灵敏协调和快速移动的能力，是航空安全员男女初任训练和35岁以下定期训练体能考核选测项目。

测试方法：在两个长10米的T形跑道上，将4个锥形桶如图3-123所示摆放，起（终）点为锥形桶①处，受试者以站立式起跑姿势准备；听到起跑信号后，迅速向正前方锥形桶②跑动，触摸到锥形桶后，迅速侧向滑步至③并触摸锥形桶；然后迅速侧滑步至④，触摸到锥形桶后，再变向侧滑步至②触摸锥形桶；然后迅速倒退跑至①，触摸到锥形桶后，重复一次上述动作（最后一次倒退跑不触摸锥形桶），完成2次T形跑到终点后停表。记录受试者完成规定距离的时间。

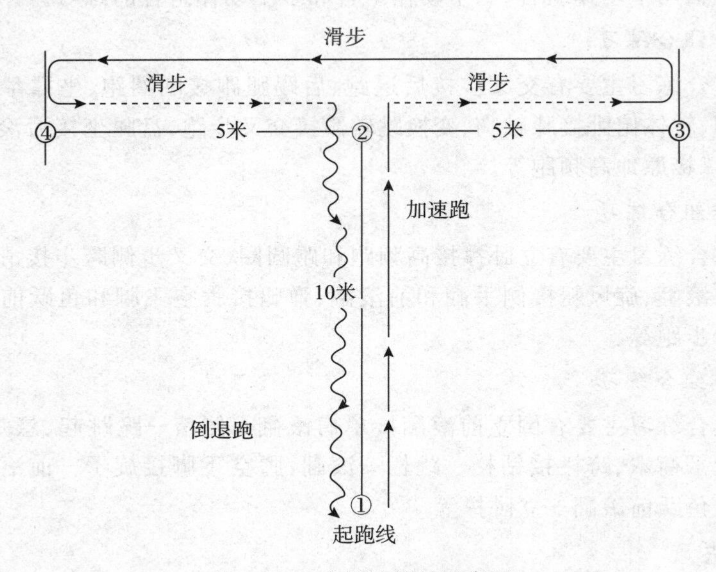

图3-123 T形跑测试示意图

注意事项：①手必须触摸到锥形桶；②整个测试过程中必须保持身体面向前方，做侧向滑步时两腿不可交叉，不准跳跃；③后退跑时降低身体重心，避免摔倒；④终点放置软垫，防止后退跑时摔倒受伤；⑤手计时，最终成绩保留到十分位。

(二) 平衡垫测试

平衡垫测试主要反映人体平衡能力和全身肌肉协调运动能力，是男女体能考核必测项目。

平衡垫测试.mp4

测试方法：以平衡垫中心点为圆心，画一条半径55厘米的半圆弧线，在弧线上等距摆放5个锥形桶，听到预备口令后，受试者身体直立、赤脚单足站立于平衡垫中间；听到开始信号后，下降重心逐个捡起锥形桶，再依次还原锥形桶位置，整个过程中保持单脚支撑完成（不允许着地）。记录受试者30秒捡起（或放下）的锥形桶个数。

注意事项：①每捡起或放下锥桶，需还原身体姿势至单脚直立姿势；②在捡起或放下锥形桶时轻拿轻放，不允许以锥形桶为支撑借力保持身体平衡；③测试开始前，允许受试者先练习1次。

六、灵敏素质训练基本要求

（一）掌握大量运动技能并提高多种运动能力

灵敏素质只有在动作技能掌握熟练后才能表现出来。动作技能的动力定型建立的数量越多，动作熟练性越强，做出的动作也就越灵活。因此，训练中应反复练习，尽快建立条件反射和合理的动力定型，并掌握大量运动技能。由于灵敏素质是人体综合能力的表现，发展灵敏素质还必须从培养训练者的各种能力入手，在训练中广泛采用发展其他运动素质的方法来发展灵敏素质，并培养训练者掌握动作能力、反应能力、平衡能力等。

（二）结合专项要求进行训练

灵敏素质具有专项化的特点。例如，一个体操运动员在专项练习中表现出良好的灵敏素质和协调性，但是在球类练习中就不一定能表现出来。所以，在训练中应根据训练者所从事的专项要求和特点，采用不同的训练手段与方法，使训练效果与专项要求相一致。如体操、技巧等可多做一些移动身体方位的练习，球类项目可多做一些脚步移动的躲闪练习。

（三）合理安排训练时间

灵敏素质训练在整个训练中都应适当安排，使之系统化，但训练时间不宜过长，练习重复次数不宜过多。因为机体疲劳时训练者力量水平会下降，速度将减慢，节奏感被破坏，平衡能力会下降，这些情况都不利于灵敏素质的发展。此外，在具体训练过程中，通常将灵敏素质的训练安排在训练课的开始部分，使训练者处在体力充沛、精神饱满、运动欲望强的状态下进行练习。

（四）消除紧张的心理状态

在进行灵敏素质训练时，应采用各种有效的方法与手段，消除训练者紧张的心理状态和恐惧心理。因为训练者心理紧张时，肌肉等运动器官也必然紧张，从而反应迟钝，动作的协调性下降，影响训练效果。

（五）训练手段应多样化并经常变化

灵敏素质的发展与各种分析器官和运动器官机能的改善有密切的关系。训练者能否在运动中表现出准确的定向、定时能力和动作准确、迅速变化的能力，都取决于各种分析器官和运动器官功能的提高与否。一旦训练者对某一动作技能熟练到自动化程度时，再用该动作去发展灵敏素质的意义就不大了。因此，采用多种多样并经常变换的手段发展灵敏素质，可以提高训练者各种分析器官和运动器官机能，有利于灵敏素质的提高。在具体训练过程中可采用以下手段：第一，采用各种快速改变方向的跑的练习，各种躲闪和突然起跑的练习，各种快速急停和迅速转体的练习，使训练者在跑跳练习中迅速、准确、协调完成各种动作。第二，采用各种调整身体方位的练习和专门设计的复杂多变的练习。如用体操器械做各种较复杂的动作，以及采用躲闪跑、之字跑、穿梭跑和立卧撑等进行组合练习。第三，各种变换方向的追逐性游戏和对各种信号作出快速应答反应的游戏或身体练习。

七、灵敏素质训练时的注意事项

(1) 由于灵敏素质对训练者的神经系统兴奋性要求较高，因此，练习多安排在训练课的前半部分，在训练者体力充沛、精神饱满时进行。但格斗项目训练的后期也要求训练者具有较高的灵敏性，因此，也应适当在训练课结束之前，训练者疲劳时安排一定的灵敏素质训练。

(2) 根据训练者的年龄特点，训练时要注意灵活性和多样性，提高练习兴趣。

(3) 灵敏素质是一种复合素质，与力量素质、耐力素质有着紧密的联系，但是灵敏素质的训练不能代替其他素质的训练，必须在符合训练者身体素质发展规律的条件下，适当地安排耐力和力量训练，使训练者的身体得到全面的发展。

(4) 灵敏素质的训练应注重和专项的技术训练有机结合起来，促进专项灵敏素质的发展。

第六节　柔韧素质训练

一、柔韧素质的概念

柔韧素质是指人体关节在不同方向上的运动能力以及肌肉、韧带等软组织的伸展能力。柔韧素质包括两个方面的含义，一是关节活动幅度的大小，二是跨过关节的肌肉、肌腱、韧带等软组织的伸展性。关节的活动幅度主要取决于关节本身的装置结构，以及跨过关节的肌肉、肌腱、韧带等软组织的伸展性，则主要通过合理的训练获得。

柔韧性在运动中具有重要意义，是有效改进技术的必要基础，也是保证提高运动技术水平的基本因素之一。如果柔韧性差，掌握动作技能的过程会立即缓慢下来，并变得复杂化，而其中某些对完成训练动作十分重要的关键技术往往不可能学会。关节柔韧性差，还会限制力量、速度及协调能力的发挥，使肌肉协调性下降，工作吃力，并影响到其他运动素质的发展，往往还会成为肌肉韧带损伤的主要原因。

二、柔韧素质的分类

柔韧素质可分为一般柔韧素质和专项柔韧素质。

一般柔韧素质是指机体中最主要的那些关节活动的幅度，如肩、膝、髋等关节活动的幅度，这对任何运动项目都是有必要的。

专项柔韧素质是指专项运动所需要的特殊柔韧性，专门的柔韧素质是掌握专项运动技术必不可少的重要条件。

三、影响柔韧素质提高的因素

(一) 肌肉、韧带组织的弹性

肌肉、韧带组织的弹性不仅取决于男女性别和年龄特征，如男子与女子肌肉组成成分不一样则弹性不一样，少年儿童较成年人弹性较好。还取决于中枢神经系统的兴奋性，因为在中枢神经系统的影响下，肌肉的弹性会显著变化，如在比赛中情绪高涨时柔韧性会增大。

（二）关节的骨结构和周围组织体积大小

关节的骨结构是影响柔韧性的最不易改变的因素，基本上由遗传决定。关节骨结构的先天性决定关节的活动范围，虽然训练可以使骨结构产生部分变化，如关节内软骨形态的变化，但这种变化只局限在关节骨结构所许可的范围内。关节周围组织包括肌肉、韧带、皮肤、脂肪等，这些组织体积的大小对关节活动有限制作用。它一方面受先天遗传的影响，另一方面也受后天训练的影响。往往经过训练后，这些周围组织体积增大会影响柔韧素质的发展，如肱二头肌肌肉体积增大后就可影响肘关节的活动幅度。

（三）神经过程转换的灵活性

神经系统兴奋与抑制过程转换的灵活性与运动中肌肉的基本张力有关。特别是中枢神经系统调节对抗肌协调性的改善，以及对肌肉紧张和放松的调节能力的提高。由于神经过程分化抑制的发展过程对运动员肌肉的随意放松能力起重要作用，因此与柔韧素质也有密切关系。研究证明，训练水平高的运动员肌肉的随意放松能力之所以提高，是与中枢神经系统支配骨骼肌的神经细胞的抑制深度有关。而且还取决于中枢神经系统的兴奋性，因为在中枢神经系统的影响下，肌肉神经过程转换更为灵活。

（四）心理因素

心理紧张程度可通过中枢神经系统影响到有机体各部分的工作状况，心理紧张度过强、过长会使神经过程由兴奋转为抑制，严重影响各部位的协调能力，使动作僵硬、紧张，从而影响柔韧性。

（五）温度

做准备活动的一大好处就是提高体温，增加各激素的活性，动员酶蛋白分子，进而克服器官惰性，为机体大量耗氧做好准备。1960年，美国的赖特和约翰做实验时发现，外界温度在18℃以上时，是表现柔韧性的有利条件，而在18℃以下则不利。人体在做了充分的准备活动后，器官惰性与血液黏稠度降低，肌肉韧带活动空间幅度加大，人体的柔韧性得到明显提升。

（六）时间段

由于生物节律性，一天内有机体的机能状态因时间不同而有一定的变化。经过一夜的休息，机体各部分得到了充分的放松，肌肉韧带弹性得到恢复，机体各大功能逐步唤醒。因此柔韧性在早晨明显下降，中午好于早晨。

（七）疲劳程度

在疲劳的情况下柔韧性有较大变化。这时主动柔韧性指标下降，而被动的柔韧性指标则提高。其他因素如准备活动充分与否、训练持续时间长短（如训练持续时间超过1个小时或非常剧烈均不利于表现柔韧性）等，对柔韧性也有明显的影响。

（八）遗传

不同的人柔韧性先天也不同，一般而言，柔韧性好的人，其子女柔韧性也较好。例如夫妻都是舞蹈演员，其子女身体素质及相关（表演）基因表现往往也不差，这说明了遗传对后代的重要作用。

（九）营养

营养对人体的发育至关重要，尤其要注意的是青春发育期，青少年生长发育驶入快车道，某些营养素摄入不足，对人体的柔韧性会产生较大影响，如维生素 C 缺乏会影响关节的活动范围。

四、柔韧素质训练参数

（一）强度

柔韧训练强度主要反映在动作频率、用力大小和负重量 3 个方面。动作频率不宜过快，应主要采用中等或较慢的频率，因为中等和较慢的频率能延长力对关节的作用时间，避免肌肉和韧带拉伤。借助外力进行被动性练习时，用力程度应逐渐加大，并以训练者主观感觉为依据，当训练者感到肌肉酸痛时，可以减少点力量，当感觉到肌肉胀痛时可以坚持一下，当感到肌肉麻木时则应停止训练。采用负重练习发展柔韧性时，除高水平训练者外，负重量不能超过被拉长肌肉力量能力所达到的 50%。负重量的大小取决于练习性质：在完成静力拉伸的慢动作时，负重量可相对大些；在完成动力性摆动动作时，负重量应小些，一般控制在 1～3 千克（普拉托诺夫，1984）。总之，柔韧训练宜采用中等强度进行，强度过大、过猛均容易造成拉伤；强度过小则不易达到很好发挥柔韧性的目的。

（二）练习重复次数、组数与持续时间

练习重复次数应根据训练者的年龄、性别、项目特点以及不同训练阶段（即发展柔韧性阶段、保持弱性阶段）的任务进行安排。普拉托诺夫（1984）指出：少年运动员（12～14 岁）一次课的练习重复次数应比成年运动员少 1.5～2 倍；女子的重复次数比男子少 10%～15%。动作重复的最多次数是通过完成几组动作达到的数量。练习时每组动作可安排 10～15 次练习。每组练习的持续时间可保持在 6～12 秒，摆动动作可达 10～15 秒，静力性拉伸练习的停留固定时间可控制在 15～30 秒，如表 3-3 和表 3-4 所示。

表 3-3　发展关节柔韧性达到解剖水平 90%所用的时间

关节名称	训练天数
脊柱关节	50～60
髋关节	25～30
肘关节	25～30
肩关节	20～25
腕关节	60～120
膝关节	25～30
踝关节	25～30

练习的间歇时间取决于练习的性质、动作的持续时间、参与工作的肌肉数量一般控制在 10 秒至 3 分钟。确定间歇时间的基本原则是应保证训练者在完全恢复的条件下从事下一组训练，间歇的时间一般不能太长，否则会减少关节的活动性，降低训练效果。在间歇时，可安排一些肌肉放松练习或自我按摩练习，以便为下一次加大关节活动幅度提供条件，从而收到

表 3-4　发展不同阶段关节柔韧性的练习重复次数

关　节	阶　段	
	发展阶段	保持阶段
脊柱关节	90～100	45～50
髋关节	60～70	30～40
肩关节	50～60	30～40
腕关节	30～35	20～25
膝关节	20～25	20～25
踝关节	25～35	10～15

更好的训练效果。

五、柔韧素质训练的基本方法

关节活动幅度的改变主要是通过提高关节、韧带、肌腱、肌肉的伸展性和弹性的手段获得的，而伸展性和弹性的提高主要是施加拉力作用的结果。因此，柔韧素质训练的基本方法是对身体各个环节的拉伸，或称为伸展练习。拉伸方法又分为动力拉伸、静力拉伸和“神经—肌肉本体促进”拉伸等基本类型。

这些基本方法类型在使用过程中均有主动练习和被动练习两种不同的方式。主动练习是指人体依靠自己的肌肉力量将肌肉、肌腱、韧带等软组织拉长；而被动练习是指人体在外力帮助下，使肌肉、肌腱、韧带等软组织得到拉长。训练者的柔韧素质训练，在大多数情况下是多种练习方法的类型和方式的结合运用。

（一）动力拉伸

动力拉伸是指通过多次重复某一拉伸动作练习，使肌肉、肌腱、韧带等软组织逐渐地被拉长。近年来人们发现，由于动力拉伸会激发人体神经—肌肉的千张反射机制，下意识地造成被拉伸肌肉的肌紧张或拉伤肌肉而影响练习效果和练习安全。所以，运动专家目前更多地建议人们采用静力拉伸练习和“神经—肌肉本体促进”拉伸等方法类型。

（二）静力拉伸

静力拉伸是指通过缓慢的动力拉伸，将肌肉、肌腱、韧带等软组织拉长，当拉长到一定程度时保持静止不动，使这些软组织受到拉长的持续刺激。

（三）神经—肌肉本体促进拉伸

神经—肌肉本体促进拉伸是一种由练习者和同伴互相配合，通过一系列的主动和被动的动力、静力拉伸步骤，能够避免拉伸肌肉牵张反射现象的发生和获得更大拉伸效果的训练方法类型。以拉伸大腿后部肌群为例，它可以分为 3 个相连的具体操作步骤。

（1）练习者仰卧，被拉伸腿的膝关节伸直，踝关节呈 90°，同伴帮助上推被拉伸腿弯曲髋关节至有轻微疼痛感，保持 10 秒，而后放松片刻。

（2）练习者静力收缩大腿后部肌群，下压腿部对抗同伴的上推力，保持 6 秒，而后放松片刻。

（3）练习者放松大腿后部肌群，用力收缩大腿前部肌群，帮助同伴继续上推腿部，保持6秒，而后放松片刻，重复练习。

总之，采用上述方法发展柔韧性时，一是要逐渐增大动作幅度，使动作到位，肌肉、韧带尽量被拉长；二是要充分利用肌肉退让工作，使肌肉韧带逐渐地被拉长。

六、柔韧素质训练的技术动作

发展柔韧素质的技术动作很多，主要可分为徒手练习（包括单人徒手练习和双人徒手练习）、器械练习（包括肋木、体操棒、实心球、跳绳、倒立架）等多种练习方式。为了论述方便，下面根据身体部位讲解一些发展柔韧素质的常用动作。

（一）肩部练习技术动作

肩部柔韧练习动作主要有压、拉、吊、转等几种方式。

1. 压肩

（1）腿站立，体前屈，两手扶同髋高的肋木或跳马，挺胸低头（或抬头），身体上半部上下震动。教练员可帮助压肩，把肩拉开。练习时要求手臂伸直，肩放松。

（2）背对横马，练习者仰卧在马上，另一人在后面扶着他的肩下压，要求把肩背部置于横马末端，压肩由轻到重。

（3）体前屈，两手后面交叉握、翻腕，向上震动。要求两臂、两腿伸直，幅度由小到大。

2. 拉肩

（1）背对肋木站立，两臂上举，两手握住肋木，抬头挺胸向前拉肩。要求胸部前挺，肩放松，幅度由小到大。

（2）面对低的山羊做手倒立，另一人帮助前倒进行搬肩拉肩，要求手离山羊近一点，幅度由小到大。

3. 吊肩

肋木、单杠、吊环反调悬垂。要求开始可吊起不动，然后加摆动作，肩放松拉开。

4. 转肩

（1）单杠、吊环收腹举腿，两腿从两臂间穿过，落下成后悬垂，又还原做正悬垂。要求后悬垂时沉肩放松到极限。

（2）单杠悬垂，收腹举腿，两腿从两臂间穿地，落下成后悬垂，松一只手转体360°成悬垂，然后换另一只手做。要求转动时，肩由被动到主动转动，由逆时针到顺时针进行转动。

（3）利用体操棍、竹竿或绳子、橡皮带做转肩练习，随着灵活性提高，两手握距逐步缩短，但要注意两臂同时转，不要先后转肩。要求肩放松，主动练习和被动练习结合起来转肩。

（二）胸部练习技术动作

（1）仰卧背屈伸。可自已独立做，也可一人压腿，练习者只抬上体。要求主动抬上体，挺胸。

（2）虎伸腰。跪立，手臂前放于地上，胸向下压。要求主动伸臂，挺胸下压。

（3）面对墙站立，两臂上举扶墙，抬头挺胸压胸部。要求尽量让胸贴墙，幅度由小到大。

（4）背对鞍马头站立，身体后仰，两手握环使胸挺出。要求充分伸臂，顶背拉肩，挺胸。

（三）腰部练习技术动作

1. 甩腰

练习者做体前屈和体后屈的甩腰动作，要求幅度由小到大，充分伸展背和腹肌。

2. 仰卧成桥

仰卧开始，两手反掌于肩后撑垫挺起胸腹，两臂伸直顶肩，拉开肩成桥。也可由同伴帮助，逐步过渡到独立进行。随着训练水平提高，手和脚的距离逐步缩小。练习时腿要伸直，腹部上升，挺胸拉肩。

3. 体前屈

体前屈练习方法很多，这里介绍以下几种。

（1）腿伸直并拢体前屈，两臂在两腿后抱拢，静止不动，停止一定时间。要求胸贴大腿。

（2）坐垫子上，两腿伸直，同伴助力扶背下压。还可将两腿垫高，加大难度。要求下压一定时间后，再停留一定时间抱腿。

（3）分腿站立体前屈，上体在两腿中间继续甩动。要求肘关节甚至头部应该向后伸出。

（4）练习者坐垫子，两腿分开置于 30～40 厘米高长凳上，练习者钻入板凳下，教练员两手按其背下压。要求两腿伸直，挺胸抬头。

（5）训练者面对面。臀部与肋木间垫实心球，两臂向上伸直握肋木，教练员在练习者背后半蹲，两手握练习者两足前摆。要求腿要伸直，不能对抗用力。

（四）腿部练习技术动作

腿部柔韧训练主要发展腿部前、侧、后的各组肌群伸展和迅速收缩的能力，以及髋关节的灵活性。腿部柔韧训练主要采用压腿、开腿、踢腿、踹腿、控腿、弹腿和劈腿等动作方式。

1. 压腿

压腿分正压、侧压和后压 3 个方向，将腿放一定高度进行练习，要求正压时髋正对腿部，侧压和后压将髋展开。

2. 开腿

开腿分正、侧、后 3 个方向，可由同伴把腿举起加助力按，要求肌肉放松，不要主动对抗用力。

3. 踢腿

踢腿可扶把踢，也可进行中踢。常用踢腿方法有正、侧、后踢腿。还可采用两腿分别向异侧 45°方向踢出的十字踢腿。要求上体正直，踢腿时腿要伸直。

4. 踹腿

踹腿要领同正踢腿。踢左腿时，左腰要向异侧 45°方向踢起，并自右经前至左划一弧形，到左侧时用右手击打脚面，踢右腿时同上法，相反方向也可做。要求每次踢腿时，膝关节一定要伸直，支撑腿伸直，上体不能后仰。

5. 控腿

按舞蹈基本功姿势，腿在 3 个方向上举，并控制在一定高度上。控腿包括以下 3 种方式。

（1）前控腿。有两种方法，一种是直腿抬起的向前控腿，另一种是膝盖先抬起来然后再伸直控腿。

（2）侧控腿。要求上体正直，抬起的腿髋关节必须展开，脚掌对准体侧，臀部不能向后突。

（3）后控腿。要求上体正直，后举腿的髋关节不能外旋，脚掌向上。

6. 弹腿

先将大腿向上提起，控制不动，然后小腿迅速有力地前踢伸直膝关节。

7. 劈腿

前后劈腿，同伴帮助压后大腿根部。左、右劈腿时应将两脚垫高，自己下压或由同伴扶髋关节下压。

（五）踝关节和足背练习技术动作

增强踝关节的柔韧性，可以提高弹跳力，因为小腿腓肠肌和比目鱼肌以及跟腿的韧带拉长后，再收缩就更有力量。足背的柔韧性好，不但可以增加肌肉收缩力量，而且可以使动作姿态更加优美。

（1）练习者手扶肋木，用前脚掌站在凳子边上，利用体重上下压动，然后在踝关节弯曲角度最大时停留片刻，以拉长肌肉和韧带。

（2）练习者跪坐在垫上，利用体重前后移动压足背，也可以将足尖部垫高，使足部悬空做下压动作，这样强度更大一些。

（3）练习者坐在垫子上，在足尖部上面放置重物压足背。

另外，腕关节柔韧性可采用靠墙倒立、重心前后移动的俯撑，以及用左右手掌心相护压左右手四指的连续推压动作进行练习。

七、柔韧素质训练的基本要求

（一）负荷强度

柔韧素质训练一方面反映在用力大小上，另一方面也反映在负重多少上。被动练习多是借助教练员或同伴的帮助，用力逐渐加大，其程度以训练者的自我感觉为依据。如采用负重柔韧练习，负重量一般不超过拉长肌肉力量所能达到的50%。负重量的确定也与练习的性质有关，在完成静力拉伸的慢动作时，负重量可相对大些，在完成动力性动作时负重量则应小些。

增加强度应当逐步进行，练习时不可用力过大、过猛。训练强度过大会造成练习者精神和肌肉紧张，必然会影响伸展能力，导致肌肉、肌腱和韧带等软组织挫伤。长时间中强度拉力练习所产生的柔韧效果优于短时间大强度的练习效果。

（二）负荷量

在柔韧发展性阶段和保持柔韧性阶段中，不同关节为达到最大活动范围，其练习的重复次数是不相同的。柔韧训练中应根据不同关节活动范围的需要来确定发展柔韧性阶段和保持柔韧性阶段练习的重复次数。柔韧练习的重复次数还取决于练习者的年龄和性别。少年练习者在一次课中练习的重复次数比成年练习者少，女性练习者练习的重复次数比男性练习者少。每个练习达到最大拉伸状态的持续时间可保持大约10秒，动作时间也可稍长。采

用静力拉伸练习，当关节伸展到最大限度时，停留在相对固定位置的时间可控制在30秒左右。

（三）间歇时间

柔韧训练间歇时间的基本原则是：保证练习者在完全恢复的情况下进行下一组练习。恢复与否可根据练习者的自我感觉来确定，当其感觉已恢复并准备好做下组练习时便可开始。此外，练习间歇时间还与练习的部位有关，做躯干弯曲动作应比做踝关节伸展动作的休息时间要长。在间歇休息时间可安排一些肌肉放松练习，或进行一些按摩等。这样做能为下次练习加大关节活动幅度创造有利条件，使训练达到更好的效果。

（四）动作要求

柔韧练习在进行动力拉伸时要注意两方面：一是要求逐渐加大动作幅度，使肌肉、肌腱、韧带等尽量被拉长；二是充分利用肌肉退让工作，使肌肉被逐渐地拉长。柔韧练习在动作的速度方面要注意：一是用缓慢的速度拉伸肌肉；二是用较快的速度拉伸肌肉。由于在训练时多采用缓慢速度拉伸肌肉，而比赛中又多是以急剧的方式拉伸肌肉，故在保持柔韧素质阶段可用一些速度较快的练习，以适应比赛需要。

八、柔韧素质训练的注意事项

（一）要控制好柔韧性练习的量与强度

过分发展柔韧性，超过关节的解剖学结构限度的灵活性会导致关节和韧带变形，影响关节结构的牢固性，某些部位柔韧性的过分发展甚至会影响训练者的体态。在运动训练活动中，虽然专项对柔韧性往往有较高要求，但一般没有必要使其发展水平达到最大限度，只要控制在保证顺利地完成必要的动作即可，理想的状态是有一定的柔韧性“储备”，即柔韧水平稍许超过完成动作时的最大限度。在锻炼过程中，随着练习强度的加大，做到“酸加，痛减，麻停”。

（二）要兼顾有关联的部位

某些动作中，柔韧性的表现不是在一个关节或部位，而是牵涉几个相互有关联的部位。例如，体操中的“桥”就是由肩、脊柱、髋等部位的关节所决定的。因此，应该对这几个部位都进行柔韧性练习。如果其中一个部位稍差，就应制定相应措施使其改善。另外，也可通过其他部位的有效发展使其得到补偿。这样做可以使各部位的柔韧性得到发展，以保证专项运动需要。

（三）要循序渐进，持之以恒

肌肉、韧带伸展性练习应逐步提高要求，做到循序渐进，不能急于求成。在拉长肌肉时可能会出现疼痛现象，对此要进行具体分析，只能以原有水平作为衡量标准，不能盲目地急于求成。在同伴帮助下进行被动性练习时更应谨慎，以避免肌肉、韧带拉伤。柔韧性发展较快，但训练停止后，肌肉、肌腱、韧带已获得的伸展能力消退也快。因此，柔韧性训练要有长期性、周期性。

（四）柔韧性的发展应与力量发展相适应

柔韧性练习是增加肌肉的伸展能力，力量练习是增加肌肉的力量与体积，因此两者有机结合，共同发展。在不影响关节活动幅度范围的基础上保证肌肉、韧带体积增大，肌力增强。

（五）在进行柔韧素质训练之前，应先进行一定的准备活动

柔韧素质练习是准备活动的必要组成部分，训练前进行准备活动可以使身体预热，肌肉温度上升。在练习时，幅度由小到大、由慢到快、由静到动，以避免肌肉拉伤。尤其在气温较低时，血液循环较慢，肌肉的黏滞性较大，弹性差，柔韧性自然就差。因此，在柔韧训练之前，采用慢跑与动态拉伸相结合的方式，可使血液循环加快，体温升高，从而降低肌肉黏滞性，对柔韧训练有利，而且不易拉伤。

（六）柔韧素质练习后要注意放松

柔韧素质练习后可以练习相反方向的动作来放松，如压腿后做一些屈膝下蹲的练习，使腿部伸缩肌得到练习，避免某一部分肌肉或韧带劳损，减少疲劳性损伤。训练结束后进行柔韧性练习，不仅有助于肌肉力量的恢复，而且可以减轻肌肉酸痛。此外，系统合理的训练计划是必需的，每次锻炼都要循序渐进，持之以恒，有助于及时达到锻炼目标。

思考与练习

（1）简述体能训练和身体素质的关系。

（2）通过本章的学习和练习，你认为成为一名合格的航空安全员应该具备哪些体能素质？

（3）结合专业学习，请为自己制订一个针对力量训练的周计划。

第四章 航空安全员体能训练的科学准备

本章学习重点主要包括体能训练的体格检查方法和形式，体能训练的装备选择、环境选择、准备活动以及运动训练的科学补水等。学习重点是结合自身体能训练实际情况，科学进行体能训练各方面的准备工作。

学习目标

(1) 了解体能训练的内容、方法和形式。

(2) 理解体能训练正确的装备、环境及热身准备活动的重要意义。

(3) 掌握体能训练热身准备活动的主要内容和基本方法。

第一节 体能训练前的体格检查

体格检查是了解人体的体质状况和健康水平的重要手段，通过对体格检查资料的分析，可以研究机体的体质状况和健康水平的变化规律，为及时发现和预防疾病创造良好的条件，同时也为科学合理地组织运动训练提供保健学依据。航空安全员属于空勤人员，须定期参加并完成公司和民航局要求的定点医院体检项目方可正常从业。在常规体检中，一些项目指标可以反映出个体的身体生理状况，因而训练个人和训练教员都应重视体检结果。同时，再结合其他体格检查手段，为航空安全员体能训练提供全面地参考依据。

一、体格检查的方法

体格检查是运用眼、手、耳、鼻等感官或借助简便器械对人体进行身体检查的方法。体格检查的基本方法包括视诊、触诊、叩诊和听诊。

(一)视诊

视诊是以视觉观察被检查者局部或全身表现的诊断方法,包括局部视诊、全身视诊和特殊部位的视诊。

局部视诊包括皮肤、舌苔、腹部、肌肉和关节外形等的异常;全身视诊包括发育、营养、体型、姿态等有无异常;特殊部位的视诊包括眼底、支气管及胃肠黏膜等。

航空安全员进行体能训练前,特别是进行高强度、大运动量的体能项目时,教员或者教师常用局部视诊的方法对其进行检查。比如观察训练前的皮肤颜色(特别是脸部),准备活动中的肌肉弹性,关节屈伸有无异常等。

(二)触诊

触诊包括浅触诊法和深部触诊法。

浅触诊法是以一手轻放于被检查的部位,利用掌指关节和腕关节的协调动作,轻柔地滑动触摸。浅触诊法对腹部检查尤为重要,可了解腹部压痛、腹直肌紧张或痉挛强直区域。

深部触诊法主要用于检查腹内脏器大小和腹部异常包块等病变。

(三)叩诊

根据叩诊的手法与目的不同可分为间接叩诊法与直接叩诊法两种。

间接叩诊法即检查者将左手中指第二指节紧贴于叩诊部位,右手指自然弯曲,以右手中指指端叩诊左手中指第二指骨的前端,叩击方向与叩诊部位的体表垂直。间接叩诊法相对使用较广。

直接叩诊法即检查者用右手中间的3指掌面或指端直接叩击或拍击被检查的部位。该法适用于胸壁较厚或胸腹部病变面积广泛的患者。

(四)听诊

听诊是临床上诊断疾病的一项基本技能和重要手段,常用以听取正常、病理呼吸音,各种心音、杂音及心律失常。使用听诊器进行听诊的方法称为间接听诊法,应用较为广泛。

二、体格检查的内容

根据教育部颁发的《关于试行高等学校学生体质、健康卡片》精神,结合传统的体格检查的要求,一般综合性的体格检查包括既往史、体表检查、一般临床物理检查、形态测量、功能检查、化验检查、身体素质测试及特殊检查等内容。对航空安全员或者民航空中安全保卫专业学生而言,在进行体能训练前,特别是参加职业要求的初任训练、定期训练或者其他资质类训练时,要重点关注参训者的体格检查内容,一方面防止有既往病史的学员参训后出现意外安全事故,另一方面了解学员的基本体格情况,训练过程中可以分类教学、因材施教。

(一)既往史

既往史包括病史、生活史和运动史。

病史要询问预防接种史和既往患病史,更要注意询问影响内脏器官功能和运动能力的一些重大疾病。生活史主要询问工作性质、劳动条件、生活制度、营养状况、有无饮酒或吸烟等不良嗜好等。运动史主要询问参加体育活动的情况,了解是否经常参加运动、运动项目、

年限及成绩、有无过度训练史或其他运动性伤病史等。

（二）体表检查

体表检查是指看皮肤和黏膜是否苍白，有无黄染、出血点和蜘蛛痣，以及有无皮肤病和静脉曲张等。检查扁桃腺、甲状腺和淋巴结是否肿大。检查脊柱、胸廓、上下肢及足弓的形态等。

（三）一般临床物理检查

一般临床物理检查是指对人体的心血管系统、呼吸系统、消化系统、神经系统以及感觉器官进行全面系统的检查，包括脉搏的频率、血压、呼吸频率、有无呼吸音的异常改变、有无舌苔、腹部压痛、慢性炎症、有无神经衰弱、眼鼻等是否有疾病。

（四）形态测量

形态测量的内容有体重、身高、坐高、胸围和呼吸差、颈围、腰围、四肢围、四肢各环节长度、手足间距、肢体宽度等。根据民航局《航空安全员训练大纲》要求，航空安全员进行体能训练时，要完成身体 BMI 测试，这也是实施形态测量的体格检查内容。BMI 是衡量超重和肥胖的有用指标，成人 BMI 为男女通用，不区分性别。

（五）功能检查

功能检查包括运动系统、心血管系统、呼吸系统以及神经系统、消化系统和泌尿系统的功能检查等。其中包括肌力检查、定量负荷试验、肺活量运动负荷试验、最大摄氧量测定等。

（六）化验检查

化验检查包括血液、尿液的常规检查及生化检查等。

（七）身体素质测试

根据《航空安全员合格审定规则》，按照《航空安全员训练大纲》要求，航空安全员入训测试的每项成绩均需达到入训标准方可参训。项目及标准见表 4-1 和表 4-2。

表 4-1　初任训练入训测试项目及标准

35 岁以下					
项目	BMI 指数	60 秒仰卧收腹举腿	引体向上	100 米跑	3 000 米跑
男子	16～26	18 个	3 个	15 秒 2	16 分 40 秒
项目	BMI 指数	60 秒仰卧收腹举腿	60 秒跪姿俯卧撑	100 米跑	1 500 米跑
女子	16～26	16 个	10 个	18 秒 5	11 分 30 秒
36 岁以上					
项目	BMI 指数	60 秒仰卧收腹举腿	杠铃卧推（50 千克）	原地双手掷实心球	
男子	14～29	17 个	6 个	5 米	
项目	BMI 指数	60 秒仰卧收腹举腿	60 秒跪姿俯卧撑	原地双手掷实心球	
女子	14～29	15 个	8 个	4 米	
备注	1. 入训测试其中 1 项不达标，总评成绩不及格； 2. 不及格者有一次补考机会，补考不及格不得参加本期训练。				

表 4-2　定期训练入训测试项目及标准

35 岁以下					
项目	BMI 指数	60 秒仰卧收腹举腿	30 秒杠铃硬拉(90 千克)	100 米跑	3 000 米跑
男子	15～27	22 个	4 个	16 秒 5	16 分 30 秒
项目	BMI 指数	60 秒仰卧收腹举腿	30 秒杠铃硬拉(40 千克)	100 米跑	1 500 米跑
女子	15～27	20 个	3 个	20 秒 5	11 分 20 秒
36 岁以上					
项目	BMI 指数	60 秒仰卧收腹举腿	杠铃卧推(50 千克)	原地双手掷实心球	
男子	14～30	20 个	5 个	6 米	
项目	BMI 指数	60 秒仰卧收腹举腿	60 秒跪姿俯卧撑	原地双手掷实心球	
女子	14～30	18 个	9 个	4 米	
备注	1. 入训测试其中 1 项不达标，总评成绩不及格； 2. 不及格者有一次补考机会，补考不及格不得参加本期训练。				

(八) 特殊检查

特殊检查包括 X 线检查、超声心动图检查、心电图检查、肌电图检查和脑电图检查等。

三、体格检查的形式

根据体格检查的目的和要求，一般可分为初查、复查和补充检查 3 种形式。

(一) 初查

一般是新生入学或队员即将入队参加系统训练时，通过初查，了解其身体发育、健康状况和各器官系统的功能水平。对于即将入队参加集中体能训练的队员，初查可以为制订训练计划和选择训练方法提供科学依据。

(二) 复查

复查是在参加一段时期的体能训练以后进行的检查。通过复查，可以了解检查者的健康状况和各器官系统功能状况的变化，为评定体能训练的效果或制订新的教学训练计划提供依据。

(三) 补充检查

一般在伤病康复后，即将恢复正常工作、学习或训练之前进行的检查。检查项目中除按体检一般要求内容外，对一些已经确诊的疾病和持续时间比较长的病变，也要进行补充检查。

第二节　体能训练的装备选择

运动者穿着合适的运动装备，能最大限度地给身体带来舒适感，有利于机体进入最佳运动状态。另外，运动装备的保护功能也能有效防止在运动中受伤。体能训练时，运动装备的选择主要包括训练服装、运动鞋以及个人护具等。

航空安全员作为民航空中卫士，是航空公司的形象“名片”，在日常工作执勤中通常着正

式职业服装。但是在开展体能训练时，应该及时必要地进行运动装备选择，着训练服装，并根据个人运动习惯和机体状态选择其他装备。

一、体能训练服装的选择

体能训练服的选择首先要便于人体活动，否则人体运动会受到约束，在运动中容易产生疲劳和发生运动事故。在挑选体能训练服时要从服装面料、色彩和功能等方面进行选择。

（一）服装面料的选择

服装面料在早期是由布、棉、麻等材料制成的，但该类服装在运动中常抑制运动者的运动成绩。因此，人们开始了对新材料的探索，渴望寻求更轻巧、更坚韧、更柔韧等更好性能的材料制成的训练服装。目前训练服装应用的高科技纤维大致有以下几种。

（1）聚酰胺尼龙面料：解决了早期尼龙透气性差、不耐磨等缺点，能快速吸干身体汗水，并由其表面挥发出去。

（2）聚四氟乙烯：防水透温层压织物，该织物能像人体皮肤一样呼吸，将多余水蒸气导出体外，又隔绝外界雨雪的侵袭。

（3）Coolmax 纤维：这种纤维的横切面呈独特扁十字形，形成四槽形设计，能迅速将汗水排出挥发，被称为拥有先进降温系统的纤维。

（4）硅酮树脂：如“鲨鱼皮泳衣”“快速皮肤”之类训练服，它们的主体便是由硅酮树脂膜构成。

（5）莱卡：这种人造弹力纤维，其抗拉扯的特性以及织成衣物后的光滑程度、与身体的紧贴度、极大的伸展性都是理想的运动要素所在。运动员所穿的紧身衣、连体训练服都含有莱卡成分。

（二）服装色彩的选择

挑选训练服要讲究色彩。室外运动必然受到阳光照射，阳光中的紫外线能杀死细菌，促进人体健康，为使光照有利于人体健康，穿着训练服要注意色彩。

紫外线的透过率按白、蓝、紫、灰、黄、绿、红、黑的次序依次降低。穿着训练服时可选择紫外线透过率较大的色彩。如夏天宜选白色、亮黄等吸热量低的浅色服装，冬天则可选择黑、蓝、红等吸热量高的深色服装。

（三）服装功能的选择

考虑季节和环境温度的变化。夏季可选择薄而轻盈的训练服装帮助散热，秋冬季则可选择既能保存热量又能散发湿气的训练服，使肌肉感觉舒适、柔软、避免运动中受到不必要的运动伤害。

在户外进行体能训练时，一般要求训练服具有防风、防水、抗紫外线的功能。同时，训练服的搭配需要兼顾自己的体型、肤色等因素。如较胖的人在运动时会大量出汗，水分流失较多，这类人应根据个人情况，选择较为宽松、吸水性好的训练服。

二、运动鞋的选择

运动鞋是根据人们参加运动的特点设计制造的。在运动中选择一双合适的运动鞋，不仅能增强运动效果，还能减少运动对足踝、跟腱、肌肉、跟筋膜、小腿骨膜的损伤，延缓运动疲劳的发生。

运动鞋的选择要注重其功能性。不管从事何种运动，运动鞋都需大小合脚，气垫能防止震动，减轻关节压力，耐久不易破损，具有一定的透气性等。不同项目的体能训练对运动鞋功能的需求也不一样，在进行不同的运动项目时应选择符合该运动项目特性的运动鞋。

(一) 户外运动

在选择户外运动鞋时需注意以下几个方面。

(1) 鞋子尺码的选择。运动中人的脚会肿胀，在下坡时，脚在重力作用下会向前冲，因此，选择户外鞋时要注意尺码不要太小。在穿上厚棉袜、不系鞋带的情况下，将脚趾紧顶在鞋的前端，脚的后跟部可以放下一根手指就是比较合适的尺寸。最好双脚试穿，大部分人的双脚大小略有差异。

(2) 鞋帮的选择。在户外有台阶的平坦山地，选择低帮轻便灵活的鞋；在崎岖、高低不平的山地，需选择高帮鞋。高帮在户外活动时可以很好地保护容易疲劳和受伤的脚踝部位。

(3) 鞋底的选择。应选择花纹多且纹沟深的鞋底，可以保证优良的抓地性。

(4) 根据脚型选择。脚一般有低或平足弓、正常足弓和高足弓 3 种类型。低或平足弓的人，应选带有坚硬后帮、支撑力较强的鞋；高足弓的人，应选择减震强、脚跟稳定性好的鞋。

(二) 慢跑鞋的选择

慢跑鞋鞋后跟要宽大稳固，鞋带下方需有衬舌(以保护脚背与伸趾肌腱)，鞋底要有柔软夹层，可减缓冲击力，且具有耐撞击、稳定性与避震性。此类适用于航空安全员体能训练中耐力项目用鞋的选择参考。

(三) 以跳跃为主的运动

为了分解跳跃动作的冲击力，同时提高跳跃的效果，应选用较为轻巧，鞋底前 1/3～1/2 处柔软的运动鞋。

(四) 以速度类短距离跑为主的运动

短距离速度跑体能训练应选择矮帮的运动鞋。和长距离跑相比较，进行短距离的高速跑训练时更注重脚步的灵活，这个时候就要求踝关节要随时灵活应对各种急转弯动作。航空安全员体能训练科目中有多个短距离速度跑项目，如 100 米跑、25 米折返跑、T 形跑等，所以进行此类项目训练及测试时应该有针对性地选择合适的运动鞋进行运动。

三、个人护具的选用

选用护具时要根据实际情况，考虑自己的特点和需求，根据保护部位、通气透汗性、防滑性以及轮廓的线条设计来选择。

在康复训练之外的训练准备工作中，可酌情对腕关节、腰部、膝关节、踝关节、指关节等进行贴扎，选用合适材质和规格的个人护具能在一定程度上防止运动伤害。

(一) 护腕

护腕可以有效地减轻手腕部位的过度屈伸，特别是参加一些手腕部位需要负重的运动时，佩戴护腕可以减少外力重量瞬间对手腕的冲击力，保护手腕。比如航空安全员体能训练中的单杠引体向上、双杠臂屈伸、杠铃快挺等，完成动作的瞬间手腕部会受到较大重力的牵拉或挤压，所以进行此类体能训练时，可根据自身情况选择佩戴护腕。

（二）护腰

运动者在做大负荷力量训练时经常使用。腰是人体的中间环节，当进行大负荷力量训练时，需要腰部作为中枢来传递，当腰部力量不够或动作不正确时就容易受伤。使用护腰能有效地起支撑、固定的作用，防止腰部扭伤。2019 年颁布的《航空安全员训练大纲》中，有两项大负荷力量项目，分别为 90 千克杠铃硬拉与 60 千克负重折返跑。航空安全员学员及航空安保专业学生在进行此类体能训练时，特别是对于体重较轻、绝对力量较为薄弱的个体应格外注意腰部的保护。

（三）护膝

做举重、负重蹲起等大负荷运动以及身体间对抗剧烈的运动时常常会使用。使用护膝能较好地固定关节，减轻运动中关节的碰撞和磨损，同时还可有效防止运动中摔伤时对膝关节表皮的损伤。

（四）护踝

一般短跑和跳跃运动者使用较多。使用护踝可以对踝关节起固定保护作用，防止踝关节扭伤，还能防止跟腱过度拉长。对于踝关节损伤的运动者，护踝能有效地减少关节活动的范围，减轻疼痛，加快恢复。

第三节　体能训练的环境选择

人体各种生命活动都受环境的影响，并通过自身调节系统的功能与环境变化产生适应。运动者要想获得好的体能训练效果，就需要适宜的环境和对环境的良好适应。

一、适宜的运动环境

人体与外界不断进行热交换，以维持正常体温，除太阳辐射外，还受气温、湿度、气流三者的综合影响，尤其是气温会对机体体温调节产生重要影响。人们可以利用不断变化的气象因素适当地锻炼身体，提高机体的适应能力和健康水平。但当空气质量较差、气温过高或过低时，会使体内的代谢功能产生变化，此时则不适宜长时间进行户外体能训练。

（一）大气环境

机体与外界环境不断地进行着气体交换，以维持正常的生理活动，所以大气中正常的化学组成是保证人体生理机能和健康的必要条件。

1. 大气环境污染对人体运动的影响

环境污染是指当物理、化学和生物因素进入大气、水、土壤环境中，且其数量、浓度和持续时间超过了环境的自净能力，以致影响生态平衡和人体健康时的环境状态。典型的光化学烟雾是由臭氧、二氧化氮、过氧化物二氮和其他硝酸盐化合物、硫酸盐、颗粒物以及一些还原剂等混合组成，这些污染物对人体健康可产生单独的、相加的或协同的影响。

（1）大气污染会导致运动者持续运动能力下降，空气污染程度越严重，持续运动能力下降越明显。

(2) 大气中的氧化剂可影响机体对氧气的利用率,造成呼吸不适,影响运动成绩。

(3) 空气污染会对运动训练效果产生明显的影响,使训练效果消退。

2. 运动建议

(1) 进行室外体能训练时,最好先看当天天气预报中的城市空气质量污染指数。在空气指数为优或良好时,可外出晨练;如果空气质量出现污染的状况,就不宜进行户外体能训练。

(2) 室外运动场所要选择无污染、空气清洁的地方,尽量避开污染区,如高速公路旁、交通繁忙的时段或污染源附近等。

(3) 有些有害气体的浓度受天气和季节的影响较大,如冬季或雾天大气污染程度较高,此时最好不要在室外进行体能训练。

(二) 冷环境

冷环境一般是指0℃以下或者更低的环境。在低温环境中,体温下降超过1℃,就会损害人体机能。

1. 冷环境对人体运动的影响

坚持在冷环境中运动可以改善人体对寒冷的适应能力,提高耐寒力,有利于身体各系统机能的进一步加强。但如果长时间暴露在寒冷的环境中,低温的刺激会使机体发生损伤。在寒冷环境下运动时,人体有以下表现。

(1) 低温可使肌肉僵硬,黏滞性增大,易造成运动损伤。暴露的身体部位有时会造成冻伤。

(2) 低温可使兴奋组织(神经、肌肉、腺体)的兴奋性降低,也可使酶的活性降低,从而影响机体运动能力。

(3) 低温可反射性地引起人体内物质代谢过程增强,增加机体的氧耗。降低氧的运输能力,从而使最大吸氧量下降。

(4) 如果环境温度过低会使体温下降,引起血氧离解度降低,可加重运动中的缺氧。

2. 运动建议

(1) 做好充分的热身活动。冬季气温较低,人体各器官系统特别是肌肉处于紧缩状态,肌腱和韧带的弹力及伸展性有所降低。如果不经热身就从事一些强度大的训练,尤其是跳跃性运动,身体可因突然间的不适应而导致肌肉拉伤、扭伤关节等。

(2) 注意防寒保暖,适宜散热。让机体对外界的寒冷空气有一个逐渐适应的过程,尽量减少和避免迎风运动。在迎风跑时,应用鼻子呼吸,不要用嘴呼吸,以免使体内吸入寒气。

(三) 热环境

从事体能训练的最佳体温是37.2℃,骨骼肌的温度是38℃。人体在热环境下运动时,会引起体内热积蓄增加,产生因内环境稳定的条件改变而引发的各种生理变化。

1. 热环境对人体运动的影响

(1) 更容易产生疲劳:在热环境下运动时,随着体温升高和心率加快,人体出汗和呼吸活动也会增加,这就需要消耗更多的肌糖原,从而产生更多的乳酸,使机体更易疲劳。

(2) 会影响运动成绩:在热环境条件下运动时,温度调节中枢使心血管系统将更多的血

液运输到皮肤，以用来散热。这就影响了工作肌肉的血流量供应，使肌肉工作的耐力下降，运动成绩受到不同程度的影响。

（3）易引起运动潜力的下降：在热环境中进行大运动量训练时，人体每平方米体表面积每小时要排出1升以上的汗液，较高的排汗量会减少机体内的血容量，使血流量减少、体温升高，降低运动潜力。

（4）易引发疾病：在高气温、热辐射、高湿度的环境条件下长时间剧烈运动时，会由于体表散热效率低而形成体内淤热，发生中暑、热痉挛、热衰竭等疾病。

（5）提升人体克服损伤能力：在热环境下持续重复训练，可逐步提高人体克服损伤的能力，这一过程称为热习服。热习服可使机体散热效率提高，使肌肉利用肌糖原的速率降低50％～60％，降低能量耗竭的危险。

2. 运动建议

（1）在夏季进行体能训练时，应尽量选择在早上或傍晚较凉爽的时候进行，并注意适当饮水和休息。

（2）如需在热环境下运动，应选择阴凉、室内且通风条件良好的环境下进行适宜强度的体能训练，训练时间最好控制在1～2小时，时间不宜过长。

（3）运动过程中，在开始的几天为防止过分热产生应激反应，应把运动强度降低到60％～70％，同时保证运动者不受到热伤害。

二、适宜的运动时间

适宜的运动时间的选择会受诸多因素的影响，如气候、空气质量和身体机能状况等。一天当中适宜运动时间的选择，还受生物节律的影响。

（一）生物节律

生物体内的各种功能活动常按一定的时间顺序发生变化，如果这种变化一定时间重复出现，周而复始，则称为节律性变化。这种变化的节律就称为生物节律。生物节律最重要的生理意义在于使生物机体对环境变化做出前瞻性适应。

生物节律的构成可包括两个方面：一是生物固有节律，即生物体本身具有的内在节律；二是生物节律受到自然界环境变化的影响而能与环境同步。

（二）生物节律与运动训练

合理利用生物节律的规律，对运动训练质量及运动成绩的提高有一定帮助。在日常体能训练过程中，应注意以下几点。

（1）最好在餐后适宜时间进行体育运动：餐前锻炼身体可能引起血糖波动，可能因延迟进餐造成血糖过低，所以最好把运动时间放在餐后。

（2）切记餐后不宜立即进行运动：轻度运动可在饭后半小时进行，中度运动可在饭后一小时进行，高强度运动则在饭后两小时进行最合理。

（3）体能训练最好安排在傍晚时段：一般下午4时以后，是进行体育运动的最佳时间，这时人体耐力上升，肌肉温度高，血液黏滞性小，关节较灵活。人体吸收氧气量的最低点在下午6时，心脏跳动和血压的调节在下午5—6时最平衡。有研究表明，我国运动员的体能在下午6—8时最好。综合来看，傍晚时段进行体能训练效果比较好。

(4) 在晚间时段运动时，要注意运动强度。强度过高会使交感神经兴奋，妨碍入睡。

三、适宜的运动场地

运动场地应选择幽静、环境优美、敞亮的地方，如郊外、公园、草地旁边、健身房、运动场等。不应在人群集聚、车辆如潮、繁华喧嚣、工业区等地方进行体能训练。在场地选择时还要注意以下安全问题。

(1) 运动时应选择平整的运动场地，不应有坑洼、石块等，防止运动事故的发生。

(2) 进行跑跳运动时，应选择不宜太硬、太滑的地面进行活动。

(3) 雨后进行室外运动时，应选择比较干燥的区域，避免在有积水的场地进行运动。

第四节　体能训练与准备活动

准备活动是人体由安静状态逐渐过渡到运动状态的一个过程，是参加运动前不可或缺的步骤。科学地进行准备活动，不仅能有效地避免肌肉、韧带等软组织在运动中发生损伤，而且能提高身体基本素质和运动成绩。

一、准备活动的内容

准备活动的内容应根据体能训练的内容，训练者的年龄和性别等实际条件来安排。准备活动的内容和形式是多种多样的，对场地和器材的要求也有较大的伸缩性，准备活动的动作、路线、方法等内容都也有很大的可变性。准备活动的内容分很多种，大致归纳为一般性准备活动和专门性准备活动。

(一) 一般性准备活动

一般性准备活动是指走、跑、跳、徒手操和游戏等全身的基本活动练习，可以提高中枢神经系统的兴奋性，使全身各主要器官都得到充分活动。进行活动时，应注意加强较弱肌肉群的练习，注意强调动作的准确性，严格按照标准动作进行练习。一般准备活动注重全身性练习，常规流程一般按照从头到脚、从四肢到中间的顺序进行活动操作。

(二) 专门性准备活动

专门性准备活动是指根据不同训练项目进行的有针对性的准备活动，包括相关运动的运动技术和技能练习，目的是保证运动时直接使用的肌肉有适合的肌肉温度和血液供应。专门性准备活动开始时，活动量不要太大，持续时间不要太长，但要保证活动质量。

专门性准备活动大部分是与正式活动内容有关的一些模仿练习、辅助性练习和专门性练习等。航空安全员体能训练包括力量、速度、耐力、灵敏等多个素质的考核项目，所以在进行相关科目的体能训练前，要有针对性地进行专门性准备活动。如进行 100 米跑的训练前，要重点注意进行腿部肌肉的拉伸，适当做一些高抬腿、跨步跳等专门性练习。进行杠铃快挺训练前，则要重点进行肩背部肌肉和关节的拉伸，多做几组手臂绕环、两臂外展扩胸等专门性准备活动动作。

二、准备活动的作用

准备活动是身体迅速进入运动状态的手段，既可以为基本教学和训练做好生理上的准备，避免运动损伤的发生；还可以集中运动者的注意力，为正式的运动训练做好心理上的准备。

(一) 准备活动对运动系统的作用

科学合理的准备活动能有效降低肌肉韧带的黏滞性、增强其弹性和伸展性，使关节的活动幅度加大，从而避免了因提高运动强度所造成的运动损伤。

(二) 准备活动对内脏系统的作用

能够克服内脏系统的“机能惰性”，提高机体的基础代谢率和体温，使体内血液重新分配，使心肺功能水平满足身体对氧的需求，从而保障教学、训练正常完成。

(三) 准备活动对神经系统的作用

通过身体的一系列活动，使人的大脑反应速度提高，神经传导速度加快，动作反射时间缩短，身体协调性改善，有效防止因动作协调性差而引起的肌肉、韧带拉伤。

(四) 准备活动对心理方面的作用

通过各种各样的活动形式调动运动者心理活动的积极性，从而达到集中注意力于运动训练的目的。

三、做准备活动的原则

在准备活动的设计和实施过程中，在遵循以下原则的基础上，应根据具体情况灵活运用，确保活动的有效性、安全性和可持续性。

(一) 科学性原则

准备活动的运动强度、时间和方式，应在保证全身活动的基础上突出重点，循序渐进、由简到繁、由易到难、由慢到快，逐步增加与提高准备活动的运动量、关节活动的幅度、肌肉收缩的负荷量与伸展的长度与速度，确保活动内容能达到最佳的热身效果，避免过度疲劳和运动损伤的发生。

一般来说，准备活动的强度和密度，应根据气候条件来考虑，气温低时，运动量要大一些，持续时间稍长。气温高时，运动量可小一些，持续时间短。在运动强度方面，以心率为110～130次/分钟为宜。

(二) 个体化原则

人体神经类型各有不同，可分为兴奋型、抑制型与中间型三大类。兴奋型的运动者平时兴奋性较高反射时短，准备活动的时间应适当减少。抑制型运动者兴奋性较低，反射时长，应增加准备活动的时间与运动量，使其机能尽快适应运动的需要。

准备活动在具体实施过程中，应根据运动者个人体质、健康状况和运动目标等的不同，进行个性化的准备活动选择和调整。

(三) 多样化原则

注重准备活动内容和方式方法的多样性，以调动机体和心理的积极性。

千篇一律的准备活动内容，易引起大脑皮质抑制过程的出现与加强。经常变换准备活动的内容，多采用新异的语言与动作是提高神经系统兴奋性的重要手段之一；结合游戏、音乐或互动等形式，新颖的、趣味性的准备活动方式，对调动运动者机体和心理的兴奋性具有一定的积极意义。

（四）全面性原则

在进行准备活动的过程中，应先按照先大肌肉群后小肌肉群与关节韧带的顺序实施，对体能训练中重点涉及的肌肉、韧带和关节充分活动。

大肌肉群是人体运动的主要器官。活动开始后，大肌肉群发热快而小肌肉群与关节韧带的预热时间较长，在做准备活动时应先做平时活动较多的大肌肉群（股四头肌、肱二头肌、腰大肌、背阔肌、胸大肌等），待机体体温达到一定程度时，再做小肌肉群与关节韧带的练习，使全身各个部位和器官都得到有效热身和准备，确保身体的全面活动和协调，以避免在后续的运动中出现不适或损伤的情况。

（五）针对性原则

在进行一般性准备活动后，须做好具有针对性的专项准备活动，为下一步专项运动的肌肉、神经、关节与内脏的机能打好基础，以提高运动质量。

一般性准备活动往往是通过一定的慢跑、游戏和徒手操等练习来热身，以达到提高机体工作能力的目的。在一般性准备活动之后，结合专项训练内容，针对运动过程中的重点关节、肌肉和韧带，合理选用目的性强的专门性准备活动，确保活动的内容和形式与目标相符合。通过这些专门性准备活动来充分将有关的肌肉、关节韧带活动开，达到热身和准备的目的，以提高训练效果，减少运动损伤。

（六）安全性原则

准备活动应注意安全问题，确保活动场地、设备、组织和管理等多方面都符合安全要求，避免在做准备活动的过程中发生意外事故。

第五节　体能训练与科学补水

水构成了人类赖以生存的内环境，人只有在水分充足时才能维持良好的细胞功能，调节体温，获得最佳状态。

在进行体能训练时，为了促进机体散热，排汗量会明显增多，出汗易导致体液（细胞内液和外液）和电解质的丢失，导致体内正常的水平衡和电解质平衡被破坏。这对训练者来说，不仅影响训练效果，而且不利于身体健康。因此，为了保证机体在体能训练时的水平衡，应做到积极主动地补水。

一、科学地运动补水

科学地运动补水应该从 3 个时间段来考虑，即运动前补水、运动中补水和运动后补水。

（一）运动前补水

科学研究显示，大量的肌糖原和肝糖原储备、水、电解质的平衡有利于运动和比赛时生

理功能和运动能力的提高。

建议在运动前的24小时内，尤其在运动前一餐的时间内，摄入营养平衡膳食，饮用适量的液体饮料，以提高运动或比赛前机体内的水分。另外，由于运动时人体由胃部进入小肠的水量与胃所容纳的液体量成正比。因此，比较好的做法是运动前2小时饮水400～600毫升，这样可以给予足够的调节时间，从而保持机体生理状态的适宜水平，对减少体温升高、延迟运动中缺水的发生、延缓脱水有积极作用。航空安全员日常体能训练的运动负荷与专业的运动员还有一定差距，航空安全员日常体能训练的目的是维持身体基本素质能力，要求训练者采用的运动负荷既能满足增强体质、保持体能的需要，又符合身体的实际接受能力。故不必采用专业运动员的补水方式，但运动之前的补水也是必不可少的。

（二）运动中补水

人体在运动时，血液循环会加快以供给机体更多的能量。由于汗液的丢失导致血容量进行性减少，血压下降。在运动中，运动者应尽早开始摄入液体，以便补充汗液中丢失的水分。

在运动中坚持少量多次的原则，每隔15～20分钟进行一次补水，补水量以120～240毫升为宜。一般运动中的补水量为失汗量的50%～70%，在剧烈运动中，水分的最大吸收量是800毫升/时。

（三）运动后补水

运动后仍需继续补水，以使液体的进出达到平衡。运动后大量的补水有利于机体生理功能的恢复和消除运动性疲劳，因此，应特别加以重视。

确定失水量的简单方法是称体重，记录运动前后的体重，可以得知运动中丢失的汗量。运动后的补水应大于失水，以使机体恢复水平衡。大量研究显示，需要摄入的液体量为体重丢失的150%以上，体液才能很快地达到平衡。对于体能训练者，只有保持良好的水平衡，才能保证身体的健康，从而达到体能训练的目的。

二、运动补水的注意事项

（一）少量多次

少量多次补水可以避免一次性大量补水对胃肠道和心血管系统造成的负担加重，使身体逐渐得到水分和无机盐的补充，以保持平衡。在运动过程中补水，切忌暴饮。因为在暴饮后，会增加排尿和出汗，使体内电解质进一步丢失，增加心、肾负担，稀释胃液，延长恢复时间。同时，补水的总量应大于失水的总量。

（二）适宜温度

运动补水要注意水的温度，夏季时水温应在12℃左右，其他季节可以与室温相同，在20～25℃。有人喜欢在夏天或运动后喝冰水，这是不可取的。冰镇过的水会使血管由于刺激过强而引起收缩，造成血液循环不畅，尤其对胃黏膜的刺激极容易引起消化功能紊乱，严重者还会引起胃痉挛和腹泻。

（三）营养补充

运动时不应补充纯净水或蒸馏水，应当补充饮用富含矿物质和微量元素的天然矿泉水、凉开水或含糖量低的糖水。有需要的运动者，还可以喝一些淡盐水，因为淡盐水很容易被人体吸收，更容易融入人体内部。现在市场上有很多运动饮料和功能饮料，这些饮料也可以为训练者在运动中提供必要的能量和物质，但是不可过度饮用。

运动时不宜服用高浓度的果汁，因为果汁中过高的糖浓度使胃排空的时间延长，造成运动中胃部的不适。运动补水不推荐碳酸饮料，因为它是以食用香精为主要赋香剂的果味饮料，虽可补充水分，但营养成分很少。尤其是在剧烈运动之后饮用碳酸饮料容易引起胃痉挛、呕吐等消化系统的不适症状。

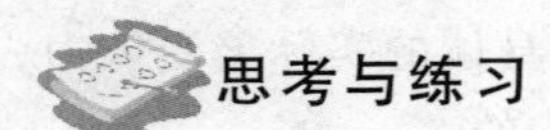

思考与练习

（1）体能训练的科学准备主要包括哪些方面？

（2）运动补水的主要注意事项有哪些？

（3）结合实际情况，简述自身体能训练时都进行哪些准备？比如热身形式、运动装备选择、运动补水等方面。

第五章 航空安全员体能训练常见运动现象及损伤的处理

学习重点

本章学习重点为体能训练常见现象及处理方法、体能训练常见运动损伤的原因及预防、航空安全员体能训练运动损伤的康复与治疗。

学习目标

(1) 理解体能训练常见现象和运动损伤的区别。

(2) 理解和掌握航空安全员体能训练中常见现象和运动损伤的处理方法。

第一节 体能训练的常见运动现象及处理

在航空安全员体能训练的过程中，时常会发生极点、运动中腹痛、肌肉痉挛、晕厥以及中暑等现象。了解体能训练的常见现象，并掌握常见运动现象的基本处理方法，有助于航空安全员体能训练的有效开展，并直接影响航空安全员体能训练的效果。

一、极点与第二次呼吸

(一) 定义与征象

在进行强度较大、持续时间较长的剧烈运动中，由于运动开始阶段内脏器官的活动不能满足运动器官的需求，运动者常常会产生一些比较难受的生理反应，如呼吸困难、胸闷、头晕、心率增加、肌肉酸软无力、动作不协调等，这种机能状态称为极点。

极点出现后，如果依靠意志力和调整运动节奏，继续坚持运动，一些不良的生理反应会逐渐减轻或消失，此时呼吸变得均匀自如，动作轻松有力，运动者能以较好的机能状态继续运动，这种状态称为第二次呼吸。

（二）处理方法

（1）极点出现时，应适当降低运动强度，如继续坚持运动，调整呼吸节奏，加深呼吸深度，减少血液中二氧化碳的浓度，有利于极点反应的减轻和促进第二次呼吸的出现。

（2）第二次呼吸的出现也标志着极点已克服。若以上症状仍无消失，则及时送医进行处理。

二、运动中腹痛

（一）定义与征象

腹痛是运动过程中一种常见的症状，很多人出现此现象时查不出发病原因，多数与运动训练有关。

引起运动中腹痛的原因，基本上分为运动性腹痛、腹腔内疾病和腹腔外疾病。运动性腹痛往往与以下因素有关：缺乏锻炼或训练水平低；准备活动不充分；身体情况不佳、劳累、精神紧张；运动时呼吸节奏不好，速度突然加得过快，运动前食量过多或饥饿状态下参加剧烈训练和比赛等。

（二）处理方法

（1）运动中出现腹痛后，可适当减慢速度，并做深呼吸，调整呼吸与动作的节奏。

（2）必要时用手按压疼痛部位，弯腰跑一段距离，一般疼痛即可消失。

（3）如采用以上两种方法后仍然疼痛，应暂时停止运动，根据情况口服阿托品、颠茄等解痉止挛的药物。针刺或点掐足三里、内关、三阴交等穴位，进行腹部热敷等。如仍无效应请医生处理。

（4）对因腹内或腹外疾病所致的腹痛，应根据原发疾病进行相应的治疗。

三、肌肉痉挛

（一）定义与征象

肌肉痉挛俗称抽筋，是肌肉发生不自主的强直收缩所显示出的一种现象。运动中最容易发生痉挛的肌肉是小腿腓肠肌，其次是足底屈拇肌和屈趾肌。

发作部位的肌肉剧烈挛缩发硬，疼痛难忍，痉挛肌肉所涉及的关节伸屈功能有一定的障碍。发作常可持续数分钟，发生肌肉痉挛的运动者不能坚持参加运动训练和相关测试比赛。

（二）处理方法

（1）不严重的肌肉痉挛，只要采用以相反的方向牵引痉挛的肌肉，并持续一段时间，一般都可使其缓解。在做牵引时，切记用力要缓慢、均匀，不可用力过猛，以免造成肌肉拉伤。

（2）牵引痉挛肌肉的同时，在痉挛肌肉部位做按摩，手法以揉捏、重力按压为主。可针刺或点掐委中、承山、涌泉等穴位，处理时要注意保暖，热疗（热水浸泡或局部热敷）也有一定疗效（图 5-1）。

（3）严重的肌肉痉挛有时需采用麻醉才能缓解。

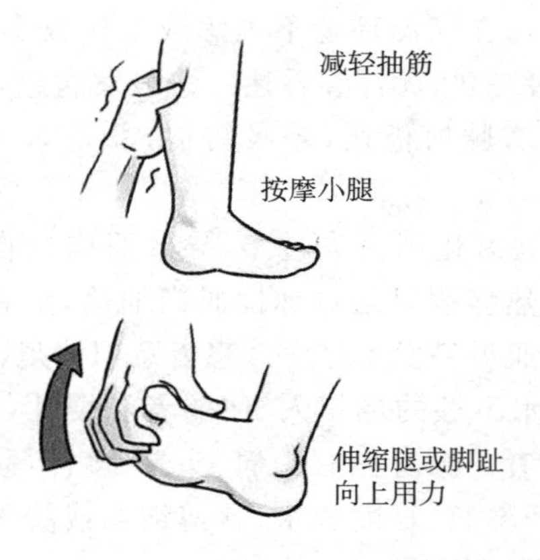

图 5-1 痉挛肌肉按摩手法

四、晕厥

(一) 定义与征象

晕厥是由于脑血流暂时降低或血液中化学物质变化所致的意识短暂紊乱和意识丧失，也是一种过度紧张的表现形式。

晕厥时，病人失去知觉，突然昏倒。昏倒前，病人感到全身软弱无力、头昏、耳鸣、眼前发黑。昏倒后，面色苍白、手足发凉、脉搏细而弱、血压降低、呼吸缓慢。轻度昏厥，一般在昏倒后不久由于脑部缺血缓解，能很快恢复知觉。醒后仍有头晕、全身无力等感觉。

(二) 处理方法

(1) 让患者平躺，足部略高，头部稍低，以增加脑血流量。

(2) 针刺或点掐人中、百会、合谷、涌泉等穴，一般很快恢复知觉。

(3) 注意保暖，防止受凉；如有呕吐时，应将患者的头部偏向一侧。

(4) 患者清醒后，可服用热糖水和维生素 C、维生素 B_1 等，注意休息。

(5) 对中暑晕厥者，先将其转移到阴凉通风处快速降温，用冷水或酒精擦浴使皮肤发红，头部及大血管分布区放置冰袋，有条件者静脉点滴 5%的葡萄糖生理盐水。

五、中暑

(一) 定义与征象

中暑是在高温环境下进行高强度工作时，会引起人体体温调节中枢功能障碍，汗腺功能衰竭，水和电解质丢失过量所导致的一种疾病。体能训练中常在高温、高湿和通风不良的环境中进行运动时发生。

运动性中暑是指肌肉运动时产生的热超过了身体散发的热而造成运动者体内的过热状态。运动性中暑主要有高热、中枢神经系统功能障碍和皮肤发热、干燥呈粉红色。中暑是夏天开展体能训练的常见现象，易发生在天气炎热时段。所以，如果气温较高或阳光较为强烈的时间组织训练测试或比赛，一定要做好防暑降温。重度中暑可分为热射病、热痉挛、热衰竭 3 种。

(1) 热射病：又称中暑高热，是由热损伤因素作用于机体引起的严重致命性疾病，高热、无汗和昏迷是本病的特征，往往在高温环境下训练或工作数小时后发病。热射病的症状轻重不等，轻者呈虚弱状态，重者高热、无汗和昏迷。一般发病急，体温上升，脉搏及呼吸加快。重者引起昏迷，体温超过 40℃，脉搏极快，呼吸短促，严重者可因心力衰竭或呼吸衰竭而致死。

(2) 热痉挛：大量出汗引起氯化钠丢失过多，导致肌肉兴奋性升高，发生肌肉疼痛和肌肉痉挛者，称为热痉挛。轻度热痉挛只是对称性肌肉抽搐，重者大肌群也发生痉挛，呈阵发性，负荷较重的肢体肌肉和腹肌最易发生痉挛。患者意识清楚，体温一般正常。

(3) 热衰竭：多发生于饮水不够的老年人、体弱者和婴儿，也可见于从事高温下运动训练的新手、补足盐而饮水不足者。患者先有头痛、头晕、多汗、恶心、呕吐，继而口渴、疲乏无力、焦虑、胸闷、面色苍白、冷汗淋漓、轻度脱水、脉搏细弱或缓慢、血压下降、心律不齐，可有晕厥，并有手足抽搐，重者出现循环衰竭。

(二) 处理方法

(1) 热衰竭和热痉挛患者应转移到通风阴凉处休息。

(2) 热痉挛患者可口服凉盐水或含盐饮料或静脉注射生理盐水，轻度患者可服用仁丹、十滴水或藿香正气水等药品。

(3) 用 4～11℃凉水摩擦皮肤，使皮肤血管扩张从而加速血液循环，用风扇吹风。在头部、腋窝、腹股沟放置冰袋以降温。

(4) 场地急救要保持呼吸道通畅，测量血压、脉搏、体温，点滴输液，严重者要及时送往医院抢救。

(5) 热射病如不及时采取有效的抢救措施，死亡率可高达 5%～30%。

第二节　体能训练的运动损伤概述

一、运动损伤的概念

人体在体育运动过程中发生的损伤，称为运动损伤。

运动损伤常与运动训练水平、运动环境与条件等因素有关。明确运动损伤发生的原因、预防措施及处置方法，有利于体能训练中采取尽可能科学合理的练习手段，不仅可以有效地预防运动损伤，减少伤病的发生，对提高体能训练的质量也具有重要的意义。

二、运动损伤的分类

(一) 按受伤组织结构分类

按受伤组织结构分为皮肤损伤、肌肉损伤、肌腱损伤、关节软骨损伤、神经损伤、血管损伤、内脏器官损伤等。

(二) 按伤后皮肤、黏膜是否完整分类

(1) 开放性损伤：伤后皮肤或黏膜的完整性遭到破坏，受伤组织有裂口与体表相通，如擦伤、刺伤、切伤、撕裂伤及开放性骨折等。

(2) 闭合性损伤：伤后皮肤或黏膜仍保持完整，受伤组织无裂口与体表相通，如挫伤、关

节韧带扭伤、肌肉拉伤、闭合性骨折等。

(三)按损伤后运动能力的丧失程度分类

(1)轻度伤:受伤后仍能进行体育活动或训练。

(2)中度伤:受伤后需要进行门诊治疗,短时间内不能按体能训练要求进行运动训练或需停止患部练习或减少患部活动。

(3)重度伤:受伤后需住院治疗,完全不能从事体育活动或训练。

(四)按损伤的病程分类

(1)急性损伤:直接或间接力量一次作用而致伤,伤后症状迅速出现,病程一般较短。

(2)慢性损伤:按病因又可分为陈旧伤和过度损伤两类。

三、运动损伤的原因

造成运动损伤的原因有很多,归纳起来主要可分为以下8个方面。

(一)思想不够重视

运动损伤的发生,常与教练员和运动者对预防运动损伤的认识不足、思想上麻痹大意和缺乏预防知识有关。在训练和比赛中没有采取积极有效的预防措施,发生运动损伤后不认真分析原因,吸取教训,致使运动伤害事故时有发生。

(二)缺乏合理的准备活动

准备活动的目的是进一步提高中枢神经系统的兴奋性,增强各器官系统的功能活动,使人体从相对静止状态过渡到紧张的活动状态。有研究表明,缺乏准备活动或准备活动不合理,是造成损伤的首位或第二位的原因。

在准备活动方面主要存在以下缺点:不做准备活动或准备活动不充分;准备活动的内容与正式运动的内容结合得不好或缺乏专项准备活动;准备活动的量过大;准备活动的强度安排不当;准备活动距离正式运动的间隔时间过长等。

(三)技术动作错误

技术动作的错误,违反了人体结构功能特点及运动时的力学原理而造成损伤,这是初参加运动训练的人或学习新动作时发生损伤的主要原因。

(四)运动负荷过大

运动负荷超过了运动者可以承受的生理负担量,尤其是局部负担过大,引起微细损伤的积累而发生劳损,这是专项运动训练中造成损伤的主要原因。

(五)身体功能和心理状态不良

运动者在睡眠或休息不好、患病受伤、伤病初愈、疲劳或心情不好、情绪低落时,肌肉力量、动作的准确性和身体的协调性显著下降,警觉性和注意力减退,反应迟钝,此时参加剧烈运动或练习较难的动作,就可能发生运动损伤。

(六)组织实施训练方法不当

在组织训练过程中,没有按照系统性和个别对待的原则,没有遵守循序渐进的原则;在教学方法方面,如训练学生过多时,教员缺乏正确的示范和耐心细致的教导,缺乏学员间的相互保护和自我保护；安排测试或比赛方面，日程安排不当，场地和时间随意变动，允许有伤病的学员参加测试或比赛等，这些都是容易造成运动损伤的原因。

（七）场地设备缺陷

运动场地不平，有小碎石或杂物；跑步道路太硬或太滑；器械维护不良或年久失修，表面不光滑或有裂缝；器械安装或者摆放位置不当，高低、大小或重量不符合运动者的个体特点；缺乏必要的防护用具（如护腕、护踝、护腰等）；运动时的服装和鞋袜不符合运动卫生要求等，都可能成为造成运动损伤的隐患。

（八）不良气象的影响

气温过高容易引起疲劳和中暑，气温过低容易发生冻伤，或因肌肉僵硬、身体协调性降低而引起肌肉韧带损伤；潮湿高热易引起大量出汗，发生肌肉痉挛或虚脱；光线不足、能见度差也会影响运动者正常训练，使其运动训练兴奋性降低，进而也可能导致运动损伤。

四、运动损伤的预防

（一）加强思想教育

平时注意加强防伤观念的教育，在教学、训练和比赛中，认真贯彻“预防为主”的方针，加强对参训人员组织性、纪律性教育，培养良好的体育道德风尚。

（二）认真做好准备活动

在教学、训练和测试比赛前，应充分做好准备活动。准备活动的目的是提高中枢神经系统的兴奋性，特别是克服自主神经的惰性。通过全身各关节、肌肉的活动加速血液循环，使肌肉组织得到充分的血液供应，增强肌肉的力量和弹性，并恢复技术动作的条件反射联系，为正式运动做好充分的准备。做好准备活动应注意以下几方面。

(1) 准备活动的内容与负荷应依据正式活动的内容、个人身体机能状况、当时的环境气象三方面因素而定。

(2) 一般的准备活动要做得充分，专项准备活动一定要有针对性，与后面的正式活动要有有机的联系。

(3) 易伤部位的准备活动要加强，加大热身活动的比重。

(4) 有伤部位的准备活动，操作时要特别谨慎，不可操之过急，动作要缓和，幅度、力度、速度要循序渐进。

(5) 在整个运动训练过程中，间歇时间较长时，也应在运动前再次做好准备活动。

（三）科学安排教学、训练和比赛测试

加强基本技术的教学训练，教师或教练员在教学和训练中对新技术动作认真讲解、正确示范，使每位练习者对技术动作都有完整概念，便于学习掌握和练习。

教学、训练中要遵循循序渐进和个别对待的原则。学习技术动作时应从易到难，由简单到复杂，从分解动作到整体动作逐步进行。一次训练课中，难度高、费力大的动作教学应安排在课的前面或当中进行。同时，在教学训练中，也应注意结合参训者的年龄、性别、健康状况、训练水平等特点，分类教学、因材施教。

（四）合理安排运动负荷

运动负荷安排不足，不能达到促进人体运动能力提高的目的。运动负荷安排过大，超出

了人体所能承受的负荷，不仅使运动系统的局部负荷过重，还会导致中枢神经系统疲劳，致使全身机能下降，协调能力降低，注意力、警觉反应都减弱，从而容易发生损伤。运动系统的劳损，大多由于长期局部负荷过大所致。

为了减少运动损伤，教师、教练员应遵守运动训练原则，根据不同训练项目的特点，结合不同参训者的个体状态，合理安排运动负荷。做到整体训练统筹分配，个人专项训练个别关注对待，循序渐进。

（五）加强易伤部位的练习

加强对易伤部位和相对薄弱部位的练习，提高特殊部位机能，是预防运动损伤的积极措施。

例如，为了预防腰部损伤，除应加强腰部肌肉的练习外，还应加强腹肌的练习，因为腰部肌肉受伤，从某种意义上讲与腹肌有关，腹肌力量不足，易使脊柱过度后伸而致腰部受伤。

（六）加强医务监督

对经常参加体能训练的人，均应定期进行体格检查。对体检不合格者，则不允许参加训练和比赛；伤病初愈的人参加相关体能训练时，应取得医生的同意，并做好自我监督。自我监督的主要内容如下。

(1) 一般观察：每天记录晨脉、自我感觉。每周测一次体重。如晨脉逐日增加，自我感觉不良，运动成绩下降，机能试验时脉搏恢复时间延长，说明身体机能不良，应及时到医院查明原因。

(2) 特殊观察：根据不同项目特点和运动创伤的发生规律，要特别注意观察运动系统的局部反应，如局部有无肿胀、发热、肌肉有无酸痛、关节有无肿痛等；要经常认真地对运动场地、器械、设备以及个人运动服装、鞋袜、防护用具等进行安全检查；运动过程中做好保护与自我保护。

第三节　体能训练常见运动损伤的处理

一、擦伤

（一）定义与征象

擦伤是人体皮肤受到外力摩擦，导致皮肤组织被擦破出血或有组织液渗出。特点是皮肤表面受损、出血，常成片状。

（二）处理方法

(1) 一般伤口较浅、面积小的擦伤，可用外贴创可贴（图 5-2）。使用创可贴时伤口长度不可超过创可贴宽度，切口相对整齐、清洁，适用于表浅性创面的护理。如面积较大擦伤，可用生理盐水洗净伤口，伤口周围用 75%的乙醇消毒，局部擦拭红汞或紫药水，但面部不宜使用紫药水。一般无须包扎，让其暴露在空气中待干后即可，也可敷以无菌纱布。

(2) 关节附近的擦伤，一般不用暴露疗法，因干裂易影响关节运动，一旦发生感染，易波及关节。故关节附近的擦伤经消毒处理后，多采用消炎软膏或多种抗菌软膏搽抹，并用无菌敷料覆盖包扎。

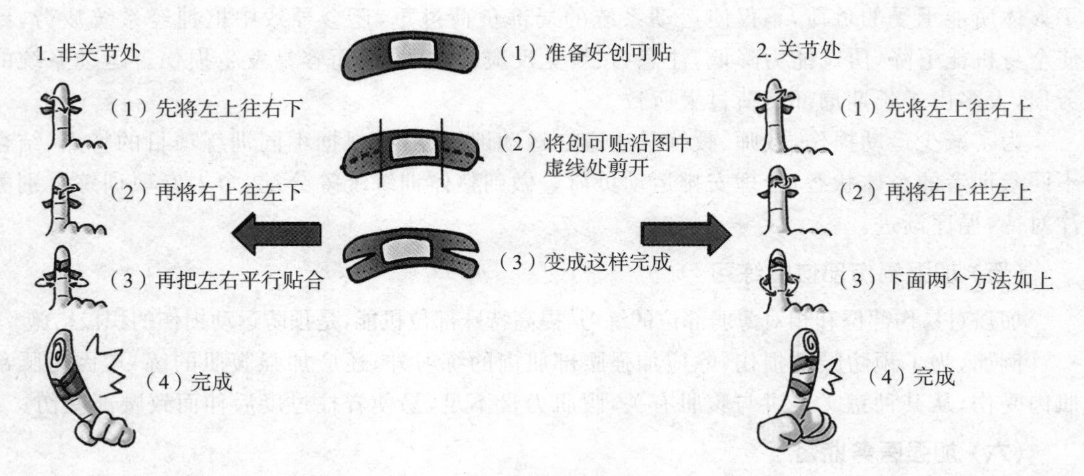

图 5-2 创可贴使用方法

（3）伤口中若有煤渣、细沙、泥土等异物，要用生理盐水冲洗干净，必要时可用已消毒的硬毛刷子将异物刷净，伤口可用双氧水、伤口周围用 75% 乙醇消毒，然后用凡士林纱条覆盖伤口并包扎。

（4）若伤口较深、污染较重时，应注射破伤风抗毒血清，并使用抗生素治疗。

二、肌肉拉伤

（一）定义与征象

由于肌肉主动的猛烈收缩或被动的过度牵伸，超过了肌肉本身所能承担的限度，而引起的肌肉组织损伤，称为肌肉拉伤。

肌肉拉伤后，局部疼痛、肿胀、压痛、肌肉活动受限；肌纤维断裂时，有“撕裂”感，随即失去控制相应关节活动的能力，运动功能严重障碍，由于断裂肌肉的收缩，在断裂处可看见或摸到明显的凹陷。常见的拉伤部位是大腿后群肌、大腿内侧肌、腰背肌、小腿三头肌等。

（二）处理方法

（1）肌肉微细损伤或少量纤维撕裂时，应立即用冷水浸泡 15～20 分钟，或者将冰块装入塑料袋内进行外敷 10～15 分钟。

（2）加压包扎或外敷新伤药，然后在能使肌肉松弛的位置固定休息，24 小时后可进行按摩、痛点药物注射、理疗等。

（3）疑有肌纤维大部分撕裂或肌肉完全断裂时，经加压包扎、固定伤肢等急救处理后，迅速将伤员送至医院，及早进行手术缝合。

三、韧带扭伤

（一）定义与征象

在运动时由于技术动作的不规范、场地不够平整或者运动前未充分做好准备活动等原因，常发生关节韧带扭伤。多见于踝关节外副韧带损伤、指关节损伤、膝内侧副韧带损伤。

韧带扭伤的特点是损伤部位红肿、疼痛、压痛、关节活动障碍，有皮下出血的可见青紫

区,行动不便。

(二) 处理方法

(1) 扭伤后应立即进行局部冷敷处理,早期正确处理关节韧带损伤极其重要,急性扭伤发生后应立即停止活动,立即用冷水浸泡15~20分钟,或者将冰块装入塑料袋内进行外敷10~15分钟。

(2) 受伤后24~48小时,损伤部位的出血已停止,这时可以用热敷帮助患处消肿和促进血液吸收,但热敷时水温不宜太高,时间也不宜太长,以免造成患处的二次伤害。

(3) 扭伤严重者经过以上处理后应及时就医。

四、疲劳性骨膜炎

(一) 定义与征象

疲劳性骨膜炎是骨组织对运动负荷过大的一种反应性炎症,多发于初参加运动训练的青少年。其常发部位为胫骨、腓骨、尺骨、桡骨等。

疲劳性骨膜炎往往具有典型的运动史、发病史和反复疼痛史。初期多在运动后局部出现疼痛,若继续进行较大负荷的运动,疼痛逐渐加重,严重时出现刺痛或烧灼感,个别有夜间痛。急性期大多出现局部的凹陷性水肿,在局部骨面上可摸到散在压痛点,患者常伴有后蹬痛或支撑痛。

(二) 处理方法

(1) 发病早期,应适当减少局部负荷,局部进行热敷、按摩,休息时抬高患肢,运动时用弹力绷带裹扎局部,一般都会随局部适应能力的逐渐改善而痊愈。

(2) 经常疼痛或症状严重的患者,应用弹力绷带包扎,抬高患肢休息,并配合中药外敷、按摩、针灸、理疗等。

(3) 经以上处理后,局部症状无改善,甚至加剧者,应进行X线拍片检查以排除外疲劳性骨折。

五、关节脱位

(一) 定义与征象

关节脱位也称脱臼,是指构成关节的上、下两个骨端失去了正常的位置,发生了错位。多因暴力作用所致,以肩、肘、下颌及手指关节最易发生脱位。

关节脱位的表现,一是关节处疼痛剧烈;二是关节的正常活动丧失;三是关节部位出现畸形。临床上可分损伤性脱位、先天性脱位及病理性脱位等几种情形。关节脱位后,关节囊、韧带、关节软骨及肌肉等软组织也有损伤,另外关节周围肿胀,可有血肿,若不及时复位,血肿机化,关节粘连,使关节不同程度丧失功能。

肩关节脱位最常见,约占全身关节脱位的50%,这与肩关节的解剖和生理特点有关,如肱骨头大,关节盂浅而小,关节囊松弛,其前下方组织薄弱,关节活动范围大,遭受外力的机会多等。肩关节脱位的症状如下。

(1) 伤肩肿胀,疼痛,主动和被动活动受限。

(2) 患肢弹性固定于轻度外展位,常以健康手托患臂,头和躯干向患侧倾斜。

（3）肩三角肌塌陷，呈方肩畸形，在腋窝、喙突下或锁骨下可触及移位的肱骨头，关节盂空虚。

（4）搭肩试验阳性，患侧手靠胸时，手掌不能搭在对侧肩部。

（二）处理方法

（1）脱位后应尽早进行整复，不但容易成功，还有利于关节功能的恢复。关节脱位后，关节内发生血肿，如果复位不及时，血肿会机化而发生关节粘连，使关节复位困难增加。

（2）若不能及时复位则应立即用夹板和绷带在关节脱位所形成的姿势下进行临时固定，保持伤员安静，尽快送医院处理。

在运动损伤中以肩、肘关节脱位为常见，其临时固定方法为：①肩关节脱位可用大悬臂带悬挂伤肢前臂于屈肘位。②肘关节脱位最好用铁丝夹板弯成合适的角度，置于肘后，用绷带固定后再用大悬臂带挂起前臂。如无铁丝夹板，可直接用大悬臂带固定伤肢。若现场无三角巾、绷带、夹板等，可就地取材，用头巾、衣物、薄板、竹板、大本杂志等作为替代物。

六、骨折

（一）定义与征象

骨折是指骨结构的连续性完全或部分断裂。骨折为严重的伤害，骨折分为开发性骨折和闭合性骨折两种。体育运动中多发为闭合性骨折，其中以前臂发生骨折为多。发生骨折的主要原因主要有3种情况。

1. 直接暴力

暴力直接作用于骨骼某一部位而致该部骨折，使受伤部位发生骨折，常伴不同程度软组织损伤。如撞击小腿，于撞击处发生胫腓骨骨干骨折。

2. 间接暴力

间接暴力作用是通过纵向传导、杠杆作用或扭转作用使远处发生骨折，如从高处跌落足部着地时，躯干因重力关系急剧向前屈曲，胸腰脊柱交界处的椎体发生压缩性或爆裂骨折。

3. 积累性骨折

长期、反复、轻微的直接或间接损伤可致使肢体某一特定部位骨折，又称疲劳骨折，如远距离行走易致第二跖骨、第三跖骨及腓骨下1/3骨干骨折。

骨折发生后，其症状是患处变形，丧失正常活动功能，异常活动，有骨擦感觉，剧烈疼痛，面色苍白，局部有红肿或瘀血斑，伤处压痛锐利。

（二）处理方法

（1）对骨折病人的急救原则是防治休克，保护伤口，固定骨折。即在发生骨折时，应密切观察，如有休克存在，则首先是抗休克，如有出血，应先止血，然后包扎好伤口，再固定骨折。

（2）骨折时，用夹板、绷带将折断的部位固定包扎起来，使伤部不再活动，称为临时固定（图5-3）。其目的是减轻疼痛，避免再伤和便于转送。临时固定的注意事项：①骨折固定时不要无故移动伤肢，为暴露伤口，可剪开衣裤、鞋袜，对大小腿和脊柱骨折，应就地固定，以免因不必要的搬运而增加伤员的痛苦和伤情。②固定时不要试图整复，如果畸形严重，可顺伤肢长轴方向稍加牵引。开放性骨折断端外露时，一般不宜还纳，以免引起深部污染。③固定用夹板或托板的长度、宽度，应与骨折的肢体相称，其长度必须超过骨折部的上、下两个关

节，如没有夹板和托板，可就地取材(如树枝、竹片、木棍等)，或把伤肢固定在伤员的躯干或健肢上。夹板与皮肤之间应垫上棉垫、纱布等软物。④固定的松紧要合适、牢靠，过松则失去固定的作用，过紧会压迫神经和血管。故四肢固定时，应露出指(趾)，以便观察肢体血流情况。如发现异常(如肢端苍白、麻木、疼痛、变紫等)应立即松开重新固定。

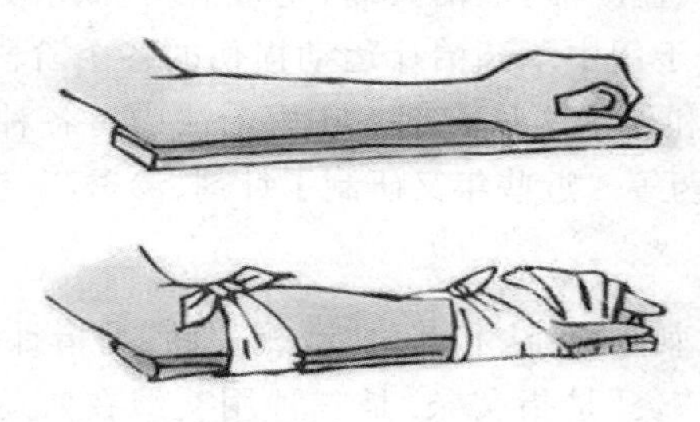

图 5-3　骨折固定

七、训练性膝关节痛

(一) 定义与征象

运动时膝关节疼痛的原因有可能是股骨远端、胫骨近端、髌骨、关节软骨和周围的肌肉韧带等组织出现了损伤。训练后膝关节疼往往与半月板损伤或者骨关节软骨损伤有关。

不正确的运动姿势、热身运动不充分等都可能是训练时造成膝盖疼的原因。关节扭伤、受冷刺激、运动过度等因素均可诱发膝关节疼痛反复发作。

(二) 处理方法

训练性膝关节痛可能是因为韧带损伤、负荷过重、滑膜炎等引起，需要及时停止运动，在医生指导下进行用药。

(1) 韧带损伤：训练性膝关节痛有可能是外伤的因素，可能会伴随着局部疼痛、活动受限等症状。可使用冷毛巾进行局部冷敷以缓解疼痛，在医生指导下使用绷带或夹板固定，能够促进韧带损伤的恢复。

(2) 负荷过重：训练性膝关节痛也可能是负荷过重的原因，通常是长期做剧烈运动导致膝盖过度负重所引起。应适当地休息，避免膝盖过度负重，通过一段时间的恢复可自行好转。

(3) 滑膜炎：训练性膝关节痛也可能是滑膜炎，通常是创伤感染等多种因素引起的滑膜炎症改变，锻炼时会刺激膝关节引起炎症反应。可遵医嘱口服布洛芬缓释胶囊等药物进行止痛，必要时进行穿刺抽吸术抽出积液。

第四节　运动损伤的治疗与康复

一、运动损伤的治疗

运动损伤的治疗应充分考虑发病的特点和规律，及时采取各种措施，合理安排伤后训练，尽量使用各种保护支持带以防发生劳损、再伤或韧带、肌腱的松弛，加快功能的恢复。

运动损伤的治疗方法主要有中草药疗法、针灸疗法、拔罐疗法、按摩疗法、物理疗法以及固定疗法等。

(一) 中草药疗法

中医治疗创伤性疾病,具有独特而系统的治疗法则和治疗方法,有着内外兼治、疗效较佳的特点。中医认为“伤后气血凝滞,欲治其痛,先行消瘀,欲治其肿,必活其血”“不通则痛,通则不痛”,行气活血法贯穿于用中草药治疗运动损伤的各个阶段和各个环节。

中医治疗损伤分为内治和外治两种方剂。在内治法中有各种丸、散、汤、丹、酒剂等,外治法中有各种外敷、外搽、熏洗药等。近些年又研制了针剂、渗透药、超声波或直流电导入药等。

(二) 针灸疗法

常用的针灸疗法包括针刺法、灸法和其他针法。“针”是指针刺,是一种利用各种针具刺激穴位来治疗疾病的方法。“灸”是指艾条,是一种用艾绒在穴位上燃灼或熏慰来治疗疾病的方法。针灸具有疏通经络、调和阴阳、扶正祛邪的作用。

针灸的方法很多,常用的有针刺法、电针法和灸法。例如,肩部软组织损伤时,针刺法常用穴位有阿是穴、肩髎穴、肩内陵穴、天宗穴等。病侧的外关穴、阳陵泉穴。也可用艾条灸,以局部皮肤红润为度。每日或隔日一次,7～10 日为一个疗程。

(三) 拔罐疗法

拔罐疗法俗称拔火罐,以杯罐为工具,利用火的燃烧排除罐内的空气产生负压,吸附在皮肤上来治疗疾病的方法。

常用的拔罐方法有点火法、留罐法、闪罐法、走罐法和刺血拔罐法。拔罐疗法适用于闭合性软组织损伤,如挫伤、拉伤、扭伤、腰痛、坐骨神经痛等。皮肤过敏、浮肿、出血性疾病的患者,皮肤有破损、感染和大血管的部位等情况均不宜拔罐。

(四) 按摩疗法

按摩是以中医理论为基础,利用专门的手法或器械所产生的作用力,直接作用于人体的皮肤(病灶或穴位),以达到调节人体生理功能和防治伤病的一种自然物理疗法。按摩疗法是治疗损伤性疾病的重要方法之一,是手法治疗的总称,方法简便易行,疗效较为满意,只要方法运用得当不会产生任何副作用。

按摩分类的方法较多。结合行业特点和体能训练内容,对于运动训练提升和恢复,常采用的为运动按摩。运动按摩可分为运动前按摩、运动中按摩、运动后按摩,也可分为兴奋性按摩、抑制性按摩和消除疲劳性按摩。

研究表明,以按摩来保健强身,防病治病,具有科学道理并且作用效果显著。对病人来说,按摩能改善局部症状,恢复正常生理功能,借以通达和平衡,来调整全身各部的机能状况,从而取得“标本兼治”的效果。

(五) 物理疗法

应用自然或人工的各种物理因子作用于机体以达到预防和治疗疾病的方法,称为物理疗法,简称理疗。

理疗的种类很多,常用的方法有冷冻疗法、温热疗法、直流电药物离子导入疗法等。

冷冻疗法能使局部血管收缩减轻充血,降低组织温度,抑制感觉神经,具有止血、退热、镇痛、预防或减轻肿胀的作用。适用于治疗急性闭合性软组织损伤的早期,如挫伤、关节韧

带扭伤、肌肉拉伤等，伤后立即使用。

温热疗法能使局部血管扩张改善血液和淋巴循环，增强组织新陈代谢，缓解肌肉痉挛，促进瘀血和渗出液的吸收，具有消肿、散瘀、解疼、止痛、减少粘连和促进损伤愈合的作用。适用于治疗急性闭合性软组织损伤的中期和后期以及慢性损伤。

直流电药物离子导入疗法通过直流电的作用将药物离子经过皮肤或黏膜导入体内以达到治疗疾病的目的，由于它兼有直流电和药物的作用，故疗效比单纯的直流电疗法要佳。

（六）固定疗法

常用的固定方法较多，如布类固定、粘胶固定、夹板固定、石膏固定、支架固定、牵引固定和手术内固定等。治疗运动训练创伤时应根据病情和制动程度的不同要求来选用(图 5-4)。

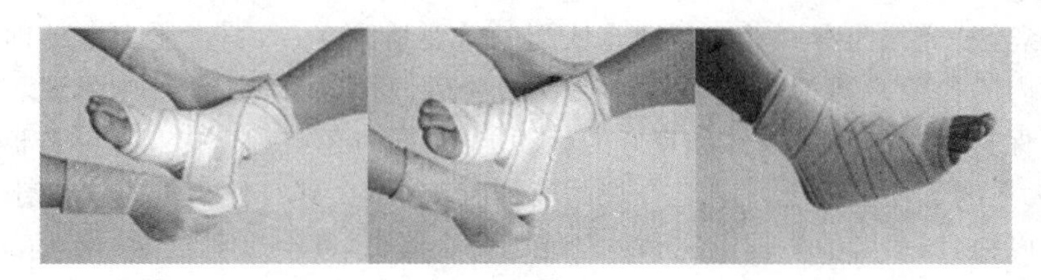

图 5-4　固定疗法

二、运动损伤的康复

运动损伤的康复除了及时进行诊断和治疗外，还涉及伤后的康复锻炼、合理安排生活作息和营养，以及宣传教育等。

（一）康复锻炼

1. 急性损伤的康复锻炼

急性损伤的早期伤处可暂不活动，以利于急性症状的消退，症状减轻后在不引起疼痛或疼痛明显加重的原则下，应及早进行康复锻炼。一般认为，伤后要尽量保持全身和未伤部位的锻炼，如上肢损伤时锻炼下肢，下肢损伤时锻炼上肢，并适当配合做腹背肌体操。注意负荷量应适当，不可单纯以加大未伤部位的训练量代替已伤部位的功能负荷。

如踝关节扭伤轻者，伤后 1～2 天即在粘膏支持带保护下练习行走与慢跑，7～10 天后可恢复训练。较严重的韧带扭伤可用石膏管型固定 1～2 周，但应带石膏练习行走。韧带断裂后不论手术与否都应固定 4～6 周，做脚趾屈伸和踝的等长练习，7～10 日后带着有跟石膏靴行走，拆除石膏后做踝关节屈伸及足的内外翻活动度练习和屈伸肌力练习，一般 2～3 个月后可参加训练。

2. 慢性损伤的康复锻炼

慢性损伤的康复锻炼一般应根据伤病症状程度进行安排。若仅做某一动作时痛，准备活动后不痛者可参加正常训练。平时疼痛，活动后不痛者应减量训练。平时疼痛，准备活动后仍痛者，就停止局部练习。

此外，应注意纠正易致伤的错误动作，避免反复损伤。合理安排局部负荷量，避免过多练习致伤，可暂时改变动作形式促进损伤康复。注意加强维持关节稳定性的肌肉力量，如慢性腰痛的患者应加强腰背肌和腹肌力量，保持脊柱周围肌力平衡。

3. 恢复训练时机的判定

恢复训练时机的判定比较复杂，一般考虑损伤的轻重程度、伤肢基本功能的恢复情况以及损伤与运动项目的相互关系。

韧带扭伤和肌肉拉伤时恢复训练的时间明显早于韧带与肌肉断裂。一般伤肢的关节活动度恢复正常，肌力的恢复应达到健侧肌力的 95%以上，活动时应无疼痛，某些损伤还需做特殊功能检查。伤后康复得快慢有个体差异，同时还应考虑患者的心理状态等。

（二）营养恢复

能量物质的补充来源于运动后的合理营养，它不仅是训练者健康和运动能力的保证，也是训练后恢复的重要手段。

合理的营养补充作为参训者运动训练恢复的重要措施之一，不仅能为运动训练提供必要的能量，使体内的各种能源物质被更好地吸收和利用，还能加速训练者在训练之后的恢复过程，使训练者保持健康的身体条件和良好的运动能力，同时还有利于提高机体各器官系统的机能。如果在大量的运动消耗之后缺乏合理的营养补充，那么其身体机能将会处于一种“亏损”的状态，长此以往，训练者的生理机能和运动能力都会降低，甚至出现疲劳和疾病的情况。

膳食营养是训练者补充营养最基础的途径，平衡的膳食营养能够为训练者提供机体必需的能量和营养素。特别是参加集训类培训训练的学员或学生，期间运动训练较为密集，训练强度较大，需要参训者养成良好的饮食习惯，选择合理的膳食结构，多吃主食、瓜果蔬菜、豆制品或奶制品，少吃油脂、肉类食品以及酒精、咖啡等影响中枢神经系统的食物，要将糖类、蛋白质和脂肪的摄入量分别控制在膳食总热能的 55%～60%（甚至 70%）、12%～15%和 25%～30%。

（三）静休息

静休息包括睡眠、意念放松法、娱乐性休息等。

睡眠是最重要的自然恢复手段，主要包括正常睡眠和暗示睡眠。大负荷训练后，运动员每天需要 9～10 小时的睡眠时间。其中，80%～90%的睡眠时间安排在夜间进行；不足的时间在不影响训练的前提下，应在白天补足。

在训练恢复时，教练可让运动员进行冥想放松。仰卧平躺，自然呼吸，在吸气时默想“静”，呼气时默想“松”。让运动员想象一个舒适放松的环境，将自己置身于此环境中，从四肢到全身都放松，每次可练习 20 分钟左右。不仅能够帮助运动员恢复心血管系统功能，对其精神状态的恢复也十分有益。也可以播放一些轻音乐，让运动员在舒适、悠缓的氛围中放松身体，消除疲劳。

在训练的空余时间，运动员可以进行一些轻松的娱乐性活动，如散步、郊游、听音乐等，来缓解和转移中枢神经系统的疲劳。

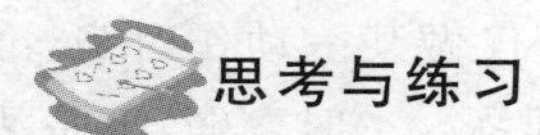
思考与练习

（1）体能训练中常见的运动现象有哪些？

（2）体能训练运动损伤的原因主要有哪些方面？

（3）运动损伤后的康复训练有哪些类别和注意事项？

（4）结合自身实际情况，简述体能训练时经历过的运动损伤，学习本章后有何启发。

第六章 航空安全员体能训练中的心理训练与心理恢复

本章重点是体能训练过程中，影响航空安全员心理变化的因素及常见的心理训练方式；航空安全员运动损伤后的心理恢复方式是本章的难点，在学习的过程中，学员要结合自身心理特质，利用主观体力感觉等级量表完成心理疲劳测定。

学习目标

(1) 理解影响体能训练过程中的心理变化因素。

(2) 掌握体能训练中常用的心理训练方法。

(3) 掌握体能训练中常见的心理恢复的手段。

在航空安全员体能训练过程中，身体会处于疲惫状态，长期进行体能训练，受训者心理难免会出现起伏，容易导致"身心俱疲"。假如训练成绩不理想，受训者可能会出现自我怀疑、厌训等现象。出现以上消极现象，既不利于进行正常的体能训练，又可能会造成心理负担，影响身体健康。因此，在体能训练过程中辅以心理训练，进行心理恢复十分有必要。

心理训练和心理恢复属于运动心理学范畴，学习基本的运动心理学知识可帮助航空安全员提高心理应对能力，适应体能训练和心理压力。运动心理学对于人们获取优异运动表现的作用已被广泛认可，但其促进运动技能学习和提升训练效果的作用，尚没有被广大航空安全员熟知并自觉运用于日常训练之中。心理技能与体能及技战术训练一样，是航空安全员训练需要的基本能力，有其自身的理论和训练方法。

第一节　体能训练的心理学基础

航空安全员体能训练过程中将心理学原理应用于训练情景，提高训练效果和运动表现。体能训练的心理学，主要研究心理因素和情绪因素对运动成绩和训练效果的影响。

教员和教师在长期执教过程中，熟知航空安全员身体、技术、心理方面的特点，如能熟练掌握和运用运动心理学原理，并将其用于日常训练和各类培训训练中，对提升训练水平有重要的指导作用。对航空安全员开展心理训练和心理咨询工作，可以帮助航空安全员发展心理技能以提高运动表现，同时也可以处理巨大压力下困扰航空安全员的情绪障碍和人格问题。

运动心理学独有的对人思想、意识、行为进行研究和应用的属性和功能，与当前体能训练问题的解决高度契合，学习、掌握及应用运动心理学知识，有助于教员和航空安全员系统看待和处理技战术训练与体能训练的关系，有助于教员和航空安全员建立良好的“教学训练”关系，有助于激发和保持航空安全员充足的训练动机，有助于航空安全员形成和保持积极的情绪状态，有助于培养航空安全员强大的训练计划执行和自我管理能力。

一、心理训练内容

根据心理活动的内容，心理训练的一般包括基础心理品质、个性品质两个方面，其中基础心理品质方面的训练包括认知训练（包括观察力、注意力、记忆力、思维力和想象力的训练）、情感调控（包括心境、激情和应激的自控能力训练）和意志训练（包括自觉性、果断性、自制力、坚持性和行为习惯养成的训练）；个性品质方面的训练包括需要、动机、兴趣、理想、信念、人生观和世界观的激发培养，能力的提高，性格的塑造，自我认识、自我评价、自我体验、自我监督和自我控制等自我意识的调适。

上述心理品质在航空安全员体能训练过程中会起到关键作用，拥有健全的心理品质可以使航空安全员迅速调整心态，走出情绪低谷，重新投入训练中。

二、影响心理变化的因素

在体能训练过程中，影响心理变化的因素有很多，自身心理总体可归纳为 7 个方面：训练动机、情绪调控、注意力、沟通能力、放松心态、训练节奏、自身适应能力。

（一）训练动机

航空安全员体能训练的过程是挑战生理和心理极限的过程，需要不断调动全身资源，控制情绪和注意力，克服疲劳甚至伤病带来的疼痛，没有强烈的训练动机，则无法高质量完成训练任务。

航空安全员的训练动机是其坚持进行相关体能训练的心理动因和内部驱力，是对所有引起、支配和维持生理和心理活动的过程的概括。

1. 影响训练动机的因素

影响体能训练动机的因素很多，归纳起来主要有以下几点。

(1) 训练没有取得如期效果:航空安全员训练最重要的目的,就是不断解决训练中存在的问题,提高身体、心理的能力,以期在今后的工作中获得优异表现。如果较长时间不能取得如期的训练效果,动机水平就会严重下降。

(2) 训练环境的单调和枯燥:航空安全员训练环境的单调和枯燥包含两个方面的内容:一方面,要想在训练中获得优异表现,就必须反复练习技战术动作和体能,不断挖掘自身的生理和心理潜力,这个过程往往是重复单调的,会影响训练的热情;另一方面,初任训练和定期训练这种封闭式集中管理的训练环境,使航空安全员缺乏正常的家庭生活和社会活动,容易在认知、情感、注意力方面出现障碍,训练动机下降,甚至影响职业生涯。

(3) 教员的执教理念和执教方式:航空安全员教员的执教理念和方式对建立良好的"教学训练"关系,起着十分重要的作用。传统的执教方式过于以教员为中心,航空安全员被动跟随训练,训练主动性和自觉性均有很大欠缺,而且长此以往将导致航空安全员主动解决问题的能力下降。研究表明,教员的训练指导行为、外界认同度和公司奖励机制可以有效地调动航空安全员参加训练的积极性。

2. 激励和保持动机的方法

动机水平是动态变化的,动机的激励工作必须是长期的,不会一劳永逸,也不会一蹴而就。

(1) 了解航空安全员的动机或需要:保持合格的体能素质是航空安全员进行体能训练最重要的需要和动机,但绝不是训练的唯一动机,还有赞许、自主、表现、成就、独立、正面关注、情感需求等需要满足。教员了解和满足航空安全员的需求,可以极大地增强航空安全员的训练动机。

①乐趣和挑战性:熟练控制肢体活动是人的天生乐趣之一,如婴儿刚学会走路时可以乐此不疲地走个不停。传统训练方式注重基本功和基础能力的训练,训练方法和手段相对单一、简单,以重复性练习为主,很容易导致训练内容脱离训练要求,让训练变得单调和枯燥,导致航空安全员从训练中得到的乐趣降低,训练动机下降。获得训练乐趣的重要方法就是以训练的方式去组织训练,让训练充满挑战。近年来,功能性体能训练的兴起与其训练充满乐趣、贴近训练需要有很大的关系。②赞许、正面关注、情感需求:航空安全员不是执行训练计划的"机器人",是充满丰富情感的人。在训练过程中,尤其是训练的艰难阶段,期望得到教员和队友的认可,希望被爱和被尊重,希望与教员进行情感上的交流,这些需求都需要教员正面积极地关注才能满足,而不是抱怨、指责、讽刺、漠视。教员通过语言和行为,积极肯定航空安全员的进步,关注航空安全员的生涯发展,设身处地为航空安全员考虑,消除航空安全员"被工具"意识,都可以激励航空安全员的训练动机。③成就、表现需求:航空安全员进行体能训练时,其成就和表现需求更易于通过运动表现进行观察。在保证训练目标实现的前提下,教员选择和使用更为丰富的训练方法和手段,取得易于观察的训练效果,为每个航空安全员提供表现自我的机会,将会大大激发航空安全员的训练动机。

(2) 在体能训练中使用目标设置策略:目标是行动所需达到的目的,又是引起需要、激发动机的外部条件刺激。适宜的目标设置不仅可以激励航空安全员动机,还可以帮助航空安全员区分训练和生活中重要事项的顺序、明确训练的方向、增加对训练的投入、提高自信心。

目标可以分为结果目标、过程目标、操作目标 3 种。研究表明,航空安全员最佳表现的取得基本上是各种类型目标的结合使用。当专注过程时，并不说明结果目标不重要，只是暂时被搁置起来；如果没有结果目标，那么也很难专注于过程。判断目标好坏的标准在于注意力是否放在设置的目标上。

体能训练中必须帮助航空安全员设置明确的目标和实现目标的途径。目前体能训练中目标设置主要存在目标不明确、目标不能测量等问题，好的目标设置通常有以下几个特征：①设置明确、具体、可测量且容易观察的目标。体能训练易于制定测试评价指标，但在体能训练实践中往往被忽略，体能训练一定要定期对训练效果进行测试、评估及反馈。②设置既有困难又有可实现性的目标。目标不能太容易，也不能太难，中等难度的目标有利于完成，并增强航空安全员的自信心和对教员的信任感。③长期目标与短期目标结合。长期目标是多个短期目标的集合，对短期目标起调节作用。短期目标比长期目标更能使人形成积极的期望，增加训练的乐趣和训练动机，有助于航空安全员对自己的能力做出准确的评价。④操作目标与结果目标相结合。操作目标可以帮助航空安全员把注意力集中在需练习的任务和训练过程上，更好地实现结果目标。⑤教员和航空安全员共同设定目标。教员制订训练计划时，经常根据对航空安全员的观察和训练需要，单方面为航空安全员设定目标，导致航空安全员被动训练感增强。研究表明，如果让航空安全员参与训练目标的设定，会极大地调动航空安全员的主观能动性，变“要我练”为“我要练”。⑥目标设置应该有清楚的时间限制，并定期进行检查和评估。设定了具体目标而不设定完成时间，目标往往很难实现。

(3) 合理使用强化手段：激发动机的目的在于帮助航空安全员形成适合训练的行为习惯。行为强化是养成习惯的重要方法，是航空安全员表现适当或者正确的行为后给予奖励，表现不当或者错误行为时给予惩罚，促使行为改正的处理过程。同时也是训练后获知训练结果，使航空安全员得到回馈的教学训练安排，是航空安全员训练形成适合训练行为习惯的措施或条件。设置光荣榜、奖励、惩罚、签订契约、评优等都是体能训练中经常使用的行为强化手段。

（二）情绪调控

航空安全员进行体能训练的热情缺乏，经常出现在训练周期的开始阶段、一堂训练课开始阶段、高强度和大运动量阶段，如果这时不采取积极措施，调动和激发航空安全员的情绪，很可能导致训练不能取得如期的效果，甚至由于情绪低落导致受伤，所以体能训练中，情绪的激发和调控非常重要。

情绪是一种躯体和精神上复杂的变化模式，包括生理唤醒、感觉、认知过程以及行为反应。情绪具有动机作用，在体能训练中，情绪可以激发、组织、维持、导向训练行为。情绪的生理机制证明，情绪启动行为的速度远远大于认知调节行为的速度，这点对于体能训练非常重要，通过教员与航空安全员的人际互动和训练环境的改善，可以让航空安全员处于积极的情绪状态中，保持高水平训练动机。

影响航空安全员竞技表现最常见的情绪是焦虑和过度紧张，而枯燥、单调、倦怠等情绪主要与日常训练密切相关。

如果让航空安全员回忆一次情绪愉快的训练，那么他很可能当时的精力是充沛的，感觉是积极的，表情是愉悦的，训练导致的肌肉反应是可以忍受的。

（三）注意力

注意力是训练中自我控制的中心，不论是动机激励还是情绪激发，或是认识调节，终极

目的都是帮助航空安全员将注意力集中于当前的体能训练上，借此取得训练效果和优异运动表现。

体能训练中注意力调节主要有两个方面：一是疲劳、疼痛、担心受伤、训练环境中的新异刺激等导致的训练中航空安全员注意力不集中；二是配合专项需要的注意力训练。以下列举一些预防和避免体能训练分心的注意力调节方法。

(1) 根据生命基本休息和活动周期循环特征，一次体能训练课时间不宜过长。

(2) 设计并使用关键线索词，可以是动作完成的线索词，也可以是调动情绪、动机的线索词，如“腰部发力”“腹部收紧”“保持头部正直”等有利于航空安全员专注于当前的动作上；“坚持一下，最后一组”想象自己是考核中的最后一次机会等有利于调动航空安全员的情绪。教员使用线索词要及时准确，尤其是困难情境下，如每组动作的最后几次，充满激情的语言和表情，会极大地感染和带动航空安全员，使其克服疼痛和疲劳造成的不适感，高质量完成当前的动作。

(3) 根据训练目标，不定期选择不同的训练方法、手段及组织训练方式，保持训练的新鲜感，有助于提高训练时航空安全员的专注程度。

(4) 讲解训练的目标和要求，调动航空安全员的动机和情绪，可以提高航空安全员有意识注意的能力，尤其是在高强度训练中，目标和情绪有助于克服训练产生的身心不适感，帮助航空安全员将注意力集中于当前的动作任务上。

(5) 训练过程中，保持训练环境相对封闭和稳定，减少新异刺激，避免与训练无关刺激对航空安全员的干扰。

(四) 沟通能力

沟通特指航空安全员与体能教员等接触人员之间的思想观念表达与交流、知识信息传递、情感交流的过程。沟通的形式包括语言和表情、肢体动作等非语言沟通等。有效的沟通有如下特征。

1. 沟通是双方信息的交流

沟通是双方信息的交流，一方发出去信息，另一方接收到信息，才能算是一次有效的沟通。简单来说，就是“教员说，航空安全员听；航空安全员说，教员听”。体能训练实践中，教员不仅需要重视对航空安全员进行指导、反馈，同样应该重视倾听航空安全员的声音，因为航空安全员是训练的主体，最清楚训练方法和手段作用于身体的感觉。

2. 沟通包括语言交流，也包括非语言交流

通常教员习惯用语言对航空安全员进行指导，指导时注重语言内容的表达，往往忽略了非语言方式，如表情、肢体动作的交流。有研究表明，沟通过程中，65%～93%的语义是通过语调和非语言行为表达出来的。在训练中，很多时候教员无法直接用语言进行指导，而非语言沟通则不受限制，所以，在沟通中既要注意语言的交流，也要重视非语言的交流。

3. 沟通既是信息的准确传递，也是情感的充分表达

在教员和航空安全员进行沟通时，通常非常注意信息内容的传递，如“注意手型”“注意脚下”等，教员通常认为这样的信息航空安全员可以百分百理解，其实在实践中并不完全如此，对于熟练掌握技术动作的航空安全员，准确理解教员意图可能不难，但是对于正处于学习技术动作阶段的航空安全员，也许他并不知道如何做到手型正确和脚下如何移动，所以要

求教员在沟通指导时使用清晰恰当的语言进行信息传递，如使用“脚后跟抬起来些”等语言时，航空安全员更清楚如何去做。

沟通除了内容信息的传递，也包含着丰富的情感因素，如使用“手又慢了”这样的语言时，或许教员想要表达的是航空安全员完成动作的实际情况，可航空安全员听到的可能是对他的指责和埋怨。但是换一种说法，同样的内容，如说“手再快一些”“脚尖朝前”，航空安全员听到的不仅是动作的指导，还有教员对航空安全员的关注和鼓励。

（五）放松心态

体能训练的过程就是机体能量不断被消耗的过程，是机体高度唤醒后逐渐恢复到平衡的过程。体能训练后保持放松心态，有助于消除训练产生的神经和生理疲劳，快速恢复体能。

放松是调整视觉、听觉、触觉、味觉、嗅觉等5种感觉通道接受刺激的质量和数量，促进机体从高度唤醒后恢复到平衡状态的技术。

训练可以引起中枢神经系统的过分唤醒，使身体处于应激反应中，导致神经紧张，身体感到压力，如心率加快、起鸡皮疙瘩、反胃和出汗。通常采用腹式呼吸、渐进放松、音乐放松等方法，降低训练导致的中枢神经系统和交感神经系统的兴奋性，使过分紧张的肌肉适度放松，消除中枢系统疲劳和提高睡眠质量。

放松、表象等心理技能通过调节神经系统，可以降低机体能量的消耗。有研究表明，系统的心理行为干预可以降低运动训练导致的外周血糖皮质激素反应，一定程度上降低训练过程中生理和心理能量消耗。放松的技术很多，如腹式呼吸、冥想、音乐放松、瑜伽等。

航空安全员体能训练中的放松训练不仅要安排自我练习，更要在体能训练计划中体现，如同准备活动和肌肉拉伸一样，成为独立的训练单元。放松训练可以安排在训练的最后部分，也可以独立安排进行。

（六）训练节奏

杂乱无序的训练节奏，会使训练者手忙脚乱，容易变成“无头苍蝇”，找不到训练重点，心态容易焦虑。把握训练节奏，可以使航空安全员在训练过程中做到有的放矢，心中有数，心态变得积极。

节奏策略是为了使训练表现达到最佳水平，在不会对生理系统造成不可恢复的损害的前提下，机体根据预定的计划对能量输出有意识或潜意识地调节的策略，其实质是中枢神经系统的一种“疲劳管理策略”。

典型的节奏策略包括几个阶段：开始一个很短的高功率输出阶段，紧接着功率输出剧减，然后一直维持到训练的最后阶段，输出功率可能会再次升高。

节奏策略并不是一成不变的，可根据具体训练时间的长短，训练时的外部环境、动机水平、训练知识与经验以及生理状况，采取最适宜的节奏策略。

疼痛和疲劳是机体的适应性保护反应，它的出现防止了机体被进一步破坏，但是体能训练的目的就在于打破机体现有平衡状态，通过提高适应水平来实现运动能力的增长。节奏策略对加大运动负荷、克服疲劳和疼痛感有一定制约作用，在体能训练中，可以采用如下步骤，帮助航空安全员延迟疼痛或疲劳的感觉出现，提高航空安全员忍受疼痛和疲劳的能力。

（1）测定航空安全员当前对疼痛与疲劳的忍受性水平，并帮助其了解自己的疲劳承受

能力。

(2) 教授航空安全员有关疲劳的机制以及人类自身潜能的科学知识。

(3) 实施关于疲劳疼痛忍受性的认知信念训练程序，强化航空安全员关于“人类有能力掌握身心间的联系，并排除强度障碍，突破当前极限”的信念。

(4) 实施综合性的疲劳控制训练程序（呼吸调节技能、肌肉放松技能、表象技能、自我暗示技能），来提高航空安全员在极限负荷下的心理承受能力。

（七）自身适应能力

适应是生物活动的基本规律之一，指生物体调整自己适应环境的能力，或促使生物体更适于生存的过程。适应水平是引起机体某种反应或机体产生中性反应的刺激值。机体受刺激作用产生的有益于提高运动能力的心理效应和生理效应，一方面取决于刺激物体的特性——训练负荷的特性，另一方面取决于机体的适应水平。

对航空安全员自身适应能力来说，训练负荷作为刺激，不断被施加于机体，机体由中枢神经协调并校正不同器官和系统在负荷下的协作，使机体出现一种“有效的训练结果”，减少航空安全员的心理变化，有利于航空安全员保持积极的心态。

航空安全员的适应能力或者适应水平具有一个受遗传决定的极限，是受个体条件限制且可以被打破的能力。体能训练的过程是寻求适应训练方法，无限接近适应极限的过程。

根据适应理论的基本观点可知，训练的过程就是在航空安全员适应水平的范围内，不断寻求临界训练负荷的过程。训练过度和训练不足是体能训练中负荷安排的常见问题，训练负荷作为刺激，在体能训练实践应用中，应遵循以下几个原则。

(1) 体能训练负荷，理论上每个人都应有所不同，实践中虽然很难做到，但是尽可能根据航空安全员体能评估结果，分类分组制定训练负荷。

(2) 一种训练手段和方法及训练计划可以导致多种适应的出现，即可以导致不同的训练效果；不同的训练手段、方法及训练计划，可以产生相同的适应，即可以导致相同的训练效果。合理评估训练手段的作用和效果非常必要。

(3) 适应是多层次的，包括心理、生理、环境等，因此训练手段、方法及训练计划设计和实施应考虑上述因素，提高训练的有效性，即提高“适应—训练”结合程度。

(4) 鉴于机体不同能力的水平和发展空间不同，体能训练要优先发展灵敏、协调、平衡、稳定等能力，然后再发展力量和耐力等能力。航空安全员要协调好抗阻力量训练和功能性力量训练的关系，因为通过功能性力量的训练可以提高神经对多块肌肉的支配能力，而传统抗阻体能训练基础理论与实践训练可以有效提高每一块肌肉的能力，在整体上提升神经—肌肉系统的功能。

上述这些原则可以作为评判训练计划合理性的参考依据，航空安全员训练过程中，可以将适应能力训练和把握节奏训练结合，逐步优化训练节奏，提升航空安全员适应能力，逐步强化航空安全员的训练心态，保持积极向上的训练心理。

三、心理训练的模式

航空安全员心理训练逐渐形成以心理健康教育、心理测评、心理咨询和专项心理训练为一体的综合训练模式。航空安全员上岗前需要进行心理测试，因此航空安全员心理训练可遵循心理测试需要开展相关模式训练。

（一）心理健康教育

心理健康教育是维护心理健康的常用手段。现阶段航空安全员已经逐渐了解到心理健康的重要性，能主动配合做好心理卫生的工作。但是航空安全员心理健康知识还是处于匮乏状态，他们对心理健康知识的需求是强烈的。因此应该不断改进心理健康教育的方法、手段、角度和形式，比如多媒体教育大课、设立宣传栏、小简报、广播、电视、网络等多种形式进行，要使航空安全员明白沟通、放松、掌握训练结构和自我适应在体能训练中的应用。总之，对航空安全员进行实时、有效、科学的心理健康教育，能够有效应对各种不利于健康的心理因素，起到维护身心健康的目的。

（二）心理测评

心理测评为全面了解航空安全员的心理特点和个性差异，必须对全体航空安全员进行心理测试，实现航空安全员心理健康评估。目前较多使用症状自评量表对航空安全员近期心理状况作评估，运用“卡特尔 16 种个性因素测验”个性人格问卷对每个航空安全员的个性特点进行评估。

（三）心理咨询

航空安全员的工作性质和工作环境使其要承受较大的心理压力，对心理测试时发现的有可疑心理问题倾向的航空安全员进行心理咨询，一是可以缓解其心理压力，提高应对挫折和适应各种环境的能力，促进身心健康和预防心理障碍；二是可以帮助航空安全员认识到自己的问题，正确面对和处理生活的各种问题，还能够间接提高空中安保工作质量。所以在航空安全员中开展心理咨询有其必要性和重要性。

（四）专项心理训练

1. 生物反馈训练

生物反馈训练是对脑电、肌电、皮电、皮温、脉搏、呼吸等参数进行训练。包括持续高压后自我情绪训练、呼吸调整训练、自律训练、渐进式肌肉放松训练、意向放松训练等，还可根据不同情况调整训练方案，如参加飞行后自我情绪调整训练，及时将训练结果反馈给航空安全员，系统地、有计划地利用生物反馈治疗仪对航空安全员进行训练，将有效提高航空安全员心理紧张值和对特殊环境的心理适应能力。

2. 表象训练

表象训练是一种通过表象而进行“意练”的方法，是一种内心的学习，心理上的操作，有利于建立动作程序，熟练动作细节，理解动作的逻辑结构和感知特征。航空安全员的表象训练就是通常说的“过电影飞行”或“椅子上的飞行”，在全身放松的情况下，在头脑中呈现飞行表象，同时运用积极的内部语言加以配合，演示各种飞行情况和应做的动作。

3. 模拟训练

认知心理学将低级的感知到高级的思维、决策作为一个系统，即一个不可分割的整体来看待。那么提高思维、决策能力的最有效的办法自然是让航空安全员置身于需要其做出决策的情境中去接受从感知信息到思维、判断、做出决策的整套训练。

4. 团体心理训练

团体心理训练是近年来兴起的一种心理训练方法，具有团体性、自主性、活动性和互动性等特点，使参训人员能积极参与训练，并从中受益。航空安全员团体心理训练的内容是依据航空安全员的心理特点以及当前的心理健康状况来制定的。当前医学鉴定训练中心开展的主要有人际沟通训练、团结与协作训练、缓解压力训练、适应与发展训练等。通过团体心理训练可增强自信心、提高自我认识能力、增强团队精神、提高人际交往能力、开发潜力等，对航空安全员适应飞行生活有积极的推动作用。

四、心理训练的目的

航空安全员心理训练的最终目的是使其具有沉稳冷静、理性睿智、意志坚强等心理品质。由于航空安全员的工作环境特殊和服务对象性格具有多样性，在工作中沉稳冷静、理性睿智、意志坚强是其职业要求，沉着冷静应对每个突发事件，对突发事件发生时紧急撤离的程序了然于心，是智慧的体现。面对突发事件航空安全员沉着冷静、刚毅勇敢的特质，能切实感染旅客，保障旅客对其工作的积极配合，确保维稳工作有序进行。

航空安全员通过心理训练提升心理素质，使其获得与其职业相匹配的特殊心理品质，使其具备健康的、完全的心理品格，能够极大地提高工作成效，胜任本职工作，正确处理多方面因素与民航保卫工作之间的冲突，从而助力于实现飞行安全和个人生活安稳。

第二节　常用心理训练方法

本章第一节内容提到，影响航空安全员心理的因素主要有训练动机、情绪调控、训练注意力、沟通能力、放松的心态、训练节奏、自身适应能力等 7 个方面的因素。本节将针对以上 7 种影响因素，介绍几种常用的心理训练方法，帮助航空安全员提高心理品质，提升工作成效。

一、抗干扰训练法

抗干扰训练法主要是以提高自我心理控制能力为目的，能够提升航空安全员的心理抗干扰能力，是稳定航空安全员训练动机的一种心理训练方法。

具体做法是选择任务材料和背景材料，让航空安全员在有背景材料和无背景材料两种条件下进行划消符号抗干扰训练。例如，任务材料可以选择随机组成的阿拉伯数字、英文字母、罗马数字的纸张，背景材料可以选择音乐或噪声等音频材料和科教片、电视剧等视频材料。抗干扰训练法可分为两个阶段。

第一阶段是在没有背景材料干扰的情况下，要求被试者在规定的时间内，完成从阿拉伯数字表中划消某两个数字（或划消英文字母、符号和罗马数字符号）。

第二阶段加上音频干扰和视频干扰背景材料，要求被试者在各种不同等级的干扰情况下，完成与第一阶段相同的划消符号的任务。

经过反复训练，如果被试者能在高噪声的音频和高吸引力的视频干扰下，按规定时间顺利完成划消符号任务，即可以认为基本达到训练效果。抗干扰训练法的任务材料和背景材料以及要求完成任务的性质，可根据具体情况而定，如可以设计在有无干扰背景材料下完成不同难度的解题任务的模式。

二、音乐训练法

音乐训练法主要是以缓解人的紧张情绪和心理疲劳为目的，是一种有效的航空安全员情绪调节的心理训练方法。

具体做法是让航空安全员学会根据个人的心理状态和紧张程度，反复听各种不带歌词的音乐，根据自己的个性和内心体验，选择能使自己情绪松弛、心情舒畅、轻松愉快的音乐，通过音乐起到调节情绪作用，从而达到降低紧张焦虑情绪和心理疲倦的目的。有些心理专家通过统计实验，认为情绪紧张可选听《梁祝》《田园交响曲》《水上音乐》《春江花月夜》《蓝色多瑙河》《青年圆舞曲》等音乐；情绪焦虑可选听《仲夏夜之梦》《平湖秋色》《梦幻曲》等音乐。音乐训练法需通过不断地体验尝试，最终才能到达到预定目标。

三、暗室迷宫训练法

暗室迷宫训练法的侧重点是航空安全员的感知能力，是一种提高航空安全员训练注意力的心理训练方法。

暗室迷宫具体做法是，在一定面积的暗室中设定难度等级不同的迷宫，并制定相应的过关标准，让航空安全员从明亮的地方进入黑暗的暗室迷宫环境中。在被试者进入迷宫前，主试告之要尽快走出迷宫，并对被试者进出迷宫的整个过程进行监控，准确记录所用时间和错误次数，在被试者出来后告之得分情况，然后让其再次进入暗室寻找出口，这样经过反复训练，航空安全员的视觉、听觉、触觉等感觉器官的感受能力就会不断得到提高。有的心理训练者为了提高航空安全员的注意力，还设计了一些稍停即逝的刺激场景，如一闪而过的某张面孔、身影或某些细致动作、表情、神态、耳语和姿势，让航空安全员迅速捕捉刺激源，查找到刺激物，以提高感觉器官反应的灵敏性和准确性。

四、角色扮演训练法

角色扮演训练法主要是以提高人际交往能力为目的，是一种可以提升航空安全员沟通能力的心理训练方法。

角色扮演训练具体做法是以小组为单位，让航空安全员扮演人际交往中的各种角色。角色扮演训练的内容往往包括警民互换扮演、师生互换扮演、医患互换扮演、父母与子女扮演、领导与下属互换扮演、夫妇互换扮演以及各种职业角色扮演等形式。角色扮演过程一般包括确定主题、编制剧本、设计场景、小组划分、角色表演和态度体验、讨论沟通以及总结与评价等环节。由训练者根据主题进行角色分配和演练，通过角色扮演航空安全员在从事所扮演角色的过程中，进行换位思考，认识和理解在不同生活环境中各种角色的态度体验，从而改变自己对他人的偏见和情感障碍，取得情感共鸣，学会了解别人，接纳别人，根据交往对象确定与对方沟通和交往的方式，增加与不同工作对象的信息交流和感情沟通，提高有效交往的技能，解决各种人际冲突，改善朋友关系、夫妻关系、亲子关系、同学关系、师生关系等。

五、身心放松训练法

身心放松训练法主要是以调节人的整个心理状态为目的的心理训练方法，是航空安全

员保持放松心态的心理训练方法。

美国的雅各布逊最早开始试验放松肌肉动作的训练方法，他将肌肉放松动作改变人的恐慌情绪，称为“渐进松弛法”。加拿大的彼尔西瓦利，将肌肉松弛与呼吸结合起来调节人的心理状态，这种方法在欧洲很多国家开展起来。身心放松法包括选择环境、有意遗忘以及调整体态、身体姿势、关节、肌肉、呼吸、注意力、想象，以将身体调整到自然、积极状态。具体做法是，选择一个清新幽静的环境，主动忘记一切工作和生活负担，使大脑处于空白状态，以最舒适的肢体状态，进行关节肌肉放松活动和保持自然舒畅的呼吸。同时，有意识地把意念集中于某一固定对象，想象一些美好的事情，以达到一种忘我境界。个人可借之暂时离开挫折处境，在虚幻中追求满足。通过幻想，使自己维持心理平衡，将上述做法反复进行直到完全解除身心疲惫状态，以良好的心理状态，精神饱满地投身于生活、学习和工作中。

六、应激情景训练法

应激情景训练法主要是以提高快速反应能力为目的的航空安全员训练节奏的心理训练方法。

由于反应能力的高低是个体身体素质和心理素质的综合体现，一般通过设计格斗、跑步等技能项目相类似的模拟情景进行训练。具体做法是设计各种各样意想不到的应激场景，让个体置身于模拟的应激情景之中，并不断施加各种应激刺激信息，训练其控制情绪，及时调整心态，迅速组织思维，快速准确分析、判断及解决不测事件的能力。以模拟射击训练为例，在屏幕上呈现位置不断变化的靶位，第一步要求被试者在屏幕上出现单个靶子时，完成掏枪和射击动作；第二步要求被试者在屏幕上出现几个靶子时，完成掏枪和射击某个靶子的动作；第三步要求被试者在屏幕上出现人像时，完成掏枪和射击其中某一个人像的动作。通过反复训练，航空安全员从掏枪到射击的时间会缩短，射击的准确度会逐渐提高，最后达到训练要求的基本标准。

七、自我调节训练法

自我调节训练法以提高抗挫折能力为目的，是提升航空安全员自身适应能力的一种心理训练方法。

具体做法一般是让航空安全员穿着宽松舒适的服装，独自置身于一间播放轻柔背景音乐的安静整洁、光线柔和的房间中，坐在高度可以调节的椅子上，放松双肩、身体和头部，目视前方，双手分放在大腿上，两脚稍微分开，使身体感到很放松和舒适，准备完毕后，训练师做示范指导，让航空安全员闭上双眼，双臂、两腿用力伸展，两手、两脚同时用力，直感觉到颤抖为止，然后猛地一下松劲，使全身的肌肉立刻松弛下来。在松劲的一瞬间开始做腹式深呼吸，待呼吸平缓下来后，头脑中静静地浮现出与自己最美好的经历和情感体验联系着的人、事、物或场景，随后通过自言自语的方式讲述能使人平静的语言内容进行自我情绪安慰，使自己处于内心宁静状态。

通过一系列身体、心理的自我调节以后，航空安全员就能实现增强心理功能、提高活动效率、增强心理健康、实现意志控制的目的。

第三节 心理恢复

航空安全员在重复训练的过程中会出现一种心理不安和疲劳感，俗称“心理疲劳”。心理疲劳可能重复出现在航空安全员体能训练过程中，如不能及时发现及时疏解，会逐步发展为心理疾病。此外，在长期的训练中，航空安全员还会出现运动损伤，在受伤之后，航空安全员的心理也会发生变化。航空安全员因出现心理疲劳和运动损伤后产生的心理问题，应当及时进行心理恢复，以免出现心理疾病，影响航空安全员身心健康。

一、心理疲劳

“心理疲劳”一词最早出现于20世纪70年代美国的一篇小说中，用来形容服务行业工作者厌倦工作后出现的种种表现。后来被心理学家引入心理学来描述心理健康保健领域中工作人员在压力下的反应。由于心理疲劳产生的影响因素很多，目前也没有心理疲劳的公认概念。

北京体育大学刘方琳等将心理疲劳在性质上做了两种划分:“真性”心理疲劳和“假性”心理疲劳。认为“真性”心理疲劳是伴随着过度训练引起的生理疲劳而出现的，是一种真实的心理上的疲劳感和无力感。“假性”心理疲劳主要是由生理疲劳以外的其他因素造成，包括常规训练竞赛因素和常规训练竞赛以外的因素。日本学者中西光雄认为心理疲劳是由于工作效率低，出现疲劳感及身心功能处于降低状态的现象。医学心理学研究表明，心理疲劳是由于长期的精神紧张、压力、反复的心理刺激及恶劣的情绪作用逐渐形成的。

从以上对心理疲劳的解释来看，心理疲劳不仅仅是由身体能量的消耗引起的，也是人主观体验的一种倦怠。长期的定式作用势必造成训练的紧张程度较大，练习方式的简单重复也易造成心理上的厌倦和疲乏，最终发展成心理疲劳。

在航空安全员训练过程中，通过分析运动性心理疲劳的表现症状，选择比较灵敏、客观的指标来判断运动性心理疲劳将对科学合理地指导训练产生很大的效益。目前，评定心理疲劳的指标和方法很多，大致可归纳为三类:观察评定、主观感觉评定和客观指标评定。

1. 观察评定

所谓观察评定，主要是指在训练过程中教练员(或队医)注意观察航空安全员的各种表现，从而合理地安排和调整训练内容与训练负荷的评定方法。

首先，当航空安全员在训练中表现出反应迟钝、注意涣散、精神恍惚、情绪烦躁、思维混乱、不可名状的恼怒和沮丧、肌肉松弛、肌群协调不良、动作缓慢不活泼，均可能是心理疲劳的表现。观察评定是一种在实际运动训练中容易操作的方法，但也存在问题，其评定的尺度很难掌握。其次，有的研究人员容易将运动量、运动负荷、运动强度、运动数量等概念混用，可能对心理疲劳现象的观察造成不正确的评定。

2. 主观感觉评定

自感劳累分级是瑞典心理学家伯格于20世纪70年代创立，根据运动时的中枢疲劳和外周疲劳信号综合制定的。作为运动负荷和疲劳程度的一项指标，已被世界各地广泛应用。

国外许多报道已证实，RPE 是推测运动强度和医务监督的有效方法，同时也是介于心理学和生理学之间的一种指标。严格地说，RPE 的表现形式是心理的，但反映的却是生理机能的变化。欧美生理学家将 RPE 指标与一些生理指标变化同时检测并综合分析。伯格的 RPE 等级量度如表 6-1 所示。6～20 的运动负荷相当于心率 60～200 次/分钟的运动强度。1982 年，Borg 又提出一个新量表即 12 级 RPE 量表（表 6-2）。

表 6-1　15 级 RPE 量表

自我感觉	等级
根本不费力	6
非常轻松	7
	8
很轻松	9
还算轻松	10
	11
	12
稍累	13
	14
累	15
	16
非常累	17
	18
非常非常累	19
精疲力竭	20

表 6-2　12 级 RPE 量表

自我感觉	等级
没有感觉	0
非常非常轻松	0.5
非常轻松	1
轻松	2
适度	3
有些累	4
累	5
非常累	6
	7
	8

续表

自我感觉	等级
非常非常累	9
精疲力竭	10

航空安全员在进行体能训练后，如果感觉“心理疲劳”，可根据主观体力感觉等级表，进行心理现状分析。在进行主观体力感觉测评时，建议采用12级RPE量表进行。训练结束后，教员可以用提问的方式询问航空安全员心理疲惫状态，继而进行分级，心理疲惫达到5级及以上建议进行心理疏导。同时，航空安全员也可自主进行测评，心理疲惫达到5级及以上时，可选择适当的心理恢复方式进行心理调整。

3. 客观指标评定

反应时间(reaction time，RT)是评价人类活动的一个重要变量，是心理生理学实验中最普遍采用的心理活动指标之一。它可以测定大脑皮质的兴奋和抑制功能，分析人的感觉、注意、思维、个性差别等各种心理活动。

有研究者指出脑电的波形可较明显地反映出心理疲劳时反应迟钝、判断失误、注意力不集中、厌倦训练，并伴有神经系统症状。

计算机化的内隐认知实验是监测心理疲劳的新设想。有研究者利用计算机化的内隐认知实验对人的身体自我观念进行了有益的探讨，研究首次发现：第一，采用受试者身体图片作为刺激，可以对受试者的身体自我观念作出评定；第二，计算机实验评定出的内隐身体自我观念与自陈量表评定出的外显自我观念具有中等程度的负相关，说明两者测量的是不同观念；第三，内隐身体自我观念对生活满意感有一定的预测能力，说明这一观念具有一定效度。

由于目前的技术、资料和经验的限制，运用计算机实验等方法进行一次性测试的评价价值有限，测试与分析技术复杂，还有待进一步探索；RT的测定结果容易受到被试者配合程度的影响。总之，检测心理疲劳更为可靠和有效的方法，仍有待探索。但不论采用哪方式检测心理疲劳，有两个原则是必须遵循的：第一，检测应该是长期进行的；第二，评定主要是个人化的，也就是对测试结果的评定应以自身对照为主。

在训练过程中，航空安全员要学会主动把握自身心理变化，可以按照心理疲劳的指标和方法进行自身心理疲惫程度自测，及时发现、及时调节，减少心理疲劳。

二、常见的心理恢复手段

在航空安全员体能训练之后，采用心理调整措施恢复工作能力能够降低神经—精神的紧张程度，缓解心理疲劳，减轻心理的压抑状态，加快神经系统能源物质的恢复，从而对加速身体其他器官、系统的恢复产生重大影响。

对航空安全员身体起作用的心理恢复手段种类很多，其中主要有谈话法、想象放松、神经—肌肉的自我心理练习、心理诱导放松训练、催眠、音乐放松等。

(一) 谈话法

谈话法主要针对情绪明显低沉或由于人际关系发生冲突而形成心理压抑的航空安全

员，通过谈话帮助他们解除心理障碍，启发他们全面认识和对待各种问题。在谈话中应多鼓励，帮助他们分析有利的因素和自己的希望所在，也可和他们一起回忆过去比赛胜利的情景，这样可使他们的心情得到改善，情绪得以调节。愉快的心情可以大大减少神经能量的消耗。

航空安全员在使用谈话法进行心理恢复时，要选择积极向上的谈话对象，谈话过程中被倾诉者要随时掌握航空安全员的情绪变化，言语要合适得体，避免刺激正在倾诉的航空安全员。

（二）想象放松

想象放松是指航空安全员想象自己处在某种使他们感到放松和舒服的环境中。航空安全员仰卧，四肢平伸，处于安静状态，闭上眼睛，注意力集中在大脑所想象的事物上，如温暖阳光在照射，迎面吹来阵阵微风，海浪在有节奏地拍打或者正在树林里散步。

成功利用想象进行放松的关键是要有很好的想象技能，使这种处境被心理上的眼睛清晰地看到；先练习想象使人放松的情境，再逐渐用这种方法练习想象使人紧张的情境，并达到放松的状态。

（三）神经—肌肉的自我心理练习

航空安全员在保护心理免受不良影响、调整心理状态和进行心理恢复的各种方法中，最重要的是自我调整，即借助语言暗示以及与语言一致的思维形象作用于自身，改变情绪反应及各系统和器官的机能状态。词语以肯定的方式影响人的自我感觉和活动能力，是大多数心理自我调整方法的基础。

航空安全员自我心理调整有两个方面，即自我说服和自我暗示。

首先，要通过呼吸调整和语言暗示进入朦胧状态。在这种状态中，大脑对于语言以及与语言相联系的思维形象特别敏感。

其次，要学会高度集中注意力于当前正在想的事物上。神经—肌肉心理练习的目的是使航空安全员学会有意识地恢复体内某些自动化过程。同时，这种练习有利于调节心理状态。通常运用的词语如我放松了，我想睡，睡意更浓了，眼皮舒服、发热，眼皮发沉了，眼睛闭上了，进入了安静的睡眠。练习者缓缓地、单调地默念每句词语，每句重复三四次，就可以很快进入放松安静状态。每天坚持这一练习一两次就可以达到良好的心理恢复作用。

（四）心理诱导放松训练

心理诱导放松训练方法主要通过语言暗示诱导进行肌肉和神经的放松训练，如自身放松训练。进行语言诱导时，还可配合播放一些轻松悠扬的音乐，这样可以使航空安全员的精神和肌肉在语言的诱导和音乐的良好刺激下充分放松，并使大脑入静，从而调节大脑有序化地工作。

（五）催眠

催眠是通过心理暗示的方法，使受术者的心理活动达到某种境界，呈现一种介于觉醒和睡眠之间的特殊心理状态。在这种状态下，受试者思维狭窄、意识恍惚，能与施术者保持密切的关系，全部接收施术者的每句话、每个字，绝对服从，对外界的干扰毫无反应。

用于消除心理疲劳的催眠，可以在运动间歇时或运动后进行。当进入催眠状态时，肌肉会得到充分放松，可采用模拟按摩方法迅速解除疲劳。催眠能起到令人惊奇的解除疲劳的效果，无论在训练后还是比赛间歇中使用自我或他人催眠，均能迅速消除疲劳和继续保持充沛的体力。

航空安全员在采用催眠的方式进行心理恢复时，要选择专业的催眠施术者，切不可寻求“江湖术士”，避免受骗，遭遇财产和心理损失。

（六）音乐放松

精心挑选的合适音乐可以降低不必要的兴奋性，或使人从忧郁状态转到良好的心境中，选择一些轻音乐或抒情乐曲都有助于航空安全员形成宁静的心情，有助于放松。这是航空安全员消除心理疲劳的有效手段之一。

用于心理疲劳恢复训练的方法还有很多，如文艺活动、气功等，选择方法可因人而异，并有目的地加以运用。

航空安全员的“心理疲劳”与运动性疲劳的消除是相互统一的，准确把握航空安全员运动后机体形态、机能、心理和行为的变化情况，正确地判断运动疲劳的出现及其程度，采取有效的手段对运动性疲劳进行辨证论治，对航空安全员的恢复和保持健康有很大实际意义。进行运动性疲劳调节后，如果心理疲劳不能及时消除，当采用心理疲劳的恢复方法，早日恢复心理健康。

三、运动损伤心理恢复

航空安全员在体能训练过程中，可能会出现运动损伤，运动损伤不仅会影响航空安全员的训练成绩，甚至可能会造成心理损伤，对其训练心理、生活和工作造成不利后果。在运动损伤造成心理损伤时，航空安全员需要进行心理恢复，避免出现更大的伤害。

（一）运动损伤的心理原因分析

航空安全员体能训练中造成运动损伤的因素是多方面的，其中心理因素是一个重要方面，如过度紧张造成的恐惧、害怕，过度放松造成的思想麻痹。从训练实践看，训练中训练热情、训练决心都是应当充分肯定的。但由于缺乏训练经验，缺少训练中的情感体验和意志训练，因此面对技术复杂的训练课目，会出现一定消极的心理。从准备活动到训练结束的全过程来看，主要表现为以下几种心理表现。

1. 过度紧张心理

尤其是对初次进行航空安全员训练的人而言，在体能训练初期，绝大部分人的学习热情和积极性很高，由于一些训练科目存在一定的危险性，训练中一旦看到别人受伤或出现了可能导致受伤的训练内容时，部分情绪立即表现为紧张、恐慌、胆怯，担心自己也会受伤，训练时不敢主动投入，训练斗志不坚定，想逃避训练或敷衍了事，做动作畏首畏尾，犹豫不决，容易导致受伤。

2. 反思后怕心理

由于对曾经的受伤经历体验过于激烈，神经受刺激过深，在训练过程中心理负担很重，害怕再次受伤，造成心理上的高度焦虑。研究表明，高度焦虑是一种情绪障碍，并伴有躯体的种种不适应，阻碍正常的心理活动。表现出的症状是肌肉紧张，注意力不能有效地集中，精神涣散，情绪抑郁，运动时视野变小，行为怠慢，动作勉强敷衍，因而容易导致损伤。

3. 麻痹大意心理

在训练中，一些自恃身体素质好，掌握技术动作快，认为体能训练非常简单，思想上容易麻痹心理，自我保护的自觉性降低，随着训练时间增长，身心疲劳加剧，精力不集中，往往瞬间造成伤害事故。

4. 过分热情心理

一些为了得到表扬，或为了显示自己的能耐，训练的热情很高，凭着一股蛮劲、超前训练，但由于动作技术掌握不熟练，训练中不多加思考，不动脑筋，在技术较复杂的项目训练中容易造成损伤。

（二）影响运动损伤康复的心理变量

研究指出，调整认知、目标设置、积极性思维、表象训练以及相信康复方法的效果等，是影响运动损伤康复的几个重要心理变量。

1. 调整认知

通过调整航空安全员的认知，可以改变航空安全员的不合理信念，解决影响航空安全员损伤康复的深层心理问题。为了使受伤航空安全员能更好地控制康复，掌握主动权，应让受伤者了解有关其伤势的所有情况，从生理学角度为他们释疑解惑，提出有助于他们康复的各种方法。

2. 目标设置

设置目标有助于航空安全员将注意指向当前的活动任务，增强自信心水平，降低认知焦虑，形成现实的期望和最佳的心理状态。教员和航空安全员一起制订相应的康复期训练计划，设置可以接受的、在一定时间内可以实现的和可以达到的目标。通过目标的实现，使航空安全员感到康复方法是有效的，只要坚持下去，一定会很快康复。

3. 积极性思维

思维可对人的行为直接产生影响。受伤航空安全员的思维内容直接影响其在康复期的感知和行为方式。通过积极的思维，有助于航空安全员战胜运动损伤带来的身心痛苦，并缩短康复练习所需时间。航空安全员康复期要保持自我肯定的积极思维，如“我在一天天好起来”“运动就有损伤，损伤不可怕，我能战胜它”等。

4. 掌握心理应对技能

航空安全员掌握一定的心理应对技能对运动损伤后心理上的康复起着重要作用。航空安全员要充分认识到借助身体本身的自然力量是可以治疗损伤的，自身存在着一种随时准备来纠正失调状态的力量，即自身拥有免疫力和修复力。此外，航空安全员还可以用酸葡萄效应、否认与移植、投射与升华、避免消极断言、问题定向以及表象训练等应对技能，促进运动损伤的康复。

（三）运动损伤后的心理恢复

在航空安全员体能训练过程中，常常会因运动损伤而停止训练，轻的几天，重则几个月，不仅使机能水平明显下降，已建立的条件反射逐渐消退，而且在心理上也造成不同程度的伤害，但却易被人忽视。所谓心理损伤就是由于某种原因导致动作失误造成运动损伤，而这一瞬间的失误很容易在大脑中留下痕迹，再遇到与失误或有关的事物或语言信号时，旧有神经联系的痕迹得到恢复，便出现近似知觉的形象，这时导致受训人员对某个项目或动作产生恐惧、厌烦，进而拒绝参加学习或训练。此时，便需要进行心理恢复。

心理恢复的目的主要是消除受伤后的心理障碍，走出阴影；促进受伤体机能的恢复，只有把生理和心理恢复有机地结合，才能使整个身心得到全面恢复。

心理恢复是一种心理自我调节，一般可以通过语言诱导，愉快心情，放下思想包袱，忘记受伤时的恐惧情景，促进伤体愈合。

在对航空安全员进行心理恢复时，可从外界和自身两个方面入手。

1. 外界因素辅助心理恢复

训练教员作为航空安全员直接接触对象，其第一反应相当重要，而且比对受伤者的实际处理还重要得多。因为航空安全员在受伤时能清楚地理解训练教员发出的信号，训练教员的一言一行对航空安全员的心理恢复都起着作用。

训练教员应避免潜在的长期的不良刺激，对心理"急救"比对身体"急救"更需要，更复杂。训练教员的第一反应是要真诚地表达自己的关心，因为这是对受伤者最好的心理治疗。采取积极的、温和的和关怀的态度是训练教员最好的反应。

航空安全员受伤是非常痛苦的，因为受伤会使他失去宝贵的训练时间。训练教员要与医生、航空安全员积极配合，了解伤情，共同分析，提出治疗意见，帮助其建立战胜伤病的信心和决心。要使他们认清，停训或休养是治疗的需要，也是加快或帮助伤体恢复的需要，使其相信，短期的休养要比长期的伤病折磨或带病上课要重要得多，因为带病训练可能加重伤病。

除了训练教员之外，还有其他外界因素可以帮助航空安全员快速进行心理恢复。航空安全员在日常生活中都会建立个人的社会关系和社会交往，不知不觉中已经自发地获得了不同程度的社会支持与帮助。俗话说，"一个好的朋友就是一种强有力的防御"，和自己的朋友一起交谈所遇到的损伤困境，将有助于减轻焦虑或压力的影响。在康复期间，航空安全员要有效地把不利的社会压力转变成积极的社会支持，营造一个充满温暖和关爱的康复环境，减轻这种社会环境压力而产生的焦虑心理，得到外界的理解和帮助，获得最大程度的社会支持。

2. 航空安全员要建立正确的心理恢复认知和恢复方式

航空安全员自身要有正确的心理恢复认知。航空安全员受伤后，一般都急于尽快恢复并参加训练，对损伤漫不经心，配合系统性治疗不够。然而，当治疗一段时间后，发现损伤的程度和恢复的效果与其自身主观愿望相悖时，则有可能把伤病看得过于严重而丧失配合治疗的信心。此时，他们对康复持有怀疑的态度，会消极对待治疗。为了使航空安全员能更好地控制恢复，掌握主动权，应让其了解有关其伤势的所有情况，从生理学角度为他们释疑解惑，提出有助于他们恢复的各种办法。

(1) 要树立心理恢复目标：从运动心理学的角度看，明智的目标可提供方向、反映进步并确定运动能力有待提高的方面。在设置目标时，要想达到令人满意的康复效果，应该注意以下几点：一是具体的、可测的。如要在3个月内，受伤部位恢复到健康时的90%以上，可进行小强度体能练习。二是可实现的、有时间阶段的。设置切实可行的目标，注意明确目标与一般目标、行为目标与结果目标设置的合理性，相信自己能达到目标，提高运动能力。三是明确达到目标的日期，循序渐进，先达到近期目标，再达到远期目标。

航空安全员树立心理恢复目标，是从调整认知、目标设置两个心理变量入手，根据自身情况，实事求是地进行恢复目标的设置，循序渐进地进行心理康复。

（2）要采用积极的思维方式：受伤者的思维内容直接影响其在恢复期的感知和行为方式。受伤者若消极悲观、自暴自弃，则很难采用积极的方式进行康复训练。受伤者在恢复期间思维波动很大，当出现如“我不会很快恢复的，我很难回到以前那种训练水平了”“这样的康复方式是无用的，我再也受不了”等消极思维时，应采用“思维刹车技巧、自升机塑像和现实性检查”等策略紧急叫停。同时，受伤者可以用自我肯定的思想，如“我在一天天好起来”“运动就有损伤，损伤小可怕，我能战胜它”等对付消极思维。

通过积极的思维，有助于受伤者战胜运动损伤带来的身心痛苦，并尽可能缩短康复所需时间。

（3）要进行心理演练，增强心理应对机能：健康、良好的心理演练使人头脑警觉，注意力和精神集中并聚焦，更好地意识和感知世界，从而治疗紧张性焦虑、身心疲劳、忧郁等，而且可将肌肉力量的下降与情绪急躁控制在最低限度，能在较大程度上保持原有的运动技能。通过心理演练，航空安全员可以在“假设场景”中，评判采用不同的处理手段所产生的恢复效果，继而学会选择合适的心理应对技能。

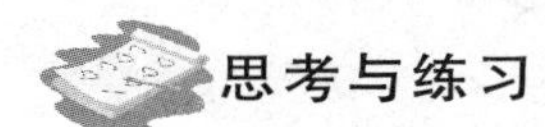

思考与练习

（1）影响体能训练心理变化的因素有哪些？

（2）常见的心理恢复手段有哪些？

（3）航空安全员发生体能训练运动损伤后，如何进行心理恢复？请简要论述。

第七章 航空安全员体能训练与当代民航精神的融合

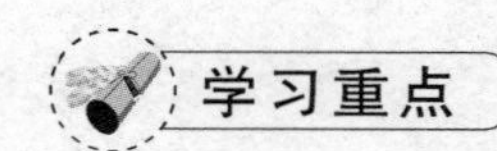

学习重点

本章通过对“当代民航精神”、民航“三个敬畏”等内容的学习，深刻领会民航职业精神的内涵与特点。体能训练是航空安全员从业上岗必须要通过的基础科目，通过学习理解体能训练在航空安全员职业精神培养中的重要作用及重要体现。学习重点是体能训练与职业精神之间的内在联系，开展体能训练与课程思政融会贯通，相辅相成。

学习目标

(1) 了解中国民航的“当代民航精神”、民航“三个敬畏”的内涵与特点。

(2) 理解和掌握体能训练与航空安全员职业精神的内在联系和相互融合。

(3) 掌握民航空中安全保卫专业学生体能训练课程思政的开展与实施。

空中安全保卫工作在民航谋划新时代民航强国建设战略中占有重要地位。体能训练是空中警察、航空安全员在上岗前初始训练和上岗后的日常与定期训练必须要进行的基础训练科目，是提高航空安全员处置客舱各类突发事件的职业素质能力的基础，在航空安全员职业精神培养中起到了至关重要的作用，是空中安全保卫工作人员的必修课程，也是当代民航精神的重要体现。

第一节　航空安全员的职业精神

职业精神是与人们的职业活动紧密联系，具有职业特征的精神与操守。从事这种职业就该具有本职业所要求的精神文化、能力和自觉。职业精神体现了人们在工作中的责任感、

使命感、奉献精神、创新意识和团队精神等方面的表现。职业精神是每个职业人员应该具备的基本素质。

航空安全员队伍是一支担负民航空防安全保卫任务的空中保卫力量，是民航空防安全工作的最后一道防线，工作性质和工作场所的特殊性，决定了航空安全员必须具备忠诚的政治品格、良好的协作精神、娴熟的业务技能、严谨的工作纪律等职业素养和职业精神。

一、当代民航精神

中华人民共和国成立以来，民航人始终牢记周恩来总理对中国民航“保证安全第一，改善服务工作，争取飞行正常”的殷切期望。一代代民航人始终不忘初心、牢记使命，在各自平凡的岗位上脚踏实地、安全生产，用责任、用担当、用技术，保障一架架航班安全飞行。2016 年 7 月 1 日，民航局召开庆祝建党 95 周年暨“两优一先”表彰大会，时任民航局党组书记、局长冯正霖出席会议并作党课报告。报告指出：民航局党组在总结南海永暑礁校验试飞工作时，概括提炼出“忠诚担当的政治品格、严谨科学的专业精神、团结协作的工作作风、敬业奉献的职业操守”这一当代民航精神，既是对民航优良传统和作风的继承，也体现出新时期民航人的精神面貌和品质，是民航人宝贵的精神财富，也是民航系统培育践行社会主义核心价值观的具体成果。

二、民航“三个敬畏”

2020 年 4 月 14 日召开的“民航安全运作形势分析会”上，时任民航局局长冯正霖提出了“敬畏生命、敬畏规章、敬畏职责”的三个敬畏精神。敬畏生命、敬畏规章、敬畏职责是当代民航精神的内核，是贯彻落实科学发展观的思想要求、是科学向上的积极态度。敬畏生命是人之根本，敬畏规章是行业灵魂，敬畏职责是个人行为准则。

古人云：“心有敬畏，行有所止。”知敬畏者，必身有所正、言有所规、行有所止，思想意识往往决定行为。常怀敬畏之心才能有战战兢兢、如履薄冰的谨慎态度；常怀敬畏之心才能有兢兢业业、如负泰山的职责感。

（一）敬畏生命

敬畏生命是出发点，也是落脚点，是落实“生命高于一切，责任重于泰山、一切服从安全”的根本体现。民航所有岗位和职业都要坚持安全重于泰山，始终把安全生产摆在首要位置，树牢安全发展理念，层层压实安全责任，深入排查整治各类安全风险，坚决克服各种侥幸心理和变通思维，坚决守住安全底线。

体能训练是对航空安全员身体机能的锻炼，是提高航空安全员身体素质的手段。体能训练中也一定要始终保持安全意识，敬畏生命。一方面不可盲目训练，妄自菲薄，要做到循序渐进，科学合理训练；另一方面要保持体能训练的习惯，保持良好的体能状态和身体素质，更好地维护客舱安全，有足够的身体能力来保障旅客生命和财产安全。

（二）敬畏规章

古人云：“无规矩不成方圆。”对民航而言，规章就是工作运行的基石，是行业的前辈们凭借自己丰富经验制定的，是理论与实践的结合，按照规章去执行每一件事是安全工作的基本条件。

航空安全员体能训练同样要严格执行规章和制度，在科学化、规范化、标准化的训练大纲指导下开展训练工作，不断学习和掌握运动规律，不断精进专业技能，有序提升体能素质。同样，航空安全员体能训练考核也要严格按照考核制度文件操作执行，尊重规则，把考核评价工作做扎实、做细致，心怀敬畏之心，确保有章必依、违章必究。

所以，敬畏规章要从平时养成抓起，坚持素质技能与规章学习同抓共管，不断强化规章学习，深化理解认知，深刻把握学习和训练规律，让航空安全员航班保障工作更加自信、技能运用更加自如、特情处置更有把握。

（三）敬畏职责

敬畏职责，首先要明确个人的岗位职责，它体现了作为民航人的职业操守，是岗位责任和专业能力的高度统一。作为民航人，要对自己的岗位责任高度认同，在关键时刻绝不放弃责任，自觉按照岗位要求提升专业技能，自觉抛弃不适应岗位职责的不良习惯。学会敬畏自己的职责，才能更好地敬畏规章，懂得敬畏规章，才会自觉敬畏安全，才能更加敬畏生命。

老子《道德经》中道："天下难事，必作于易；天下大事，必作于细。"意思是，处理问题要从容易的地方入手，实现远大理想要从细微的地方做起。航空安全员要立足本职岗位，苦练基本功，基本功没有练好，其他工作就是无源之水、无本之木。良好的身体素质是航空安全员职业能力的一个重要体现，是专业技能提升的基础。所以，重视体能训练，科学合理安排体能训练，苦练个人基本功，促进个人素质能力的提高，是敬畏职责的最好表现。

第二节　航空安全员体能训练与当代民航精神

一、体能训练与当代民航精神的融合

航空安全员体能训练需要练习者能够将训练与毅力、思维、智慧结合起来，使之发展为一项身体综合素质能力。进行体能训练时不可死板，要科学合理安排训练内容和进度，要灵活运用各种训练方式方法，不仅需要个人刻苦努力，又要团队间能够相互帮忙、团结协作。航空安全员只有适应枯燥无味的反复性练习，突破对自己情绪的忍耐力把控，才能不断进步，才能在工作实战中更合理地运用技术战术，达到最佳的制敌效果。

航空安全员在机上客舱进行安全执勤的过程中，可能会遇到各种各样的扰乱行为或非法干扰行为。在与防不胜防的犯罪活动斗争时，在特殊的客舱环境和警械配备有限的情况下，短兵相接的肉搏格斗就要发挥重要作用。所以，良好的体能训练能使航空安全员在面临复杂多变的工作环境时，既能保持威严的状态、充沛的体力，又能快速反应，灵活应变，敢于担当。

二、体能训练在当代民航精神中的体现

体能训练是航空安全员必须学习和掌握的一项职业能力。在训练过程中，航空安全员要具有顽强拼搏的体育精神，有高度的组织纪律性和自觉性，主动夯实体能基础，克服身体疲劳，不断提高技能水平。在实际工作中，航空安全员要始终秉持当代民航精神，站好岗，护好航。

（一）忠诚担当的政治品格

忠诚担当的政治品格是当代民航精神的根本核心。2018 年全国民航航空安全工作会议中，时任民航局副局长李健在安全工作报告中指出，“全行业职工都要坚守民航安全底线，对安全隐患零容忍，从严从实从细抓风险管控和隐患治理，注重抓基层、打基础、苦练基本功。”航空安全员处在保卫民航空防安全的第一线，要主动站在国家战略和国家安全的高度，做到对国家、对人民、对事业绝对忠诚。

体能训练是一项综合的身体素质能力练习，它需要良好的心理状态和坚持不懈的体力付出。作为一种基础体能和专项体能的练习形式，对训练计划和动作质量要求很高，没有无数次的反复练习，无法达到得心应手、精益求精的意图和目的。初始训练、日常训练、定期训练以及体能训练都是航空安全员们需要不断重复、反复练习的内容。不怕吃苦，精益求精，坚韧忠诚，这是对事业的认同，对责任的担当。体能训练要从实战角度出发，为工作实践做好铺垫，一切为了实战。所以，开展体能训练要始终牢记习近平总书记“要坚持民航安全底线，对安全隐患零容忍”的重要批示精神，坚持不懈、毫不动摇地把空防安全的重任扛在肩上，刻苦训练，顽强拼搏，不断挑战自我，争做有责任担当、有专业能力、有政治品格的空防卫士。

（二）严谨科学的专业精神

专业精神是在专业技能的基础上发展起来的一种对工作极其热爱和投入的品质。严谨科学的专业精神是当代民航精神的实践路径。对于航空安全员而言，专业精神是指其对从事的航空安全保卫工作所抱有的理想、信念、态度、价值观和道德操守等倾向性系统，是指导航空安全员从事专业工作的精神动力。

专业技术能力是专业精神的基础。体能训练是航空安全员培养过程中的必修专业课程，对于体能训练的学习与实践不仅仅局限于跑、跳、投等身体练习，还包括基本理论、专业技术、综合战术等专业知识。从单个技术动作到组合动作练习；从每一次的体能训练内容到周训练计划、月训练计划和年度训练计划，科学的体能训练需要科学的理论指导，在前辈的经验基础上，融会贯通、提炼精华、取长补短，形成科学有效的训练指导体系。当体能训练中某些科目遇到瓶颈，难以突破和挑战困难时，要及时请教师长、查缺补漏，及时调整训练形式或计划，合理控制训练强度和密度，这都是专业精神的体现。所以，航空安全员要在塑造严谨科学的专业精神上下功夫，坚持从严从实，坚持抓细抓小，坚持创新创造。不断提高自己的专业技术能力，立足岗位，严谨细致、精益求精地做好安全保卫工作，以严谨科学的专业精神增强建设民航强国的行动力。

（三）团队协作的工作作风

工作作风是人们在工作中所体现出来的行为特点，是贯穿于工作过程中的行为态度和一贯风格。团结协作是实际工作中的基本规范之一，其要点是在学习和工作中，要互相支持、互相配合，顾全大局，明确工作任务和共同目标，积极主动协同他人搞好各项事务等。

团结协作的工作作风是当代民航精神的本质特征。严于律己是准则，作风建设是重点。在体能训练过程中，很多科目的具体实践都要两人或者多人配合完成，有时候需要多人同步配合练习，有时候需要团队辅助保护练习，所以团队协作至关重要。

对于初任训练的学员和航空安保专业学生而言，因为基础薄弱，体能训练要经过一个刻苦努力的过程。这时就要发扬“掉皮掉肉不掉队，流血流汗不流泪”的专业训练精神，严于律己、勇于拼搏，方能把体能基础练得扎实、逐步提高。所以，体能训练不仅能全面锻炼身体，增强体质，主要还能培养练习者的顽强、奋进和不断挑战困难所需要的良好心理素质，可以养成不怕苦、不怕累，机智勇敢，有自信心的良好战斗作风。同时，不管是常规体能训练还是竞赛考核，要求练习者要突破个人本位主义，有大局意识，有团队精神，能主动配合协作，牢固树立“一盘棋”思想。

(四) 敬业奉献的职业操守

职业操守是指人们在从事职业活动中必须遵从的最低道德底线和行业规范。它既是对本职人员在职业活动中行为的要求，同时又是职业对社会所负的道德责任与义务。

敬业奉献的职业操守是当代民航精神的价值追求。爱岗敬业是作为一名合格的航空安全员所必须具备的基本品格。航空安全员工作是一项辛苦、枯燥且非常具有危险性的工作。在执勤中，不但要在突发情况时与恐怖分子斗智斗勇，日常工作还要与不同性格、不同知识水平、不同年龄的旅客打交道。所以，航空安全员要正确认识和处理好苦与乐、得与失的关系，耐得住寂寞、守得住清贫，守护好精神高地。

体能训练是一项非常辛苦且枯燥的实践内容，除了要承受一些大运动强度的训练外，还要进行反反复复的专项技术练习，这需要有良好的意志力。一名航空安全员如果不敬业不喜欢自己的工作，训练中没有实战意识，训练怠慢，那么他的能力再大也不会有好的训练效果。“练时多流汗，战时少流血”。要始终追求崇高的职业理想，树立坚定的职业信念，把个人事业融入民航事业当中。职业操守是推动航空安全员进行体能训练的原动力，有了这个原动力，才能体会到安全工作的意义重大，才能体会到自己的工作价值，才能理解体能训练的重要作用，才能在面对非法行为时，不怕牺牲，敢于斗争。

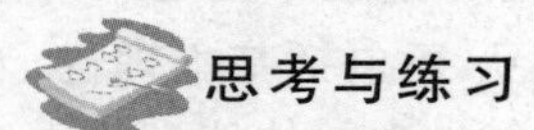

思考与练习

(1) 结合航空安全员职业或民航空中安保专业，简述民航“三个敬畏”和当代民航精神的内涵。

(2) 论述体能训练在民航空中安保专业教学中课程思政的融合。

附　录

附录一　不同身体活动的能量消耗

活动项目	每千克体重每活动 1 分钟的能量消耗	
	千卡/(千克·分)	千焦/(千克·分)
家务活动		
盥洗、穿衣	0.045	0.188
烹饪、扫地	0.048	0.201
铺床、清扫房间	0.056	0.234
擦地、擦玻璃	0.062	0.259
休闲活动		
立位	0.060	0.251
走、跑	0.088	0.368
乘车	0.027	0.113
步行		
缓慢	0.048	0.201
50～55 米/分	0.052	0.218
110～120 米/分	0.076	0.318
120 米/分	0.097	0.406
上下楼	0.057	0.239
跳舞		
中等强度	0.061	0.225
剧烈	0.083	0.347
有氧舞蹈(低碰撞)	0.088	0.368
有氧舞蹈(高碰撞)	0.115	0.481

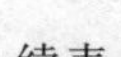

续表

活动项目	每千克体重每活动1分钟的能量消耗	
	千卡/(千克·分)	千焦/(千克·分)
跳绳	0.130	0.544
钓鱼	0.062	0.259
演奏乐器		
拉手风琴	0.030	0.126
吉他、笛子、大提琴	0.032	0.134
弹钢琴	0.040	0.167
吹喇叭	0.060	0.251
打鼓	0.067	0.280
运动		
体操	0.053～0.066	0.222～0.276
武术:少林拳	0.121	0.506
跑步(跑走结合<10分)	0.098	0.411
慢跑	0.115	0.481
爬山	0.121	0.506
划船	0.060	0.251
羽毛球	0.075～0.091	0.214～0.381
台球	0.042	0.176
乒乓球	0.068	0.285
排球	0.052～0.076	0.218～0.318
篮球	0.098～0.138	0.410～0.577
网球	0.109	0.456
足球	0.132	0.552
滑冰	0.084～0.115	0.352～0.481
滑旱冰	0.115	0.481
骑自行车		
慢骑	0.058～0.101	0.243～0.423
快骑	0.101～0.142	0.423～0.594
游泳		
10米/分钟	0.050	0.209
20米/分钟	0.070	0.293
30米/分钟	0.711	0.711

资料来源:中华人民共和国卫生部疾病控制司.中国成人超重和肥胖症预防控制指南[M].北京:人民卫生出版社,2006.

附录二　航空安全员体能项目考核评分标准

一、初任训练·男子35岁以下

项　目	得　分								
	100	95	90	85	80	75	70	65	60
BMI	21	≤21.5	≤22	≤22.5	≤23	≤23.5	≤24	≤24.5	≤25
		≥20.5	≥20	≥19.5	≥19	≥18.5	≥18	≥17.5	≥17
60秒仰卧收腹举腿	46	45	44	43	42	41	40	39	38
3 000米跑	12:00	12:10	12:30	12:50	13:10	13:30	13:50	14:10	14:30
30秒平衡垫测试	11	10	9	8	7	6	5	4	3
引体向上	18	17	16	15	14	13	12	11	10
双杠臂屈伸	28	27	26	25	23	21	19	17	15
卧推(50千克)	21	20	19	18	17	16	14	12	10
三级蛙跳	8.90	8.70	8.50	8.30	8.10	7.90	7.70	7.50	7.30
100米跑	12.4	12.6	12.8	13.1	13.4	13.7	14.0	14.3	14.6
T形跑	22.3	22.6	22.9	23.2	23.5	24.0	24.5	25.0	25.5
25米折返跑	33.6	33.9	34.2	34.5	35.0	35.5	36.0	36.5	37.0
20米负重折返(60千克)	19.0	20.0	21.0	22.0	23.0	24.0	25.0	26.0	27.0
30秒杠铃硬拉(90千克)	23	22	21	20	19	18	17	16	15
30秒杠铃快挺(25千克)	38	37	36	35	34	33	32	31	30

二、初任训练·女子35岁以下

项　目	得　分								
	100	95	90	85	80	75	70	65	60
BMI	21	≤21.5	≤22	≤22.5	≤23	≤23.5	≤24	≤24.5	≤25
		≥20.5	≥20	≥19.5	≥19	≥18.5	≥18	≥17.5	≥17
60秒仰卧收腹举腿	42	41	40	39	38	37	36	35	34
1 500米跑	7:20	7:30	7:40	7:50	8:00	8:10	8:20	8:30	8:40
30秒平衡垫测试	11	10	9	8	7	6	5	4	3
60秒跪姿俯卧撑	33	32	31	30	29	28	27	26	25
卧推(25千克)	16	15	14	13	12	11	10	9	8
立定跳远	2.22	2.17	2.12	2.07	2.02	1.97	1.92	1.87	1.82
100米跑	15.4	15.6	15.8	16.1	16.4	16.7	17.0	17.3	17.6
T形跑	29.3	29.6	29.9	30.2	30.5	31.0	31.5	32.0	32.5
25米折返跑	37.1	37.4	37.7	38.0	38.5	39.0	39.5	40.0	40.5
30秒杠铃硬拉(40千克)	22	21	20	19	18	17	16	15	14
30秒杠铃快挺(15千克)	30	29	28	27	26	25	24	23	22

三、定期训练·男子35岁以下

项目	年龄段	得分										
		100	95	90	85	80	75	70	65	60	55	50
BMI	35岁以下	21	≤21.5 ≥20.5	≤22 ≥20	≤22.5 ≥19.5	≤23 ≥19	≤23.5 ≥18.5	≤24 ≥18	≤24.5 ≥17.5	≤25 ≥17	≤25.5 ≥16.5	≤26 ≥16
60秒仰卧收腹举腿	25岁以下	45	44	43	42	41	40	39	38	37	36	35
	26～30岁	44	43	42	41	40	39	38	37	36	35	34
	31～35岁	43	42	41	40	39	38	37	36	35	34	33
3 000米跑	25岁以下	12:10	12:20	12:40	13:00	13:20	13:40	14:00	14:20	14:40	15:00	15:20
	26～30岁	12:20	12:30	12:50	13:10	13:30	13:50	14:10	14:30	14:50	15:10	15:30
	31～35岁	12:40	12:50	13:10	13:30	13:50	14:10	14:30	14:50	15:10	15:30	15:50
30秒平衡垫测试	35岁以下	11	10	9	8	7	6	5	4	3	2	1
引体向上	25岁以下	17	16	15	14	13	12	11	10	9	8	7
	26～30岁	16	15	14	13	12	11	10	9	8	7	6
	31～35岁	15	14	13	12	11	10	9	8	7	6	5
双杠臂屈伸	25岁以下	27	26	25	24	22	20	18	16	14	13	12
	26～30岁	26	25	24	23	21	19	17	15	13	12	11
	31～35岁	25	24	23	22	20	18	16	14	12	11	10
卧推(50千克)	25岁以下	22	21	20	19	18	16	15	13	11	10	9
	26～30岁	23	22	21	20	19	17	15	13	12	11	10
	31～35岁	24	23	22	21	20	18	16	14	13	12	11
三级蛙跳	25岁以下	8.80	8.60	8.40	8.20	8.00	7.80	7.60	7.40	7.20	7.00	6.80
	26～30岁	8.60	8.40	8.20	8.00	7.80	7.60	7.40	7.20	7.00	6.80	6.60
	31～35岁	8.40	8.20	8.00	7.80	7.60	7.40	7.20	7.00	6.80	6.60	6.40

续表

项目	年龄段	得分										
		100	95	90	85	80	75	70	65	60	55	50
100米跑	25岁以下	12.6	12.8	13.0	13.3	13.6	13.9	14.2	14.5	14.8	15.1	15.4
	26～30岁	12.8	13.0	13.2	13.5	13.8	14.1	14.4	14.7	15.0	15.3	15.6
	31～35岁	13.6	13.8	14.0	14.3	14.6	14.9	15.2	15.5	15.8	16.1	16.4
T形跑	25岁以下	22.8	23.1	23.4	23.7	24.0	24.5	25.0	25.5	26.0	26.5	27.0
	26～30岁	23.8	24.1	24.4	24.7	25.0	25.5	26.0	26.5	27.0	27.5	28.0
	31～35岁	24.8	25.1	25.4	25.7	26.0	26.5	27.0	27.5	28.0	29.0	30.0
25米折返跑	25岁以下	34.6	34.9	35.2	35.5	36.0	36.5	37.0	37.5	38.0	38.5	39.0
	26～30岁	35.6	35.9	36.2	36.5	37.0	37.5	38.0	38.5	39.0	39.5	40.0
	31～35岁	36.6	36.9	37.2	37.5	38.0	38.5	39.0	39.5	40.0	40.5	41.0
20米负重折返(60千克)	25岁以下	20.0	21.0	22.0	23.0	24.0	25.0	26.0	27.0	28.0	29.0	30.0
	26～30岁	22.0	23.0	24.0	25.0	26.0	27.0	28.0	29.0	30.0	31.0	32.0
	31～35岁	24.0	25.0	26.0	27.0	28.0	29.0	30.0	31.0	32.0	33.0	34.0
30秒杠铃硬拉(90千克)	25岁以下	22	21	20	19	18	17	16	15	14	12	10
	26～30岁	21	20	19	18	17	16	15	14	13	11	9
	31～35岁	20	19	18	17	16	15	14	13	12	10	8
30秒杠铃快挺(25千克)	25岁以下	37	36	35	34	33	32	31	30	29	28	27
	26～30岁	36	35	34	33	32	31	30	29	28	27	26
	31～35岁	35	34	33	32	31	30	29	28	27	26	25

四、定期训练·男子36岁以上

项　目	年龄段	得分										
		100	95	90	85	80	75	70	65	60	55	50
BMI	36岁以上	22	≤22.5	≤23	≤24	≤25	≤26	≤27	≤27.5	≤28	≤28.5	≤29
			≥21.5	≥21	≥20	≥19	≥18	≥17	≥16.5	≥16	≥15.5	≥15
60秒仰卧收腹举腿	36～40岁	42	41	40	39	38	37	36	35	34	33	32
	41～45岁	41	40	39	38	37	36	35	34	33	32	31
	46～50岁	40	39	38	37	36	35	34	33	32	30	28
	51岁以上	39	38	37	36	35	34	33	32	31	29	27
3 000米跑	36～40岁	13:30	13:40	14:00	14:20	14:40	15:00	15:30	16:00	16:30	16:50	17:10
	41～45岁	14:30	14:40	15:00	15:20	15:40	16:00	16:30	17:00	17:30	17:50	18:10
	46～50岁	15:30	16:00	16:30	17:00	17:30	18:00	18:30	19:00	19:30	19:50	20:10
	51岁以上	16:30	17:00	17:30	18:00	18:30	19:00	19:30	20:00	20:30	20:50	21:10
30秒平衡垫测试	36岁以上	11	10	9	8	7	6	5	4	3	2	1
引体向上	36～40岁	14	13	12	11	10	9	8	7	6	5	4
	41～45岁	13	12	11	10	9	8	7	6	5	4	3
	46～50岁	12	11	10	9	8	7	6	5	4	3	2
	51岁以上	11	10	9	8	7	6	5	4	3	2	1
卧推(50千克)	36～40岁	23	22	21	20	19	17	15	13	12	10	8
	41～45岁	22	21	20	19	18	16	14	12	11	9	7
	46～50岁	21	20	19	18	17	15	13	11	10	8	6
	51岁以上	20	19	18	17	16	14	12	10	9	7	5

续表

项目	年龄段	得分										
		100	95	90	85	80	75	70	65	60	55	50
原地双手掷实心球(2千克)	36～40岁	13.2	12.8	12.4	12.0	11.6	11.2	10.8	10.4	10.0	9.6	9.2
	41～45岁	13.0	12.6	12.2	11.8	11.4	11.0	10.6	10.2	9.8	9.4	9.0
	46～50岁	12.8	12.4	12.0	11.6	11.2	10.8	10.4	10.0	9.6	9.2	8.8
	51岁以上	12.6	12.2	11.8	11.4	11.0	10.6	10.2	9.8	9.4	9.0	8.6
30秒杠铃快挺(25千克)	36～40岁	33	32	31	30	29	28	27	26	25	23	21
	41～45岁	31	30	29	28	27	26	25	24	23	21	19
	46～50岁	29	28	27	26	25	24	23	22	21	19	17
	51岁以上	27	26	25	24	23	22	21	20	19	17	15

五、定期训练·女子35岁以下

项目	年龄段	得分										
		100	95	90	85	80	75	70	65	60	55	50
BMI	35岁以下	21	≤21.5	≤22	≤22.5	≤23	≤24	≤24.5	≤25	≤25.5	≤26	≤27
			≥20.5	≥20	≥19.5	≥19	≥18	≥17.5	≥17	≥16.5	≥16	≥15
60秒仰卧收腹举腿	25岁以下	41	40	39	38	37	36	35	34	33	32	31
	26～30岁	40	39	38	37	36	35	34	33	32	31	30
	31～35岁	39	38	37	36	35	34	33	32	31	30	29
1 500米跑	25岁以下	7:30	7:40	7:50	8:00	8:10	8:20	8:30	8:40	8:50	9:20	9:50
	26～30岁	7:40	7:50	8:00	8:10	8:20	8:30	8:40	8:50	9:00	9:30	10:00
	31～35岁	8:40	8:50	9:00	9:10	9:20	9:30	9:40	9:50	10:00	10:30	11:00
30秒平衡垫测试	35岁以下	11	10	9	8	7	6	5	4	3	2	1

续表

项　　目	年龄段	得分										
		100	95	90	85	80	75	70	65	60	55	50
60 秒跪姿俯卧撑	25 岁以下	32	31	30	29	28	27	26	25	24	23	22
	26～30 岁	31	30	29	28	27	26	25	24	23	22	21
	31～35 岁	30	29	28	27	26	25	24	23	22	21	20
卧推(25 千克)	25 岁以下	17	16	15	14	13	12	11	10	9	8	7
	26～30 岁	18	17	16	15	14	13	12	11	10	9	8
	31～35 岁	17	16	15	14	13	12	11	10	9	8	7
立定跳远	25 岁以下	2.20	2.15	2.10	2.05	2.00	1.95	1.90	1.85	1.80	1.75	1.70
	26～30 岁	2.10	2.05	2.00	1.95	1.90	1.85	1.80	1.75	1.70	1.65	1.60
	31～35 岁	2.00	1.95	1.90	1.85	1.80	1.75	1.70	1.65	1.60	1.55	1.50
100 米跑	25 岁以下	15.6	15.8	16.0	16.3	16.6	16.9	17.2	17.5	17.8	18.1	18.4
	26～30 岁	16.8	17.0	17.2	17.5	17.8	18.1	18.4	18.7	19.0	19.3	19.6
	31～35 岁	17.4	17.6	17.8	18.1	18.4	18.7	19.0	19.3	19.6	19.9	20.2
T 形跑	25 岁以下	30.3	30.6	30.9	31.2	31.5	32.0	32.5	33.0	33.5	34.0	34.5
	26～30 岁	31.3	31.6	31.9	32.2	32.5	33.0	33.5	34.0	34.5	35.0	35.5
	31～35 岁	34.4	34.6	34.8	35.0	35.2	35.4	35.6	35.8	36.0	36.2	36.4
25 米折返跑	25 岁以下	38.1	38.4	38.7	39.0	39.5	40.0	40.5	41.0	41.5	42.0	42.5
	26～30 岁	39.1	39.4	39.7	40.0	40.5	41.0	41.5	42.0	42.5	43.0	43.5
	31～35 岁	40.1	40.4	40.7	41.0	41.5	42.0	42.5	43.0	43.5	44.0	44.5
30 秒杠铃硬拉(40 千克)	25 岁以下	21	20	19	18	17	16	15	14	13	12	11
	26～30 岁	20	19	18	17	16	15	14	13	12	11	10
	31～35 岁	19	18	17	16	15	14	13	12	11	10	9

续表

项目	年龄段	得分										
		100	95	90	85	80	75	70	65	60	55	50
30 秒杠铃快挺(15 千克)	25 岁以下	29	28	27	26	25	24	23	22	21	20	19
	26～30 岁	28	27	26	25	24	23	22	21	20	19	18
	31～35 岁	27	26	25	24	23	22	21	20	19	18	17

六、定期训练·女子 36 岁以上

项目	年龄段	得分										
		100	95	90	85	80	75	70	65	60	55	50
BMI	36 岁以上	22	≤22.5	≤23	≤24	≤25	≤26	≤27	≤28	≤28.5	≤29	≤29.5
			≥21.5	≥21	≥20	≥19	≥18	≥17	≥16	≥15.5	≥15	≥14.5
60 秒仰卧收腹举腿	36～40 岁	38	37	36	35	34	33	32	31	30	29	28
	41～45 岁	37	36	35	34	33	32	31	30	29	28	27
	46～50 岁	36	35	34	33	32	31	30	29	28	26	24
	51 岁以上	35	34	33	32	31	30	29	28	27	25	23
1 500 米跑	36～40 岁	10:10	10:20	10:30	10:40	10:50	11:00	11:10	11:20	11:30	12:00	12:30
	41～45 岁	11:10	11:20	11:30	11:40	11:50	12:00	12:10	12:20	12:30	13:00	13:30
	46～50 岁	12:10	12:20	12:30	12:40	12:50	13:00	13:10	13:20	13:30	14:00	14:30
	51 岁以上	13:10	13:20	13:30	13:40	13:50	14:00	14:10	14:20	14:30	15:00	15:30
30 秒平衡垫测试	36 岁以上	11	10	9	8	7	6	5	4	3	2	1

续表

项目	年龄段	得分										
		100	95	90	85	80	75	70	65	60	55	50
60秒跪姿俯卧撑	36～40岁	29	28	27	26	25	24	23	22	21	20	19
	41～45岁	28	27	26	25	24	23	22	21	20	19	18
	46～50岁	27	26	25	24	23	22	21	20	19	17	15
	51岁以上	26	25	24	23	22	21	20	19	18	16	14
卧推(25千克)	36～40岁	16	15	14	13	12	11	10	9	8	6	4
	41～45岁	15	14	13	12	11	10	9	8	7	5	3
	46～50岁	14	13	12	11	10	9	8	7	6	4	2
	51岁以上	13	12	11	10	9	8	7	6	5	3	1
原地双手掷实心球(2千克)	36～40岁	9.6	9.2	8.8	8.4	8.0	7.6	7.2	6.8	6.4	6.0	5.6
	41～45岁	9.4	9.0	8.6	8.2	7.8	7.4	7.0	6.6	6.2	5.8	5.4
	46～50岁	9.2	8.8	8.4	8.0	7.6	7.2	6.8	6.4	6.0	5.6	5.2
	51岁以上	9.0	8.6	8.2	7.8	7.4	7.0	6.6	6.2	5.8	5.4	5.0
30秒杠铃快挺(15千克)	36～40岁	26	25	24	23	22	21	20	19	18	16	14
	41～45岁	24	23	22	21	20	19	18	17	16	14	12
	46～50岁	22	21	20	19	18	17	16	15	14	12	10
	51岁以上	20	19	18	17	16	15	14	13	12	10	8

参考文献

[1] 田麦久. 运动训练学[M]. 北京:高等教育出版社,2006.

[2] 王向宏. 体能训练理论与方法[M]. 北京:北京航空航天大学出版社,2014.

[3] 闫琪,刘哮波. 特种行业体能训练手册[M]. 北京:人民邮电出版社,2022.

[4] 张英波. 现代体能训练方法[M]. 北京:北京体育大学出版社,2022.

[5] 黎涌明,资薇,陈小平. 功能性动作测试(FMS)应用现状[J]. 中国体育科技,2013,49(6):105-111.

[6] 田文. 民航安保人员体能训练[M]. 北京:中国民航出版社,2015.

[7] 鲍春雨. 功能性体能训练[M]. 北京:北京体育大学出版社,2017.

[8] 王向荣,朱永国,董建锋. 体能训练理论与方法[M]. 北京:北京航空航天大学出版社,2014.

[9] 王大磊,李铁刚. 军事体能训练基础理论[M]. 长沙:国防科技大学出版社,2018.

[10] 张英波. 人体动作模式的稳定性与灵活性[J]. 中国体育教练员,2012,20(3):33-34.

[11] 孙莉莉. 美国功能动作测试(FMS)概述[J]. 体育科研,2011,32(5):29-32.

[12] 刘辉,李成,耿瑞慧,等. 纠正性训练对武警特战队员身体功能性动作质量的影响[J]. 武警医学,2018,29(7):656-659.

[13] 王洪芳,岳洪梅. 航空医学鉴定训练中心心理训练模式探讨[J]. 中国疗养医学,2013,22:82-83.

[14] 张亢亢. 心理训练对运动性疲劳恢复作用机制的研究[J]. 中国学校体育,2014,7:65-68.

[15] 邵义强. 体育锻炼的校级心理效应与其应对措施[J]. 韶关学院学报,2009,30:103-105.

[16] 张镇. 运动损伤的机体康复与心理恢复[J]. 克山师专学报,2002,3:66-68.

[17] 许婧. 运动损伤后运动员心理反应与心理恢复[J]. 山西煤炭管理干部学院学报,2008,4:213-214.

[18] 杨庆玲. 运动性心理疲劳的诊断与恢复方法探究[J]. 吉林体育学院学报,2003,19(2):79-80.

[19] 陆二佳. 大力推动当代民航精神走进校园[N]. 中国民航报,2017-02-17:3.

[20] 袁越. 对公安院校擒拿格斗课程改革的思考[J]. 科学咨询,2009(9):95.